ANTOINE DE CAUNES

Producteur et animateur de radio et de télévision, acteur, réalisateur de cinq longs métrages et écrivain, maître de pas moins de dix cérémonies des César, ce fan de rock s'est fait connaître comme producteur et présentateur d'émissions musicales, de *Chorus* à *Rapido*, en passant par *Les Enfants du rock*. Il incarne ensuite une galerie de personnages devenus cultes sur *Nulle part ailleurs* avant de présenter *Le Grand Journal* puis *La Gaule d'Antoine* sur Canal+. Auteur de deux romans policiers, *C'est bon mais c'est chaud !* (1990) et *C'est beau mais c'est triste* (1998) chez Fleuve Noir, il a également signé le *Dictionnaire amoureux du rock* (Plon, 2010). Son dernier livre, *Perso*, a paru en 2021 aux Éditions Sonatine.

PERSO

ANTOINE DE CAUNES

PERSO

SONATINE ÉDITIONS

#lisez! engagé
www.lisez.com
Pour plus d'information :
Imprimé sur du papier issu de forêts gérées durablement.

ISBN : 978-2-266-32800-5
Dépôt légal : avril 2023

On écrit généralement à quelqu'un, quel que soit le degré de consentement du destinataire.

Les textes qui suivent ont trois points communs, qui ont pour prénoms Emma, Louis et Jules, mes enfants adorés. Les souvenirs que je raconte ici ne sont que fariboles picrocholines comparés à l'émotion que j'ai pu ressentir, sans parler de celle de leur(s) mère(s), lors de leur venue au monde.

Ils y liront, si je n'ai pas échoué dans mon entreprise, l'amour constant et profond que je leur porte.

Plus je vieillis, plus je me souviens clairement de choses qui ne se sont jamais produites.

Mark Twain

All work and no play makes Jack a dull boy.

Jack Torrance

À D…

Parfois je l'observe tandis qu'elle s'active sur son clavier, concentrée comme si elle était en train de décrypter le code du feu nucléaire. Rien ne semble pouvoir la distraire de sa tâche, qu'elle envisage à la manière d'un apnéiste, décidée à plonger aussi loin qu'il faudra pour remonter à la surface la précieuse info qui lui permettra de faire basculer son interview dans un autre registre, pour échapper à l'écume et à la surface des choses, sans que cette profondeur devienne pour autant synonyme de gravité.

Daphné.

Pas pour rien qu'elle est d'origine grecque. Après tout, ce sont eux qui ont inventé la maïeutique (en même temps que la philosophie, la tragédie, le sirtaki, la médecine, les jeux Olympiques, Nana Mouskouri, le concept de la démocratie, la géométrie, et cette manie pour les modèles masculins de poser à poil, sans la pudeur d'une feuille de vigne, qu'ils préfèrent réserver à un usage culinaire). Ce n'est pourtant pas en excellant dans aucune des catégories suscitées que j'ai réussi à la faire succomber à mon charme et, bien des années après, je ne me l'explique toujours pas.

Elle me permet de juger du plus près l'avantage que j'ai d'être né garçon dans un monde qui met tellement les hommes en *pole position*. Les hommes : des femmes comme les autres, il est vrai, mais sans l'inconvénient de l'être pour de bon.

Je la regarde affronter les tempêtes avec la détermination d'un Ulysse, avançant comme un vaillant petit soldat face à toutes les adversités que rencontre une femme au mitan de son existence : le temps qui passe, la condescendance masculine, un métier dont l'exercice se réduit comme peau de chagrin, l'inquiétude de ne pas retrouver sa place dans le jeu social, la violence des rapports professionnels, les caprices de la santé, ceux d'un enfant qui grandit, la fidélité à des principes, à une attitude – en un mot comme en mille, à une morale.

Car je suis loin d'être de tout repos. Je dors peu pour commencer, et quand je suis éveillé (au sens clinique et pas bouddhique, hélas) il lui faut alors endurer cette personnalité superficielle, mélancolique, monomaniaque et obsessionnelle qui désespère mes proches et fait la fortune de mes psys.

Tous les deux nous avons survécu à maints caps Horn émotionnels, et nous en connaîtrons d'autres, mais c'est grâce à la force diffuse qu'elle me transmet que je peux continuer à courir par monts et par vaux et conserver intacts curiosité et enthousiasme.

Puisse ce livre, qui lui est dédié, lui exprimer mon éternelle gratitude.

Préambule

Ce livre aurait pu s'intituler *Flipper*, mais il se serait ouvert sur un triple malentendu. Certains se seraient imaginé que, piqué par je ne sais quelle mouche, l'idée me serait venue d'écrire la biographie d'un célèbre dauphin, héros d'une série télévisuelle qui, d'épisode en épisode, manifestait sa joie de vivre (il ignorait à l'époque les menaces qui pesaient sur son espèce) en sifflant gaiement. Car oui, le dauphin a ceci en commun avec la bouilloire et Joe Dassin – de préférence sur une colline pour ce dernier – qu'il siffle.

D'autres en auraient conclu qu'ils s'apprêtaient à lire une histoire exhaustive du billard électrique – activité pour laquelle, il y a fort longtemps, j'avais montré quelques dispositions, au point que c'est sans doute parce que ma réputation était parvenue à ses oreilles que Pete Townshend, leader des Who, avait écrit le célèbre « Pinball Wizard » de *Tommy*. (Comment imaginer une autre explication ?)

D'autres encore auraient pu voir en *Flipper* un énième ouvrage de développement personnel (dont l'espèce n'est hélas, elle, pas du tout menacée), remède à l'anxiété de l'époque ou invitation au décollage intérieur selon l'acception que l'on donne au mot « flip ».

Ceux qui auront la curiosité d'aller un peu plus loin que cet avant-propos s'en rendront compte rapidement : il s'agit d'un tout autre projet, et le seul rapport – il y en a un – avec le billard électrique sur lequel je me suis agité compulsivement aux heures chaudes de l'adolescence, c'est le parcours aléatoire de la bille d'acier dont la trajectoire chaotique, avant qu'elle soit fatalement engloutie par le trou éliminatoire, ressemble de manière troublante à nos vies, insouciants mortels que nous sommes, toujours à la recherche de l'extra-balle.

Si j'ai préféré baptiser ce livre *Perso*, c'est donc pour dissiper tout malentendu. Il s'agit d'un recueil de textes qui reposent tous sur des expériences personnelles, que j'ai vécues de manière intime et non comme un lointain témoin. Pas besoin de longue-vue pour raconter les histoires qui suivent : elles se sont déroulées littéralement sous mes yeux. Si elles figurent ici, c'est parce qu'elles provoquaient en moi le désir de les raconter, en les extrayant du magma de ma vie, comme on le fait d'une pépite dans un filon ou d'un calcul dans les reins.

Et au plaisir du souvenir répond celui de le mettre en forme, de trouver les mots pour qu'il garde son intégrité, une fois passé au tamis de la *mémoire*. Rassurez-vous cependant, si je viens d'écrire ce mot tant redouté : ce n'est pas pour vous infliger l'itinéraire d'une existence heureusement commencée au cœur de la génération des baby-boomers et qui s'achèvera au milieu de celle des papys-honnis, pour s'être glorieusement goinfrés sans se soucier un instant de l'état dans lequel ils laisseraient la planète à leurs descendants. Il faut avoir marqué le monde de son empreinte, ou tout du moins en être persuadé, pour se lancer dans ce genre d'entreprise – et surtout avoir envie de redérouler le fil au moment où la pelote, par la seule force centripète du temps, commence à sérieusement faire masse.

Je n'ai pas cette vanité-là (on ne peut pas avoir que des défauts).

Pour en revenir à ma bille de flipper, disons que l'élaboration de ce livre s'apparente au trajet hasardeux qu'elle effectue entre le moment où elle est propulsée par le ressort et celui où elle disparaît, mettant ainsi fin à la partie. Pas de construction linéaire ou chronologique, mais un vagabondage d'une histoire à l'autre, simplement guidé par mon goût pour les associations libres, hérité d'une longue pratique du jeu du marabout. (J'en ai marre-marabout-bout de ficelle, etc.)

L'assemblage de toutes ces petites histoires ressemblerait bien à une tentative, animée par une touchante bonne volonté, de donner un vague semblant de cohérence ou de logique à un édifice par ailleurs branlant, mais je vous rassure : il n'y en a aucune, sinon celle qui m'aura peut-être échappé.

Charles le Grand

« Mon cher Antoine, je vous pensais plus résistant. Vous n'êtes pas à la hauteur de votre réputation. »

Malgré cette remarque mortifiante, approuvée par l'ensemble des convives toujours présents à table, je tente de me lever dignement en évitant le faux mouvement qui trahirait un indéniable début d'ébriété alors que, disons les choses simplement : j'en tiens une bonne. Il me vient une possible repartie concernant la résistance que je renverrais avec plaisir en retour de volée à mon tourmenteur, eu égard à ses années d'occupation – occupées à résister plus passivement qu'activement –, mais c'est bien la dernière personne avec qui j'ai envie de me brouiller. Nous ne sommes pas des œufs, me dis-je, preuve supplémentaire que j'ai un bon coup dans l'aile, ce qui est toujours préférable au pilon vu les mœurs supposées de l'individu. Il est 5 heures, Paris s'éveille, je n'ai pas dormi et un train m'attend pour me ramener à Paris.

Charles Trenet me regarde d'un air goguenard, bien qu'amical, m'extirper de la tablée. Il me tend une main étonnamment ferme, et me remercie d'être venu jusqu'à Besançon pour papoter de ce projet de documentaire en deux parties signé Donald Kent (mon vieux partenaire écossais) qui va me permettre de l'interviewer en long et en large, le travers étant déjà fait si j'en crois ma position verticale. Il ne pousse pas, à soixante-quinze balais bien tassés, l'urbanité jusqu'à se lever à son tour, ce qui me semble plus prudent vu la quantité de liquides alcoolisés ingérée en quelques heures par cette force de la nature : whisky(s), vin blanc, vin rouge, et les deux tiers d'une bouteille de Cointreau sur glace. Nous sommes passés à table vers minuit, à la sortie de scène d'un gala qui nous a tous laissés babas, au cours duquel il a enfilé non pas quarante voleurs mais quarante chansons – autant de standards indiscutables – avec l'énergie d'un fou (chantant) jouant sa tête devant une assemblée royale. Triomphe. Sortie de scène. Autographes. Rapatriement à la maison de notre hôte.

Cinq heures plus tard nous voici donc tous cuits, ivres de rires fous autant que de vins fins. Charles a beau nous avoir régalés toute la nuit d'anecdotes plus poilantes les unes que les autres (*Cocteau aimait bien qu'on l'appelle « maître ». Trenet sonne à sa porte. Un domestique ouvre. « C'est pour le maître ? » « Non, c'est juste pour le voir »*), et nous avoir offert un feu d'artifice de drôlerie et d'esprit, il accuse le coup. L'œil tombe un peu pendant que le râtelier remonte, à moins que ce ne soit l'inverse, je ne suis pas en état d'aller vérifier de plus près. Je plie donc mon bagage que je n'ai pas eu le loisir de défaire et quitte à regret cette noble assemblée, sous le charme de cette nuit de libations et de musique.

Je me suis mis à boire – je me comprends – assez tard, mais j'ai écouté les chansons de Trenet dès ma plus tendre enfance. Elles résonnaient dans la petite maison familiale, au croisement précis des goûts maternels (la bonne chanson française, le swing, Ella Fitzgerald) et paternels (Mozart pour l'essentiel,

Rina Ketty pour le jardin secret). Rétrospectivement, je mesure encore mieux à quel point sa musique accompagna chez nous, et continue à le faire, les cycles générationnels du berceau au tombeau.

Pour mon père – qui partageait avec fierté les origines narbonnaises du deuxième grand Charles de sa vie après de Gaulle, et semblait avoir été biberonné au même ADN géographique pyrénéen –, Trenet symbolisait à la fois la résistance à l'esprit de sérieux et une mélancolie cachée, tapie dans l'ombre, qui n'attendait que la première occasion pour lui sauter discrètement à la gorge. Une oscillation permanente entre légèreté et gravité. C'est sur la musique de « La Folle Complainte » que l'on réduisit en cendres le corps de ma mère (« Mon âme s'est dissoute/Poussière était mon nom »), accompagnement final qu'elle aurait validé tant ces chansons qu'elle connaissait par cœur l'avaient accompagnée de son vivant, au gré de ses différentes humeurs. Et mes enfants l'écoutent ou le découvrent toujours avec le même délice, soit que ses chansons éveillent quelque écho de la petite saga familiale, soit qu'ils continuent à s'amuser du funambulisme des paroles et de l'inoxydable charme des musiques.

Quant à moi, je n'ai à mon souvenir jamais cessé d'écouter Trenet, de revenir à lui ou d'accueillir avec bonheur ses chansons quand elles resurgissaient inopinément au gré d'une radio ou d'un film, se remettant encore à courir dans les rues « longtemps, longtemps après que les poètes ont disparu ». Et je tire gloire d'avoir vu mon prosélytisme parfois couronné de succès, comme lorsque je fis découvrir le répertoire de Trenet à Jonathan Richman des Modern Lovers, pour qui ce fut la révélation d'une parentèle artistique d'une lumineuse évidence, et qui en pleura d'émotion (c'est un garçon très sensible) avant de se mettre à quatre pattes pour faire le petit dinosaure (c'est un garçon plein d'imprévu). Je n'ai qu'un regret, c'est de n'avoir pu organiser entre les deux la rencontre qui aurait peut-être abouti à une collab de toute beauté, comme je regrette également de ne pas avoir présenté Trenet à Leon Redbone : il aurait été emballé par l'entreprise de réhabilitation des *minstrel songs* entamée par cet excentrique ricain.

Et me voici donc en 1988, dans sa maison d'Aix-en-Provence, rencontrant enfin le monument national, allant même, à son invitation, jusqu'à le visiter, si je puis dire, à l'occasion de ce documentaire en deux parties produit par Véronique Colucci dont j'assurais interview et narration. Projet rendu d'autant plus excitant que Trenet acceptait pour la première fois de laisser libre accès à ses archives personnelles, ayant toujours été un serial-filmeur, immortalisant sa propre vie à l'aide de sa caméra 16 millimètres, qu'il fût à New York, au Brésil, au Canada, en Grèce ou dans son jardin de curé (seul lien qu'il garda avec le milieu ecclésiastique).

Résultat de notre rencontre : un long entretien de presque cinq heures au fil duquel nous évoquâmes celui de sa vie, son indifférence envers la postérité, la fréquentation des poètes, l'influence du jazz, notre tronc commun narbonnais, l'importance des mères en général et de la sienne en particulier, les malentendus à propos d'une ou deux de ses chansons, les anciens contre les modernes, le surréalisme, et son incapacité à considérer quoi que ce soit avec sérieux, gloire comme revers, à l'exception bien sûr des mots, de la musique et d'une rigueur toute militaire dans le travail.

Trenet était d'une époustouflante érudition doublée d'une hypermnésie qui faisaient se bousculer dans une même phrase les mânes d'un Max Jacob, d'un Francis

Blanche et d'un Duke Ellington. Il était capable de citer au débotté aussi bien le Bottin que du Verlaine, du Racine, de l'Apollinaire ou du Rimbaud, quand ce n'était pas les paroles d'une des mille chansons écrites par ses soins. Le plus naturellement du monde. Sans jamais transformer en numéro de cirque la démonstration de cette mémoire prodigieuse articulée à son plaisir de raconter et de digresser. Comme s'il avait la hantise de cet ennui et de cette détresse qui lui étaient brutalement tombés sur le dos, lorsqu'il s'était retrouvé pensionnaire chez *les bons pères* après la séparation de ses parents, et qu'il avait dès lors décidé de reprendre la main et de privilégier pour toujours *la joie de vivre.*

J'avais été frappé notamment, dans ce *flow* de mots en cascade qui composaient ses phrases, par la récurrence de l'adjectif « rigolo ». Mot désuet, suranné s'il en est, fleurant bon son Coco Boer de cour de récré, mais définissant avec une précision chirurgicale ce rapport au monde de l'enfance, tendu comme une corde qu'il s'amusait à sauter avec l'agilité d'un boxeur pour toujours tenir à distance l'esprit de *gravitas*, anathème du monde adulte.

Autant dire qu'il fit tache quand il débarqua en duo avec Johnny Hess sur la scène musicale des années 1930 alors occupée principalement par des chanteurs réalistes déprimants, souffrant d'une nette tendance à la surdramatisation et à la surinterprétation. Trenet, c'était l'irruption de l'énergie vitale, de la fantaisie, de l'humour et de la poésie en action. Un être solaire et bondissant dans le jeu de quilles de la chanson de l'époque, alignant *strike* sur *strike* avec la désinvolture d'un jeune punk.

Soixante ans plus tard, on put d'ailleurs juger de l'état de cette désinvolture quand il remonta (assis, à la suite d'une rencontre inopinée avec un cycliste dans le bois de Vincennes) sur la scène de la salle Pleyel pour une série de trois concerts. Il avait alors quatre-vingt-six (!) ans, et l'enchanteur fit constater à tous que le charme n'était pas rompu, et que le fameux débit de l'eau, comme celui du lait, n'avait rien perdu de sa fluidité. Ce soir-là, il dédia sa chanson à Gainsbourg, qui lui avait lui-même rendu hommage en ces termes :

À la frontière du souvenir
Et de l'oubli où s'arabesquent les fils
D'or barbelés de mes songes secrets,
J'entrevois un passeur de rêves
Auréolé d'un feutre clair
Et de soleils fulgurants d'avant-guerre[1]*…*

Quand il quitta cette vallée de larmes, à l'aube du nouveau millénaire et deux ans après ses (vrais) adieux au music-hall à la salle Pleyel, nous fûmes nombreux à nous dire que le monde venait de perdre une de ses plus belles bibliothèques (comme chaque fois qu'un ancien s'éclipse), mais aussi une part de cette légèreté qui le rend supportable. Un des premiers à en être affecté fut Cabu, le – disons-le – plus grand caricaturiste de son époque, qui le vénérait littéralement alors que si peu de choses méritaient de respect à ses yeux. Évidemment il le croquait à merveille, et poussa le bouchon jusqu'à boucler un livre (qui serait publié à titre hélas posthume, en 2018) dans lequel il illustrait les textes de Trenet avant Trenet, à l'époque où ce dernier écrivait pour des feuilles de chou locales – ou sur des feuilles tout court, n'ayant jamais été un végétarien convaincu.

Cabu était exactement sur la même longueur d'onde : tendre, moqueur, nostalgique, caustique, joyeux, enfantin,

1. Serge Gainsbourg, Préface à Charles Trenet, *La Route enchantée*, Le Temps singulier, 1981. (*Note de l'éditeur.*)

un don quasi surnaturel pour saisir d'un trait un visage ou une situation, comme Trenet le faisait avec les mots et les notes. Et comme lui, en guerre permanente contre la bêtise bas du front, dont il se protégeait avec l'arme fatale de l'humour noir.

Cinq ans après la mort de Trenet, je demandai à Jean Rochefort de bien vouloir chanter « Boum ! » dans un film que nous tournions ensemble, *Désaccord parfait*. L'idée de ce film m'avait été inspirée par une des chansons préférées de ma mère, « Que reste-t-il de nos amours ? », dont elle m'avait parlé un jour, quelque temps après la mort de mon père, alors qu'elle avait fait un rêve où il l'engageait à venir le retrouver. Ils s'étaient séparés un petit demi-siècle plus tôt mais avaient renoué sur le tard de solides liens affectifs.

J'avais ressenti l'urgence de raconter cette histoire-là, en la protégeant derrière un paravent de fiction. Le film mettait ainsi en scène la tentative de retrouvailles d'un couple mythique des années 1960, Louis Ruinard (Jean Rochefort), réalisateur en vogue de l'époque (sans appartenir à la nouvelle vogue), et son actrice fétiche, Alice d'Abanville (Charlotte Rampling), retournée en Angleterre après leur séparation avec son fils (James Thierrée), où elle avait épousé un lord charmant (Ian Richardson). Profitant d'un séjour à Londres où il était venu recevoir un prix honorifique, Louis Ruinard avait bien sûr invité Alice, son mari et leur fils au gala. Un orchestre jouait sur scène (Boy George y tenait le rôle du crooner), et soudain Louis montait les rejoindre, interrompant le malheureux George, pour se saisir du micro et attaquer le mythique « Boum ! » de Trenet qu'Alice et lui avaient tant aimé tous les deux… La suite est dans le film.

L'anxiété naturelle de Jean l'avait poussé à répéter à la perfection les paroles. Trenet est facile à fredonner, mais très difficile à chanter. Sans compter qu'il chante droit, sans interpréter son texte, l'inverse exactement d'un Brel, alors que la tentation est grande quand on reprend ses chansons d'en remettre une louche. (Une leçon du reste bien comprise par Benjamin Biolay qui livra en 2015 un album hommage à l'inventeur, comme il le dit, de la chanson moderne, tout en délicatesse et sans s'aventurer sur le terrain glissant du fou chantant survitaminé – ce qui aurait été assez éloigné, reconnaissons-le sans fausse ironie, de la nature profonde de Benjamin.)

Résultat des courses : Rochefort reprenant du Trenet sous les yeux (embarrassés) de Rampling. On touchait là, pour moi, à une de ces notes bleues que l'on passe sa vie à essayer de discerner dans le brouhaha du monde. Aujourd'hui que ces deux figures majeures de ma petite histoire se sont éclipsées pour de bon – sans compter ces parents qui m'en avaient inspiré le motif –, maintenant que les rangs se clairsèment, c'est avec une émotion toujours intacte que j'entends résonner les premières notes de « Que reste-t-il de nos amours ? », et que me reviennent des souvenirs qui me poursuivent.

Sans cesse.

Un péché capital

Attention, jeune lecteur, il est temps pour moi de te mettre en garde. Les pages que tu t'apprêtes à lire ne sont évidemment pas un exemple à suivre ni un encouragement quelconque à ce qui reste un acte délictueux. Méfie-toi, et lis au contraire mon histoire comme ce qu'elle est : l'aveu tardif et vaniteux de quelques faux pas qui auraient pu m'attirer de sérieux ennuis et me valoir un casier judiciaire m'interdisant à jamais une carrière dans l'administration, voire l'accès à la présidence de la République.

Rebrousse chemin, s'il en est temps.

J'aurais dû finir au bagne.

Je finirai peut-être à Aubagne, comme un paisible petit retraité.

Voici donc venue l'heure des aveux, le moment de soulager ma conscience pour marcher d'un pas plus léger sur le chemin de mon existence, ou ce qu'il en reste. Je ne suis pas cet homme irréprochable et immaculé dont je m'efforce de donner l'image, même si, ayant grandi dans un univers mental et moral bordé par les dix commandements bibliques, je me suis efforcé de les respecter tous, plus ou moins.

Je n'ai pas eu d'autre Dieu, ayant déjà suffisamment de mal à comprendre celui-ci (et puis, l'idée de voir sa tête m'effraie puisque comme il est dit, il a créé l'homme à son image : plutôt Paul Newman ou André le Géant ?).

Je n'ai pas abusé de son nom. Au plus, un petit « nom de Dieu » des familles en m'écrasant un doigt d'un coup de marteau, plutôt que le clou que je me proposais d'enfoncer. Et quand tout le monde s'est mis à surnommer Eric Clapton « God » dans les années 1970, je me suis abstenu, trouvant certes son toucher miraculeux mais les morceaux de Cream interminables, à moins d'être sous substances.

J'ai toujours sanctifié le jour du repos. Le dimanche, c'est sacré. Non content de respecter scrupuleusement ce commandement en particulier, j'ai souvent poussé le respect de la loi jusqu'à refuser de sortir de mon lit où je pratiquais des activités de toute nature, pour entretenir aussi bien le corps que l'esprit, les interrompant seulement par la dégustation du traditionnel poulet dominical accompagné de ses pommes de terre au four.

J'ai toujours honoré mon père et ma mère. Ce livre en apportera une fois de plus la preuve. Mon Œdipe est resté confiné – avant l'heure – dans des proportions raisonnables, et si j'ai affronté mon père, il en était grandement responsable, m'ayant transmis son systématique esprit de contradiction.

Je n'ai pas tué. Je ne peux pas dire que la tentation de le faire ne m'ait jamais effleuré, vu le nombre de purs salopards que j'ai été amené à croiser, mais j'ai toujours réfréné à temps cette pulsion, préférant regarder Bruce Willis le faire à ma place. Je n'ai même jamais tué un animal, à l'exception de ces crapauds que nous attrapions, enfants, pour leur coller un pétard allumé dans le fion. Mais nous étions jeunes, nous étions innocents.

Je n'ai pas commis d'adultère. Je suis d'un naturel monogame même si, dans cette éphémère fenêtre de tir que ma génération a connu entre pilule et arrivée du sida, la notion de fidélité s'est quelque peu assouplie, un temps durant. Un confesseur intransigeant parlera certainement de coups de canif dans le contrat, mais je ne me suis jamais blessé, à défaut d'avoir heurté celles dont je partageais l'existence. Et je m'en excuse une fois de plus, puisque j'en suis aux aveux.

J'ai beaucoup volé, là j'avoue, et pas seulement de mes propres ailes. Des mains courantes l'attestent, et ça me coûtera cher en indulgences. Mais je vais y revenir.

Je n'ai pas porté de témoignage contre mon prochain, ni vrai ni faux, pour n'avoir jamais été témoin d'un crime majeur. Je n'ai par ailleurs pas une nature de délateur, et cela remonte à l'école primaire. À une ou deux exceptions près, nous étions tous prêts à nous faire torgnoler plutôt que d'avouer qui avait tiré la petite boulette humide collée au tableau noir, à l'aide d'un stylo Bic transformé en sarbacane, pendant que le prof nous tournait le dos.

Je n'ai pas convoité la femme de mon prochain, contrairement à Lancelot du lac, à qui ça a quand même bien pourri la vie. En tout cas, pas celles de mes amis qui sont mes prochains, sans que mes prochains soient tous, et loin de là, mes amis. Je souhaite, sans en être tout à fait certain, que la réciproque ait toujours été vraie.

Je n'ai jamais convoité non plus la maison de mon prochain, ni son domaine, ni son bétail, ni rien qui lui appartienne. Pour ce qui est de la maison, vraiment pas. On m'a dit que ce genre de convoitise s'était beaucoup pratiquée vers 1942, et qu'on profitait des rafles pour rafler à son tour les biens ainsi mis à disposition, mais j'ai eu la chance de ne pas connaître cette période, et ma pauvre mère, en repensant à ces histoires calamiteuses dont elle avait une fois été le témoin, était toujours saisie de haut-le-cœur des dizaines d'années plus tard.

On en conviendra : l'addition n'est pas bien lourde (ce qui nous change des bistrots de Paris Centre depuis qu'un influenceur a inventé le mot *bistronomie*).

En revanche, j'y reviens, j'ai beaucoup volé.

J'ai commencé comme tout le monde par de petits chapardages, à la confiserie stratégiquement installée à une centaine de mètres de mon école primaire, sise rue des Huissiers – mot dont plusieurs fois dans ma vie j'aurais le loisir d'affiner la définition. La technique était simple : l'un de nous posait mille questions au commerçant dont la moustache, en forme de ficelle toulousaine, nous amusait beaucoup, pendant qu'un ou deux autres empochaient discrètement roudoudous, Coco Boer et Mistral Gagnant. Les prises – que nous nous répartissions ensuite avec fierté, tels des pirates diabétiques – étaient modestes, mais nous finîmes malgré tout par nous faire prendre la main dans le (Car en)sac, et par nous retrouver interdits de sucreries après avoir été chassés à coups de balai.

Malheureusement la mauvaise graine avait été semée, et ne demandait plus qu'à germer. Je pus mettre à l'épreuve mes talents de chapardeur quelques années plus tard, à Trouville, chez le libraire-marchand de journaux qui jouxtait la déjà légendaire pâtisserie Charlotte Corday (dont je conseille toujours en été la délicieuse tarte à la fraise Mara(t) des bois). C'est là que j'allais chercher toutes les semaines mon exemplaire de *Pilote* et découvris *Les Pieds nickelés* de Pellos, alors publiés par les éditions de la Jeunesse joyeuse, ce qui correspondait assez exactement à mon humeur générale.

Hélas mon budget ne m'autorisait qu'une parution par semaine, et je pris rapidement l'habitude de glisser la seconde dans la première, afin de ne régler que celle-ci. Je dois dire à ma décharge que les Pieds nickelés eurent une influence déplorable[1] puisqu'ils développèrent en moi ce goût du contournement de la loi et de l'arnaque. Rapidement, je m'identifiais à Croquignol, la tête du trio, au point de me convaincre que, par principe, jamais les Pieds nickelés n'auraient pu se résoudre à payer pour lire leurs propres aventures.

Un beau jour, là encore pris sur le fait, je découvris que le marchand de journaux avait lui-même un pied nickelé, dont mon postérieur put apprécier la densité. Par respect pour ma pauvre mère, il s'engagea à garder l'affaire entre nous, à condition que je lui rapporte les exemplaires dérobés et renonce à ces pratiques indignes de ma respectable famille. J'en fus quelque temps mortifié, mais le démon qui sommeillait en moi, au fond, à droite, tout au bout du couloir, se réveilla bientôt, cette fois encore dans une librairie.

Il existait alors une petite enseigne de quartier, baptisée « Variétés », collée au cinéma Le Régent (où j'avais mes habitudes) et dans laquelle ma mère avait ouvert un compte me permettant de me fournir régulièrement en livres (de poche uniquement), guidé par les précieux conseils du délicieux couple qui s'occupait de l'endroit, M. et Mme Pain. Je leur dois mille découvertes plus essentielles les unes que les autres, d'Edgard Poe à Conan Doyle en passant par Maupassant, Walter Scott, Julien Gracq ou Stevenson.

---

1. D'autant plus que certains titres évoquaient l'univers dans lequel je grandissais, ou d'autres que je découvrirais par la suite : *Les Pieds nickelés journalistes*, *Les Pieds nickelés à l'ORTF*, *Les Pieds nickelés au lycée*, etc.

Ils prenaient sans compter sur leur précieux temps pour me convaincre, m'encourager, m'aider à découvrir tous ces univers extraordinaires auxquels je n'ai d'ailleurs jamais cessé de revenir.

J'éprouvais une affection folle pour ces passionnés de littérature, intarissables, enthousiastes et sachant si bien satisfaire ma curiosité de lecteur affamé. Ils faisaient partie de la famille. Je m'attardais de longs moments au milieu de leurs fidèles, laissant traîner l'oreille lorsqu'ils évaluaient les mérites respectifs de tel ou tel auteur, loin du grondement continu des automobiles et du fracas de la vie réelle. C'était mon refuge, mon îlot, l'incarnation exacte de ce que la littérature représente à mes yeux : des milliers de possibilités d'histoires racontées de milliers de façons différentes, une réserve inépuisable de rêves.

Et puis un jour, je tombai au hasard des rayons sur un petit livre dont la beauté me gela sur pied. Sa couverture attirante était comme une pépite d'or posée sur le sable dans le lit d'un ruisseau. Il s'agissait de l'œuvre d'un peintre autrichien, Hundertwasser, proche dans sa démarche des Klimt et Schiele qui l'avaient précédé, et qui appliquait à son tour les principes de ce qu'on a appelé la « sécession viennoise » : refus de la perspective, travail sur les courbes, couleurs vives.

J'étais à tel point fasciné par l'objet que je revins le consulter plusieurs fois, puis le déplaçais dans la librairie pour que personne ne l'emporte, et finis un beau jour, mû par je ne sais quelle infernale pulsion, par le faire disparaître dans mon blouson. Personne n'avait rien remarqué, mon larcin était passé tout à fait inaperçu. Le cœur battant, je quittais la librairie discrètement, laissant les Pain en pleine discussion avec leurs clients.

Sitôt rentré à la maison, je détaillai l'objet et lui trouvai assurément du charme et de l'intérêt, mais étrangement moins que dans la librairie, au milieu de ses congénères. Soudain, le couperet de la culpabilité fondit sur ma nuque criminelle : qu'avais-je fait ?! Je m'étais joué de l'absolue confiance de mes deux chers libraires, je leur avais piqué un livre, à eux, pour le seul frisson de l'interdit. Sans aucun doute l'un des deux avait dû repérer mon manège et là, je les imaginais, dans la boutique vide, effondrés, déçus d'une telle ingratitude, d'une telle trahison. « Tu te rends compte, Pierre, devait certainement dire Mme Pain, notre petit Antoine, en qui nous placions de tels espoirs, qui vient de trahir notre confiance et de nous poignarder dans le dos ! Quelle déception ! » « Sans compter qu'il nous retire le pain de la bouche », avait sûrement ajouté son mari, qui aimait bien plaisanter, parfois.

Les mains moites, pris de remords comme Judas après l'arrestation de Jésus (mais quand même pas au point d'en arriver aux mêmes extrémités), je repris alors, tout penaud, le chemin de la librairie, longeant les murs comme un fugitif essayant d'éviter le rayon de projecteur des miradors. Il n'y avait plus de clients lorsque j'en poussais la porte. M. Pain, toujours tiré à quatre épingles dans son costume en tweed trois pièces, était assis à son bureau, dans le renfoncement au fond du magasin, et faisait ses comptes à la lumière d'une petite lampe en laiton, tandis que Mme Pain s'activait à ranger les étagères de l'arrière-boutique. Mon retour ne sembla pas l'étonner, et sans quitter sa tâche des yeux, il me demanda si j'avais besoin d'aide. Je bafouillais un « non, merci » en lui faisant un geste élusif genre Ne vous dérangez pas, je regarde juste… Je m'approchai pas à pas de la scène du crime, essayant d'être le plus naturel possible et de n'éveiller aucun soupçon. Quand finalement j'y parvins, après une éternité, j'attrapai aussi discrètement que je pus le livre que je serrais contre ma poitrine et le remis à sa place initiale avec la délicatesse d'un démineur désamorçant une bombe. Sans même me regarder, M. Pain me lança alors, sans autre commentaire, un « Très intéressant, ce Hundertwasser » qui me fit le même effet que la voix du Commandeur sur Don Juan. Pour preuve, un demi-siècle plus tard, je n'ai toujours pas oublié son nom…

Ce que je retins de la leçon, c'est qu'il était moralement indéfendable de profiter de la faiblesse des gens que l'on aime pour leur porter préjudice, et que quitte à assouvir des penchants cleptomanes, autant s'attaquer à des structures ayant une chance d'y survivre. Je n'étais pas prêt pour les banques, en dépit de ma consommation effrénée de westerns, et décidai de me faire la main sur les églises, nettement plus vulnérables.

Il se trouve que je jouais alors dans un groupe de rock affublé d'un nom dont je n'ai toujours pas, aujourd'hui encore, très bien compris ce qu'il signifiait : Whoa Babe ! Groupe au sein duquel je tenais la batterie – pas assez fermement toutefois pour ne pas l'empêcher de s'éloigner quand l'envie lui en prenait, au grand dam de mon bassiste.

Nous répétions dans un grenier exigu, insonorisé sommairement avec des boîtes à œufs – insuffisamment cependant pour apaiser l'ire des voisins qui préféraient manifestement les chansons d'Anne Sylvestre à nos reprises de Grand Funk Railroad. Nous manquions de sièges, et nous manquions de budget pour en acquérir. L'idée saugrenue me vint de récupérer un banc d'église (assise : six personnes) dont, après repérage, il était apparu qu'il avait la dimension idéale pour notre petit local.

Et je ne l'avoue pas sans une certaine fierté aujourd'hui, je réussis seul, sans aucune aide, à d'abord extraire l'objet – encombrant, il faut le reconnaître – de son décor d'origine sans me faire courser par le bedeau à nez cirrhosé qui arpentait les allées d'un pas discret et patelin, mais parvins surtout à transporter le banc sur ma mobylette – un exploit, je le dis modestement, qui m'aurait fait admettre dans la première école du cirque venue.

Enhardi par ce haut fait, sensibilisé aux problèmes de déco, je franchis un pas supplémentaire sur la jeune route de mes méfaits en dérobant, lors d'une visite dominicale aux puces de Saint-Ouen, un moulage à l'échelle réelle du célèbre Sourire de Reims (enfin le buste seulement), d'un volume approximatif d'un mètre cube, que je déménageai dans mes bras jusqu'à ma chambre (après un interminable trajet en métro, qui se déroula dans cette indifférence générale si spécifique à ce mode de transport urbain).

J'étais fier de mon coup. J'étais tombé sous le charme de l'ange, comme des centaines de milliers d'individus depuis 1240. Je trouvais qu'il s'intégrait parfaitement à la déco très *seventies* de mon intérieur. Il me rachetait d'une certaine manière du coup du banc, et je lui conférai d'office une puissance protectrice dont je n'ai malencontreusement jamais pu vérifier l'efficacité.

Ma mère s'étonna bien sûr de l'irruption d'une tête d'ange dans la maison, mais se contenta de mon explication emberlificotée (une tombola ?). Elle alla jusqu'à s'extasier devant la sérénité toute bouddhique du sourire en question, qui la confortait par ailleurs dans sa foi, et lui laissait imaginer que la brebis égarée qu'elle avait mise au monde était peut-être en train de retrouver le chemin du bercail.

On l'aura compris : en quelque temps, du roudoudou au Sourire de Reims, j'étais devenu un alpiniste chevronné sur la raide paroi du crime.

Mais le pire – ou le meilleur – restait à venir.

Quelques années plus tard, j'emménageai dans mon premier domicile, rapidement qualifié de conjugal puisque je le partageais avec celle qui allait devenir la mère d'Emma, ma fille. Les temps étaient durs, les fins de mois difficiles. Gaëlle était maquettiste dans un des journaux pour lesquels je pigeais, et il fallait faire attention à tout. Je découvris alors que pour améliorer l'ordinaire, il suffisait parfois de récupérer quelques-uns de ces produits exposés en abondance dans les grands magasins en évitant de passer par la case « caisse ». Et cela valait aussi bien pour les produits *essentiels*, comme on dit aujourd'hui, que pour le superflu, livres et disques donc, dont j'étais déjà un consommateur compulsif.

J'avais remarqué, lors de mes pérégrinations de coursier pour un radiologue (j'ai commencé par livrer des radios, j'ai fini par en faire, ce qui est nettement moins fatigant), qu'il existait en face de la gare Saint-Lazare un drugstore ouvert sept jours sur sept où l'on trouvait de tout, avec une particularité : la sortie était surveillée, mais pas l'entrée. Si bête que cela parût, on pouvait très bien quitter les lieux par ladite entrée sans que personne ne s'en formalise.

Et je me fis aussitôt la réflexion que quitte à suivre cette trajectoire, autant que ce fût les mains pleines. Je tentai le diable en mettant à l'épreuve ma théorie, et après avoir saisi un anodin paquet de biscuits (des LU, bien sûr, pour satisfaire l'insatiable lecteur que j'étais déjà), je repartis par où j'étais arrivé.

Il ne se passa rien, comme on est parfois obligé d'écrire pour expliquer qu'il ne se passe rien.

Enhardi, je renouvelai l'expérience dès le lendemain, mais avec une approche plus ambitieuse, en garnissant un panier de divers produits sans trop charger la mule non plus, histoire de pouvoir me débarrasser rapidement de l'objet du délit en cas d'interpellation.

Là encore il ne se passa rien. J'avais peine à y croire, mais c'était aussi simple que ça.

Dès lors, ce fut la fête pendant quelques semaines, une table considérablement améliorée tant d'un point de vue qualitatif que gustatif, jusqu'au jour où j'eus le sentiment que mon stratagème avait été éventé, lorsque je notai la présence d'un des vigiles, qui rôdait discrètement dans les rayons (mais pas assez pour échapper à ma propre vigilance). J'en restai là, sans remord ni regret, avec le sentiment d'avoir suffisamment joué avec le feu sans me faire allumer moi-même.

Encore une fois, si je passe aux aveux sur le tard, c'est à la fois en tant que *repenti* et en espérant que le préjudice que j'ai pu faire subir à cette enseigne n'ait pas été – j'en doute fortement – la cause de sa fermeture. Mais ma conscience est soulagée, quitte à alourdir encore l'ouvrage que vous tenez entre les mains, et que vous avez peut-être vous-même subtilisé à un malheureux libraire.

Comme s'ils n'avaient pas déjà assez de soucis comme ça…

L'embarras

Loin de moi l'idée de venir ici troubler le souvenir glorieux qu'a laissé Françoise Giroud dans la mémoire des Français. Son modernisme, son combat sans relâche pour la cause des femmes, la liberté qu'elle sut conserver dans un monde dominé par des hommes, tout a été dit ou écrit à ce sujet. Nonobstant, ses prises de position tranchées et sans nuance contre le Canal Plus naissant de la fin 1984 laissèrent, auprès de tous ceux qui participaient à la venue au monde du beau bébé à péage, un goût amer. Canal traversait alors une forte zone de turbulences. Mitterrand, deux mois seulement après l'ouverture d'antenne, avait annoncé la libéralisation des ondes, et l'arrivée prochaine de pas moins de soixante nouvelles chaînes… gratuites.

Les abonnements en cours s'interrompirent brutalement et Laurent Fabius, le plus jeune et ambitieux ministre du gouvernement et véritable Georges Descrières de la Comédie politique, entama un travail de sape auprès de son mentor (un gros mentor, comme on le découvrit plus tard avec la révélation de sa double vie) pour que Canal soit défait de son statut particulier et passe en clair comme tout le monde. Il alla jusqu'à imaginer un rachat de la chaîne par Jean Riboud, alors P-DG de Schlumberger.

André Rousselet, le fondateur de Canal, tint bon contre vents et marées et fut sauvé par le gong. Au mois de mai, 88 % des premiers abonnés signaient à nouveau pour six mois, mettant en avant les mérites de la multidiffusion qui, accompagnée des droits rattachés au foot et au cinéma, faisait de la chaîne une proposition unique dans le PAF. En juin, Mitterrand somma Fabius de lâcher l'affaire, et Riboud retourna s'occuper des compteurs et autres forages.

Entre-temps, Françoise Giroud n'était pas restée inactive. L'éphémère secrétaire d'État giscardienne qu'elle avait été reprochait à Canal Plus d'être une télé de riches, un club de la chaussette (trop d'hommes), et pas assez disruptive, comme on ne disait pas encore à l'époque. La seconde mise à part – il est exact que la parité n'était pas strictement respectée –, ces considérations dénotaient chez leur autrice des préoccupations qui avaient manifestement échappé aux lecteurs de *L'Express*, journal à la clientèle de cadres plus libéraux que socialo-communistes, et dont la disruptivité n'avait pas fait trembler sur ses fondations la grammaire journalistique. Françoise Giroud s'était fendue de billets assassins qui étaient restés en travers de la gorge de tous, à commencer par celle de notre chef suprême, notre grand timonier, notre muse des taxis G7, le susmentionné André – Dédé pour les intimes – Rousselet.

Rousselet n'était pas un homme impressionnable. Il gardait son cool légendaire et son élégance distante en toutes circonstances, mais il ne fallait pas trop le faire chier quand même. Quand, par exemple, la maison Gervais menaça la régie pub de la jeune chaîne de supprimer son budget annuel si Jean-Pierre Coffe ne présentait pas des excuses publiques à l'antenne après avoir démontré que la glace à la framboise ne contenait pas de framboises mais une ribambelle d'additifs et colorants (en concluant de son légendaire « C'est de la merde »), Rousselet ne broncha pas, et suggéra à l'émissaire de la maison Gervais de se carrer son budget dans la partie de son individu sur laquelle il était assis à ce moment-là. Sans qu'il eût même à faire passer la consigne – ce qui n'était pas exactement l'esprit de la boîte –, il fut longtemps tacitement admis que ceux qui avaient voulu la mort de Canal, lors de l'homérique offensive médiatique des premiers mois, seraient *persona non grata* sur l'antenne, tout au moins dans un premier temps.

La chaîne survécut, comme chacun put le remarquer, à l'absence de Françoise Giroud des émissions de Canal Plus, et c'est sur d'autres supports qu'elle dut se contenter d'éclairer l'époque de ses clairvoyantes analyses.

Laurent Fabius poursuivit – en la rattrapant toujours – sa vie politique, et connut quelques montagnes russes au moment de l'affaire dite du sang contaminé. Des accusations assez crapoteuses tentèrent de salir son honneur, certaines d'entre elles réveillant ce vieux fond antisémite qui ne demande parfois qu'à s'exprimer sans qu'un quelconque Dieudonné ait besoin de venir le stimuler. Rousselet leva alors publiquement l'omerta pour dénoncer ces amalgames odieux, faisant ici preuve de la grandeur d'âme des hommes nés burnés.

Ce qui ne l'empêcha pas quelques années plus tard, sa rancune intacte, de clouer verbalement l'homme qui avait œuvré pour sa disgrâce. L'anecdote est de première main, d'un témoin direct qui s'en amuse encore : le jour de la remise de la Légion d'honneur à Yves Saint Laurent, à l'Élysée, Laurent Fabius, tout de miel, s'approcha de Rousselet qui ne le calculait même pas pour lui dire à voix basse : « André, vous savez bien que je n'ai jamais voulu... » Phrase qu'il ne put finir, interrompu par l'intéressé qui lui lança à voix haute et clairement audible par tous : « Vous me mettrez ça par écrit… on en reparlera », avant de s'éloigner vers des interlocuteurs qu'il tenait en meilleure estime.

Mais revenons à Françoise Giroud…

Une quinzaine d'années plus tard, je fus invité par Philippe il-y-a-des-saisons-dans-la-vie-d'un-homme Labro, alors directeur des programmes (et avec qui, parenthèse, je partageais une passion sans limites pour Randy Newman), à l'avant-première d'un film dans la salle de projection de RTL, rue Bayard. Dans la foulée, on nous proposa de souper. Des tables de huit avaient été dressées autour desquelles les convives se groupèrent par affinités électives. Je partageai ainsi le couvert de Macha Makeïeff et Jérôme Deschamps (parents comblés de cette petite séquence des Deschiens devenue mythique sur Canal), celui de Marin Karmitz (producteur de cinéma avec lequel j'avais rendez-vous le lendemain pour signer le contrat du nouveau film de Claude Chabrol, *Au cœur du mensonge*, dans lequel ce dernier m'avait proposé un rôle), accompagné de son épouse Caroline Eliacheff, psychanalyste réputée, et, si mon souvenir est bon, celui de Thomas Chabrol, l'un des fils du grand Claude, lui-même au casting du film en question. La conversation roulait sur les qualités de celui que nous venions de voir (insuffisamment mémorables toutefois pour que j'aie retenu le titre de l'œuvre en question). Autant de propos mondains et spirituels qui maintenaient un certain entrain à ces considérations post-filmiques.

Le dessert n'était pas encore servi quand Françoise Giroud, qui dînait à une table voisine, se leva et prit congé de l'assistance en un geste popularisé par la reine Élisabeth II qui consiste à faire pivoter la main sur elle-même, l'avant-bras tourné vers l'épaule restant, lui, totalement statique. Découvrant seulement sa présence à l'instant où elle allait nous en priver, j'eus une réaction instinctive et bourrue, et grommelai dans ma barbe, pourtant inexistante à l'époque : « Allez, du balai, méchante sorcière… » (Ou quelque chose d'approchant.) Comme mes compagnons de table semblaient interloqués par l'agressivité de ma remarque, je m'en justifiai en résumant comme je l'ai fait il y a quelques instants la raison de mon ressentiment. Personne n'en contesta la légitimité. Le dîner prit fin, et l'assistance congé.

Il se trouve que pour redescendre dans le hall de la station, nous devions emprunter un grand ascenseur dont la façade chantournée m'évoquait, pour je ne sais quelle raison, l'Égypte des pharaons. Ascenseur dans lequel ma tablée s'engouffra, après que je l'y eusse invitée en lui souhaitant bienvenue dans le tombeau de Toutânkhamon. Le rapport entre l'Égypte et Françoise Giroud, d'origine gréco-turque, ne saute pas aux yeux, mais pourtant c'est à elle que je repensai dès que les portes se fermèrent.

Et là, sans doute sous la déplorable influence du vin servi à table, j'imposai mon retour de bile à mes compagnons captifs en une virulente série de commentaires tous plus désobligeants les uns que les autres. J'obtins pour toute réponse un silence embarrassé tandis que le visage de Jérôme Deschamps, qui me fixait intensément, virait du rubicond habituel de fin de repas à un écarlate possiblement annonciateur d'apoplexie. Ma diatribe anti-Giroud touchait à sa fin, l'ascenseur à destination, et c'est à cet instant que Caroline Eliacheff m'annonça sobrement : « C'est ma mère. »

Le moment qui s'ensuivit mériterait de figurer dans une anthologie de l'embarras. Les excuses ne servant plus à rien, nous nous séparâmes sur le trottoir, non sans que la fille, prenant la défense de la mère, me glisse : « Ce n'est pas la première fois que j'entends ce genre de choses. » Un constat, plus qu'un pardon.

Le lendemain, penaud, je fis porter une brouettée de roses à mon innocente victime, tandis que son mari signait *quand même* le fameux contrat chabrolien. Longtemps après, je me demande toujours s'il avait là fait preuve d'une mansuétude peu répandue, ou si je l'avais momentanément consolé d'une belle-mère à très fort tempérament.

Chabrol, lui, adora l'histoire.

Amis imaginaires

Il y a deux types de rôles pour les comédiens : ceux qu'on laisse au vestiaire, une fois la scène jouée, et ceux qui se glissent entre le costume ou le déguisement et la peau, et y élisent domicile. Je parle en connaissance de cause de la famille des personnages de *Nulle part ailleurs*, non en raison d'un quelconque penchant pour la nostalgie mais parce que leur souvenir s'impose à moi au moment où je m'y attends le moins. La faute aux rediffusions des sketches de l'émission qui ont de curieux et déstabilisants effets secondaires.

Un exemple : je suis tranquillement accoudé au zinc d'un café à lire d'un œil distrait la presse et les dernières péripéties de la vie qui va. Et voilà qu'après un *double take* pour s'assurer que c'est bien moi et pas Anne-Sophie Lapix, un quidam me lance d'un ton familier : « Hey, mais c'est la grosse tapette ! » La formule, dois-je le préciser, n'a strictement rien de personnel mais évoque en deux mots Didier Lembrouille, « le plus grand fan de Dick après Dick lui-même », et dont – vortex parfait – Dick était le premier fan, ne serait-ce que pour avoir rappelé son nom à une génération qui l'avait tristement oublié.

La tentation, ou plutôt le réflexe, est souvent de proposer en guise de réponse : « Hey ! En personne !

Tu veux une tarte avec ton caoua ? Dans ta gueule ?! » Réponse qui, en d'autres circonstances, suffirait à déclencher les bousculades classiques d'un débit de boisson, à ceci près ici que le fameux Didier, en tout cas son évocation, suffit à me protéger, comme si un nouvel écran s'était miraculeusement matérialisé entre moi et la dure et âpre réalité.

Didier, donc, n'est jamais loin. De tous les personnages que nous imaginions avec Laurent Chalumeau[1], et dont il peaufinait jusqu'à l'obsession les *punchlines*, il est resté le plus présent, convocable à volonté, comme Dorian Gray et son portrait sauf qu'il ne m'est même pas besoin de monter jusqu'au grenier.

Disons que Didier est le plus proche de mes amis imaginaires. Je partage de nombreux points communs avec lui : une grande gueule, mais pas les moyens de ma violence, une référence obsessionnelle (lui Dick, moi Bruce) qui finit toujours par lasser les plus indifférents, une mise en question permanente de la prétendue respectabilité de nos interlocuteurs, une volonté aussi farouche que suspecte d'affirmer son hétérosexualité en traitant de tapette le reste de l'humanité, et un goût marqué pour le rock'n'roll plutôt que pour les mièvres épandages lacrymo-sentimentaux d'une grande partie de la nouvelle chanson française, ou au contraire la rudesse d'un gangsta rap qui promet de faire subir à nos mères les derniers outrages.

Didier et une poignée d'autres, qui ne demandent qu'à se manifester comme s'ils se sentaient trop à l'étroit dans les méandres de ma psyché, alors même qu'ils disposent d'une liberté de mouvement encore suffisante pour que je n'aie pas à me ranger dans la

1. Ci-devant journaliste/auteur/écrivain/essayiste, et plein d'autres choses encore.

case psychiatrique de ces malheureux qui souffrent d'un trouble de personnalité multiple. Tous autant qu'ils sont, ils ont eu le mérite de m'offrir des masques sous lesquels il m'était permis de revenir au cours de la même émission, en guise de final, dire un mot *différent* à l'invité que nous avions jusqu'alors, Philippe Gildas et moi, traité avec les meilleurs égards – partant du principe élémentaire que si l'on invite des gens à sa table, la convivialité doit toujours l'emporter sur la tentation du tribunal[1]. Là encore – comme toujours –, il ne s'agissait pas de rire aux dépens de l'invité mais avec lui, quitte à lui faire grincer les dents, qu'elles fussent d'origine ou non.

Après une saison seul à la table, et une fois posées les bases du terrain de jeu avec Didier et la première salve des personnages, je ressentis le besoin d'avoir un partenaire pour pimper l'idée et corser le dispositif. Toutes les émissions en public utilisent les services d'un chauffeur de salle, dont la tâche est d'expliquer aux malheureux (consentants) assis sur les inconfortables gradins pour assister à l'émission le déroulement de celle-ci, en faisant de son mieux pour détendre le public avant la fatidique prise de direct. Faut-il applaudir ? Qui ? Quand ? Quoi ? Ah bon ? La pub aussi ? Rire ? Rester calme ? Un exercice ingrat, en ceci qu'il s'agit de répéter la même chose jour après jour, ainsi que le font les hôtesses d'un avion aux passagers comme s'ils découvraient enfin la raison d'être d'une

1. Une approche, on s'en est rendu compte dans les années qui ont suivi, adaptée avec différentes nuances par nos confrères, certains privilégiant le mode interrogatoire à celui plus traditionnel de l'*animateur* (mot que j'ai toujours abhorré tant il sent son goûter d'anniversaire, sa bar-mitsvah, ou sa quinzaine commerciale).

ceinture de sécurité. Mais un rôle important, puisque selon la manière dont le public aura été ambiancé, il sera plus ou moins réceptif au bon déroulement des opérations.

Celui qui officiait alors avait un talent particulier : il pouvait immédiatement se mettre tout le monde dans la poche à l'aide de quelques vannes donnant l'impression – illusoire, je peux le certifier – d'avoir été pondues le matin même. Il émanait de lui de la fantaisie et le sens du contact, deux qualités précieuses pour le comédien qu'il avait en tête de devenir en suivant une formation au cours Florent. Deux ou trois rapides conversations devant la machine à café suffirent à me convaincre que nous tenions là l'oiseau rare. José Garcia venait de rentrer dans la danse.

Il est rare, chacun l'aura remarqué, de croiser des individus avec lesquels le rire devient en quelques instants un prolongement naturel des mots. En rencontrant José, je venais sans le savoir d'ouvrir la boîte de Pandore – ou la boîte à conneries, selon le point de vue.

La première tentative fut la bonne. José fit immédiatement preuve de ce génie de l'exécution doublé d'un invraisemblable talent d'impro qui firent décoller l'histoire.

Il faut quand même rappeler que les conditions étaient parfois funambulesques. La version définitive du texte validée par Chalumeau n'arrivait qu'en milieu d'après-midi, et nous n'avions à notre disposition qu'une dizaine de minutes de plateau pour la répétition, entre les balances musique et celles des différents chroniqueurs. Une dizaine de minutes pour caler entrées et sorties, effets et relecture du texte au prompteur. Autrement dit un pur filage mécanique qui laissait l'interprétation finale et sans filet ouverte à tous les aléas du direct (les fameux), auxquels s'ajoutait bien sûr la réaction de Philippe, à qui nous avions pris soin de ne surtout rien montrer avant l'antenne.

Ces conditions présentaient toutefois un avantage certain pour quiconque serait doté, comme c'est mon cas, d'un mauvais fond. Et je prenais un malin plaisir, en M. Plus de la cruauté gratuite, à toujours ajouter une pincée d'imprévu à la situation du moment. Le coup des deux moines face à mon bien-aimé Frédéric Dard a marqué les esprits au moins autant que la trachée artère de José, tant il est vrai qu'on ne remplace pas impunément de l'eau par de la vodka (notamment le célèbre spiritus, qui tape quand même ses 88 degrés centigrades), mais je ne ratais aucune autre occasion de le piéger, lui, le plus crédule des hommes.

Tous les prétextes étaient bons, comme ce jour où nous reçûmes le néo-crooner ricain Harry Connick Jr., un artiste dont le sens de l'humour est inversement proportionnel à ses talents vocaux, et d'autant plus facile à choquer qu'il était un catho confit en dévotion, persuadé d'être sur cette terre « pour y accomplir la volonté de Dieu ». Comme il était originaire de La Nouvelle-Orléans, nous avions créé en son honneur un numéro mettant en scène un planteur et son homme à tout faire qui n'avait pas produit le résultat escompté. Il serait exagéré de dire que nous avions réussi à le dérider. Tout au plus nous avait-il patiemment écoutés, un sourire gêné aux lèvres, que nuançait par moments une expression de dégoût outré quand nous prononcions le mot *fuck* – ultime et hypocrite tabou de l'audiovisuel nord-américain et, sans aucun doute, un mot d'origine diabolique. Rien d'autre à signaler, hormis le piège tendu à José, et auquel il s'était bien évidemment laissé prendre. Mon personnage, bellâtre parvenu, se déclarait un employeur dont la brutalité était compensée par sa mélomanie, et il encourageait son malheureux salarié vêtu de guenilles et chapeau de paille délabré à lui jouer de la clarinette le soir venu, en dégustant son *mint julep* sur la terrasse de sa maison coloniale.

José devait donc interpréter – exécuter conviendrait mieux – deux mesures du prédestiné « When the Saints Go Marching In » pour montrer à quel point il méritait l'éloge que je venais de faire de ses dons musicaux devant un possible futur employeur (Harry Connick Jr. étant alors à la tête d'un – excellent au demeurant – *big band*). José ne possédait bien sûr qu'une connaissance rudimentaire des instruments à vent en général, et de la clarinette en particulier, dont la maîtrise approximative – j'en sais quelque chose – demande des mois et des mois de travail acharné. Mais, conscience professionnelle oblige, ajoutée à des facilités naturelles pour ce qui est de souffler dans tout ce qui se présente, à commencer par les ballons de la gendarmerie, il avait réussi en quelques heures le prodige de rendre identifiable la première mesure de la célèbre chanson. Ce qui représentait déjà une prouesse en soi, mais le devint vraiment quand, au lieu de reprendre la parole, je le laissais répéter à l'infini le motif, au risque de lasser et de le voir imploser à bout de souffle.

Bien entendu, il me maudissait chaque fois de l'avoir attiré dans un tel traquenard, mais sa jovialité reprenant le dessus, il finissait par en rire lui-même, me promettant toutefois de « se venger, un jour », comme Gargamel avec les Schtroumpfs. Il eut l'occasion des années plus tard de tenir sa parole dans la triste saga dite des 06, soit la révélation publique et en direct de nos numéros de téléphone privés, qui permit aux opérateurs de mesurer la capacité et surtout la résistance de leurs autocommutateurs téléphoniques.

Mais il est une facétie en particulier sur laquelle je me dois de revenir pour soulager ma conscience, même si l'ouvrage que vous tenez entre les mains n'a bien évidemment pas cette vocation. Simplement, l'environnement funèbre dans lequel elle s'est déroulée se rappelle parfois à ma mémoire et me fait encore rougir, même si c'est de plaisir.

Philippe Gildas venait de mourir. Une perte majeure pour nous tous qui avions passé quelques années à ses côtés, et en particulier pour José et moi puisqu'il avait été le premier public, et souvent la victime collatérale et non consentante, de nos plaisanteries de fin d'émission. Maryse Gildas m'avait demandé de faire ce qui était en mon pouvoir pour mettre un peu d'humeur dans un événement pourtant déjà festif par nature : la cérémonie au crématorium du Père-Lachaise, qui a vu défiler tant d'illustres personnalités, vivantes ou refroidies. À l'en croire, son mari aurait lui-même souhaité que le sain esprit de *Nulle part ailleurs* soit évoqué (et invoqué) le jour de ses funérailles.

La charge était lourde et nous fîmes tous de notre mieux pour insuffler un soupçon de légèreté au milieu des larmes. Mais je ne m'explique toujours pas pourquoi trois jours plus tôt, quand un José profondément secoué par la disparition du Philou m'avait appelé pour connaître les détails du dernier adieu, une petite voix en moi, d'inspiration probablement satanique, m'avait soufflé de lui recommander *by the way* de venir en blanc au cimetière, au prétexte que c'était là une volonté de la veuve. Requête étrange, j'en conviens, en plein mois de novembre, mais légitimée par l'amour du couple pour les décors cléments de la Corse ou de l'île Maurice en général, et le look *Out of Africa* en particulier.

José n'avait donc marqué qu'un étonnement passager à ce vœu vestimentaire, et comme la (dernière) heure était à tout sauf à la rigolade, il avait gobé l'info comme un caméléon une libellule.

Le jour dit, une demi-heure avant le début de l'office (laïc), nous étions là, autour du cercueil – de taille modeste – de notre ami à grandes oreilles, hélas sourdes pour toujours, quand mon portable se mit à vibrer furieusement. C'était José qui, en compagnie d'Isabelle, son épouse, buvait un café au bistrot situé en face de l'entrée principale, et qui s'étonnait de ne voir personne habillé en blanc dans la foule qui se dirigeait vers le lieu de rendez-vous.

Au moment même où il s'apprêtait à m'en demander la raison, la vérité lui apparut avec la brutalité d'une révélation qui, littéralement, lui coupa le souffle. « Tu n'as quand même pas osé… pas aujourd'hui… ! » s'indigna-t-il. Mon éclat de rire le convainquit rapidement du contraire, et même si je m'en voulus terriblement sur le moment, je ne pouvais de toute façon plus rien y faire.

C'est donc à la surprise générale – et pour la plus grande joie de la meute de photographes présents – qu'il dut s'avancer sous ces funèbres fourches Caudines, et boire le calice jusqu'à la lie, vêtu comme un brancardier de luxe ou un Eddie Barclay tonique. C'est peu dire que son arrivée ne passa pas inaperçue, mais elle eut le mérite irremplaçable de redonner un peu le sourire à cette assemblée noyée dans le chagrin.

Il y avait du monde, ce jour-là, sous ce ciel gris d'automne. Une grande partie de ceux qui avaient croisé la route de notre héros disparu, au fil de sa longue carrière radiophonique et télévisuelle, y compris tous ceux qui avaient réussi à provoquer son sourire indulgent et potache : Ouin-Ouin, Aquarium, Raoul Bitembois, Gérard Languedepute, Michel Jaxon, Cindy Tropforte, Claudia Chiffon, Richard Jouir, Mongo Fury, Gilles Grospaquet, Péteur Pan ou Élisabeth Tailleur, et tous les autres.

Aucun, pour ce dernier tour de piste, ne manquait à l'appel…

Et c'est en leur nom à tous que je pris la parole :

« Je vais vous le dire franchement : j'ai l'habitude de parler en public, mais là, bonjour le public.

C'est pas gagné…

Je crois que même mon vieux Philou, qui pourtant, en bon Breton, avait quelques heures de voile au compteur, se serait senti obligé de sortir les avirons comme il l'avait si bien fait, entre autres, en interviewant Sophie Marceau, qu'il s'était d'ailleurs obstiné à appeler Sylvie.

Oui, Philou avait beau être un immense professionnel, il lui arrivait parfois de faire de petites sorties de route.

Le surmenage, sans doute.

Tiens, comme cette fois où il avait dit à Michel Petrucciani, à la fin de l'émission : "Allez, je vous laisse partir en courant à votre concert..."

Mais bon, là, aujourd'hui, vous n'êtes pas un public facile. Un public gratuit en plus.

Le pire.

Tout lui est dû.

En même temps, pour l'anticlérical primaire que je suis, la bonne nouvelle, c'est qu'il n'y a pas de soutane à l'horizon, c'est un service laïc.

C'est bête, vous l'auriez su, vous auriez pu amener les enfants.

Rien à craindre aujourd'hui.

En plus, on leur aurait donné des bonbons Krema.

Non, pas de curé…

Philippe est né dans la religion catholique, il a décidé de faire sa sortie en homme libre, celui qui chérit la mer. En Breton, quoi.

Et puis n'oubliez pas que le vrai nom de Philippe, c'est pas Gildas, c'est Leprêtre.

Le prêtre, donc, il est là, dans la boîte.

Et je vais vous dire, si tous les prêtres étaient comme celui-là, ça m'aurait réconcilié depuis longtemps avec la religion.

Le problème, avec la mort, c'est que – peut-être à l'exception de Robert Faurisson (qui entre parenthèses a bien été obligé d'admettre in fine *l'existence des fours crématoires) – tout le monde se trouve subitement upgradé.*

On trouve au défunt des qualités qu'on ignorait de son vivant, qu'on ne lui soupçonnait même pas…

La mort transfigure.

C'est une ardoise magique.

Certes, Philou n'était pas un saint.

Il avait son caractère, petit lui aussi.

Il était plus têtu qu'un menhir, colérique, toujours de mauvaise foi, souvent confus dans ses explications, mais la somme de tous ses défauts n'arrivait pas à la cheville de sa principale qualité : une immense bienveillance qui lui vaudra toutes les indulgences le jour où il faudra éventuellement rendre des comptes.

Donc j'ai beau faire le malin, et tenter désespérément de vous arracher un sourire alors qu'on a tous envie de pleurer notre petit grand homme... la fameuse absolution, le visa pour le grand peut-être vers lequel vogue notre Philou bien-aimé, eh bien c'est moi, qui dois tant à cet homme merveilleux, qui la lui accorde, avec ma reconnaissance éternelle. »

Chapeaux melon et barres de rire

J'ai toujours associé le cinéma et la pluie. Sans doute à cause de ces nombreuses fois, alors que j'étais haut comme trois pommes – mais rétif par ailleurs à la compote –, où ma mère m'emmenait le samedi, à l'autre bout de Paris, dans une petite salle de cinéma du côté de République spécialisée dans les films de la période burlesque, voir des Laurel et Hardy, Buster Keaton et autres Chaplin. Nous traversions la ville dans sa Fiat 500 jaune qui se faufilait dans le trafic pendant qu'elle chantonnait des standards d'Ella Fitzgerald ou de Fred Astaire.

Oui, j'avais ce genre de mère qui suivait au mot près l'injonction monty-pythonienne de « toujours regarder du côté lumineux de la vie » même, et surtout, en cas de mauvais temps.

Aujourd'hui encore, je ne sais comment exprimer ma reconnaissance à cette mère qui avait pour philosophie de garder pour elle ses tourments et de ne partager – avec moi en tout cas – que la joie de l'existence. Le drame la barbait – elle en avait assez eu dans sa propre vie –, et elle ne réussissait jamais à rester sérieuse face à des gens affublés du masque de la gravité responsable. C'est la raison pour laquelle elle aimait si passionnément ce cinéma qui s'adressait si directement à l'enfance, en pratiquant avec virtuosité un numéro d'équilibriste sur la corde tendue du rire.

Le burlesque devrait être enseigné dans les écoles. Non seulement il apprend à rire des petits accidents de la vie (se prendre une porte, rater une marche, s'écraser un doigt d'un coup de marteau), autrement dit il fait l'éloge de la maladresse tout en mettant en péril, momentanément, l'équilibre précaire du monde, mais surtout, les victimes de ces gestes malheureux sont souvent, par effet de rebond, les traditionnelles figures de l'autorité, type gardien de la paix, chef de service, notable, mandarin, etc. Comme chez Guignol, c'est toujours le gendarme qui finit par se faire bastonner par le gueux – ce qui laisse rêver du jour où les rapports de force s'inverseront dans la réalité.

Le burlesque, dans son acception cinématographique – c'est-à-dire en parlant des films de la période 1910-1930 où le cinéma ne l'était pas –, est donc par ailleurs muet, et se passe aisément du langage, à l'exception de deux, trois cartons qui situent l'action ou fournissent un commentaire essentiel. C'est bien sûr ce qui le rend universel, et lui permet de faire rire aux éclats un petit Français des années 1960 (avec sa maman), mais n'importe qui d'autre aussi à travers le monde, toutes races, tous genres et toutes générations confondus. Et d'avoir le même effet, raccord, soixante ans plus tard.

Je peux revoir pour la trois millième fois la scène où Laurel et Hardy partent à l'ascension d'un escalier vertigineux, à Los Angeles, avec pour mission de pousser jusqu'en haut le piano droit qu'ils doivent livrer à une villa en surplomb. En l'espace d'une dizaine de minutes, le piano sera bien sûr intégralement détruit, ainsi que la somptueuse demeure qui devait l'accueillir. Demeure appartenant, évidemment, à un propriétaire parvenu et colérique qui pètera littéralement un câble face à l'incurie de nos deux héros.

Ces moments-là – et ils pullulent chez Laurel et Hardy – m'ont marqué à un tel point qu'ils continuent à me faire rire comme au premier jour, et certains mouvements ont même intégré naturellement ma grammaire gestuelle. Voilà un demi-siècle que je m'entraîne à rater des marches, à ouvrir des portes dans le mauvais sens, à me cogner au plafond en me relevant, à buter sur des obstacles, à me coincer dans une porte tambour, à changer de pas tout en marchant ou à me satisfaire d'un chapeau trop petit. Autrement dit, à donner l'illusion que je me fais mal – j'y arrive parfois –, ce qui ne manque pas de faire rire les enfants et d'inquiéter les adultes non avertis de ce genre de marotte (même s'il est toujours beaucoup plus agréable de regarder les autres souffrir que de souffrir soi-même).

Dans le cas de Laurel et Hardy, il y a une forme de double sadisme à les regarder s'infliger les pires tourments. On se délecte de voir Hardy (ou Laurel) martyriser son copain, d'autant plus que l'un ou l'autre prend à témoin la caméra comme pour bien s'assurer que la punition n'aura échappé à personne, évoquant ainsi le bourreau qui tend la tête tranchée au public massé devant l'échafaud, sans doute pour éviter toute contestation ultérieure.

C'est donc à ma mère que je dois, entre autres, le plaisir jamais démenti de travailler en duo.

Je n'ai toujours vu que des avantages à l'idée d'être deux devant une caméra ou derrière un micro, pour retrouver les saveurs de ce cocktail parfait qui naît de la rencontre entre le clown blanc et l'auguste. L'un donne l'information tandis que l'autre, par sa seule présence, relativise l'importance de ladite information.

Chaque fois que j'ai eu l'occasion de travailler en duo, j'ai littéralement sauté dessus comme, il y a longtemps, la Légion sur Kolwezi.

Ça a commencé avec Jacky, à l'époque de *Chorus*. On a prolongé l'expérience dans *Houba houba*, au sein des *Enfants du rock*, en nous amusant de plus en plus de la gratuité de l'argument : Jacky n'avait de raison d'être là que parce qu'il était là, situation qui apportait enfin une réponse au questionnement ontologique heideggerien. Son rôle était celui d'une *silhouette à situation suggérée*, comme on disait pudiquement à l'époque pour qualifier les figurants, mais son personnage évolua comme l'avait fait le cinéma, en passant du muet au parlant, et, par un échauffement mutuel, nous finîmes même par échanger de véritables dialogues à l'occasion de saynètes à vocation humoristique dont il serait exagéré d'affirmer qu'elles ont laissé une trace comparable à celle des illustres modèles suscités.

Le 4 novembre 1984, date à laquelle naquit Canal Plus, l'idée n'était pas tant de laisser la moindre trace que de démarrer, en bonne compagnie, une nouvelle aventure télévisuelle. Pour animer cette quotidienne de pop culture qu'était *Surtout l'après-midi*, j'avais proposé à l'animateur Gilles Verlant de quitter pendant la semaine sa Belgique natale pour partager cette expérience inédite. Gilles avait un parcours sensiblement identique au mien : sur la RTBF, lui aussi s'était fait le zélateur du rock avec des émissions comme *Tempo* ou *Folies*. Son érudition et son insatiable curiosité en faisaient un compagnon de route idéal, route qu'il n'hésitait jamais à prendre depuis Bruxelles avant de finir par s'établir en France. C'était un être doux, animé d'une candeur poétique qui faisait ma joie, et qui mettait toute la logique de son esprit au service de sa puissance de travail, au passage impressionnante.

Pour le reste, son rapport à la réalité prosaïque du quotidien était d'une nature beaucoup plus souple. Par exemple, il arrivait régulièrement très en retard le lundi matin, toujours en raison de divers problèmes mécaniques et/ou de bouchons, jusqu'au jour où il expliqua, à notre grande stupéfaction, que le capot de sa berline BMW avait tendance à s'ouvrir quand il roulait à vive allure sur l'autoroute. Il devait donc s'arrêter pour le refermer, afin de reprendre la route. Un jour que son retard avait pris des proportions extravagantes, je lui demandai, agacé, ce qui en avait été la cause, et il m'expliqua à nouveau le coup du capot rebelle.

« Qu'as-tu fait ? lui demandai-je benoîtement.

— Je l'ai refermé.

— Mais quand il s'est rouvert ?

— Je l'ai refermé. »

Et ainsi, à l'en croire, une cinquantaine de fois, ce qui, j'en conviens, peut avoir un effet négatif sur une moyenne horaire. Mais jamais l'idée de coincer le capot avec *un putain de fil de fer* ne lui avait traversé l'esprit, ce qu'il admettait de son bon rire sonore, agrémenté de coups de Ventoline pour calmer un asthme chronique. Un poème.

Je repense toujours à Gilles avec beaucoup de tendresse[1]. Nous avons bien sûr continué à travailler ensemble dans les années suivantes sur *Rock Report*, *Rapido*, *Nulle part ailleurs* et d'autres projets ponctuels, et nous y serions encore s'il n'avait eu la mauvaise idée de rater une marche de son escalier en

1. Pour ceux qui l'ignoreraient, je profite d'ailleurs de l'évocation de mon *Belgien* préféré pour rappeler que sa biographie de Gainsbourg reste à ce jour indépassable, et indépassée.

colimaçon pour aller se fracasser le crâne un étage plus bas.

C'est avec José que l'idée de duo prit littéralement son envol, et c'est grâce aux conditions réunies sur le plateau de *Nulle part ailleurs* que le décollage put avoir lieu. Il suffit de consulter la *checklist* de l'époque pour s'en convaincre : un plateau où tout était possible, un capitaine expérimenté – et d'humeur volontiers facétieuse – à la barre, un public réceptif, la plume de Chalumeau, le pur direct, et un invité convié à subir plus ou moins stoïquement nos plaisanteries fines. José est le plus délicieux des hommes, toujours partant pour les idées les plus folles, et l'acteur génial que l'on sait – captant mieux que personne le détail à partir duquel il articule son jeu, laissant toujours la porte ouverte à l'impro et à l'imprévu. Mais c'est aussi une recrue de choix pour un M. Loyal manipulateur, narcissique, et antisocial tel que votre serviteur.

En un mot, le duo prit instantanément ses marques et nous nous amusâmes comme des gamins (parmi lesquels je compte celui assis à la table, avec son étrange brushing et ses grandes oreilles) pendant toutes ces années *Nulle part ailleurs*, au point de remettre ensuite le couvert pour la télévision anglaise. Télévision anglaise pour laquelle j'ai eu par la suite le plaisir d'harnacher la notion de duo à un attelage plus surprenant encore avec Jean-Paul Gaultier, pour les besoins de l'émission *Eurotrash*. Mais patience, cette période mérite bien un chapitre à part.

Plus tard, je retrouverais un peu de cette alchimie naturelle, de ce lien évident et immédiat, avec M. Poulpe, que j'ai croisé d'abord au *Golden Show* puis côtoyé à Canal, qu'il avait rejoint quand le studio Bagel intégra la maison mère pour alimenter le *Before* de

Thomas Thouroude et assurer la météo du *Grand Journal* aux côtés de Vanessa Guide ou Alison Wheeler. Nous prolongeâmes l'aventure avec *L'Émission d'Antoine*, éphémère tentative expérimentale, foutraque et bordélique, comme pour mieux retomber sur terre après les deux saisons à haute pression du *Grand Journal* (j'y reviendrai), avant qu'il vienne ponctuellement me rendre visite dans *La Gaule d'Antoine*.

Je ne sais pas si Poulpe souffre lui-même des tendances que j'avais identifiées dans ma relation avec José, mais je ne vois pas comment expliquer autrement que par le goût pour une forme de sadisme raffiné ce qu'il nous fit subir, à moi et à d'autres victimes – consentantes, il est prudent de le préciser – dans ses *Recettes pompettes*, ce programme YouTube qui défiait tout à la fois la santé publique et le CSA, et dont je vous reparlerai en temps voulu.

Une fois croisée la route de M. Poulpe, je me posai à nouveau la question d'un partenaire pour partir à l'assaut d'une quotidienne sur France Inter. L'oiseau rare recherché devait satisfaire à certaines exigences : appartenir à une autre génération que la mienne – si possible postérieure, pour gommer un éventuel et fâcheux effet *carte Vermeil* –, maîtriser le vaste sujet mouvant de la pop culture, aussi bien en matière de bédés que de séries, de musique, de cinéma ou de lettres, avoir une certaine pratique de l'antenne et de son exigeant rythme quotidien, un esprit synthétique et vif dans l'exécution, une puissance de travail infaillible, et par-dessus tout ça, une capacité de résistance hors norme à mes plaisanteries de garçon de bains. Bref, en un mot : il fallait le flegme serein et indéboulonnable d'une Picarde.

La perle en question n'était autre que Charline Roux, croisée précédemment dans une émission de Radio Nova où ses qualités d'intervieweuse m'avaient conquis, dans un exercice que je préfère de loin pratiquer que subir. On topa, et chaque jour passant, je n'eus qu'à me féliciter de sa réactivité jamais prise en défaut et de la justesse de sa plume, précise comme une frappe chirurgicale et toujours subtilement dosée en ironie.

Une recrue de choix.

Et puisque j'évoque mes Laurel (à supposer que je fus leur Hardy), j'en profiterai pour citer tous les partenaires hors champ dont l'avis et la direction me furent toujours d'un précieux secours, de Don Kent à Aurélien Ezvan en passant par Pierre Lescure, Renaud Le Van Kim, Peter Stuart, Bertrand Delaire ou François Condamin, Bruno Gaston, Ariane Massenet, et autres Bernard Faroux. Grâce leur soit ici rendue pour avoir, plus ou moins stoïquement, retourné la balle, y compris quand celle-ci pouvait légitimement être considérée comme hors jeu.

Gyrophares

Mes amis ont tous le sens de l'humour. Il en faut pour être ami avec moi, et supporter le mien. Et puisque j'y suis, pourquoi emploie-t-on cette expression ? L'humour aurait donc un sens, comme un vulgaire rond-point ? Pourquoi faut-il chercher à donner un sens à tout, y compris à ce qui nous console de l'absence de sens, et nous en protège ? Vous avez quatre heures.

Je reviens à mes moutons. Un des grands plaisirs de cette vie, c'est d'arriver à faire rire vos amis qui connaissent pourtant sur le bout des doigts vos vieilles plaisanteries éculées, mais vous font la grâce de s'en amuser toujours, comme vous riez des leurs que vous avez pourtant entendues mille fois. Peut-être que la véritable amitié se reconnaît justement au réconfort qu'apporte la résistance au temps d'un humour converti en *private joke* (ce genre de plaisanteries dont il est nécessaire de connaître l'historique pour pouvoir les goûter pleinement).

Le temps a beaucoup à voir avec l'amitié. Une fois acquise, l'amitié au sens où je l'entends est faite pour durer et, sauf accident ou négligence coupable, plus rien ne viendra l'altérer jusqu'à la sortie de piste – définitive – de l'un des participants.

J'ai peu d'amis. Je me méfie de ceux qui en ont trop. Comme le dit si bien Jean de Luchini (à moins que ce ne soit Fabrice de La Fontaine, je ne sais pas, je ne sais plus, l'un passe son temps à citer l'autre) : « Qu'un ami véritable est une douce chose ! Il cherche vos besoins au fond de votre cœur ; il vous épargne la pudeur de les lui découvrir vous-même. » Oui, un ami véritable est une douce chose pour rire de tout, en cette étrange époque où l'on en est à se demander si c'est bien raisonnable, et si la préoccupation de ne heurter personne ne l'emporte pas, au final, sur le goût du bon mot.

Comme beaucoup, j'ai besoin d'être à la fois surpris et rassuré. (De préférence dans cet ordre-là : il est plus rassurant de surprendre son ami que surprenant de le rassurer.) L'un d'entre eux excelle dans cet exercice. Il s'agit de Bruno Gaston, le seul de mes amis qui ait pour nom un double prénom, comme Claude François soit dit en passant, et c'est là, je crois, leur seul point commun.

Un jour que nous roulions paisiblement dans les rues de Trouville, remplissant le coffre de victuailles, nous fûmes, Bruno et moi, stoppés par un feu rouge à l'intersection du quai et de la rue Victor-Hugo, à quelques mètres de la pâtisserie Charlotte Corday que nous avions décidé d'honorer de notre visite. La voie était libre, aucune voiture en vue. Je *glissai* donc le feu, comme on dit, pour venir m'arrêter en double file devant la boutique.

Si j'avais pris la peine de vérifier dans mon rétroviseur, j'aurais remarqué la présence d'une voiture de police collée à moi et qui, dès l'infraction constatée, déclencha son gyrophare pour me signifier de me garer sur le bas-côté. J'obtempérai, penaud comme un gamin pris à trifouiller dans le pot de confiture, et attendis, les mains sur le volant, comme on voit faire dans les films – avec cependant, disons-le, moins d'anxiété qu'un automobiliste noir de Caroline du Sud. Quand l'officier de police parvint à mon niveau, je baissai la vitre pendant qu'il se penchait vers moi. Un sourire indulgent apparut sur son visage en reconnaissant l'enfant du pays, et l'ambassadeur quasi plénipotentiaire – mais pour autant pas au-dessus des lois – de Trouville-sur-Mer.

« Monsieur de Caunes ! Vous savez que vous venez de griller un feu ?! »

Je ne cherchai pas à nier l'évidence, ni n'invoquai je ne sais quelle raison à la mords-moi-le-nœud pour justifier l'infraction. Tout au plus tentai-je : « Oui, c'est vrai, comme il n'y avait personne venant de la rue Victor-Hugo, et comme je m'apprêtais à me garer quelques mètres plus loin, je reconnais que j'ai laissé *glisser* la voiture. Mais vraiment, il n'y avait absolument aucun risque… »

Il était difficile de ne pas en convenir, mais le règlement, c'est le règlement, comme tint à me le rappeler le policier. Je sentis toutefois qu'il était dans un bon jour, et qu'il allait me laisser en paix, comme celle que sa noble mission lui commande de garder.

C'est là que mon ami Gaston crut bon d'intervenir, alors que personne ne lui avait rien demandé. Se penchant vers le représentant de la loi, il lui tint ce beau discours : « L'écoutez pas, m'sieur l'agent. Il a bien vu que vous étiez derrière nous. Même qu'il m'a dit : "Je vais te montrer qui c'est le patron dans cette ville. Je te parie que si je le crame, leur feu de merde, le poulet, il va la jouer profil bas quand il va voir à qui il a affaire." »

L'intéressé eut l'air interloqué. Il ne s'attendait pas du tout à ce genre de commentaire. Son ton se durcit sensiblement. « Vous avez dit ça, monsieur de Caunes, vous avez vraiment dit ça ? » Il n'en croyait pas ses oreilles, qu'il avait par ailleurs nettement décollées. Embarrassé, je fis de mon mieux pour rectifier : « Ha, ha, ha, mon ami plaisante, je n'ai jamais dit une chose pareille, il est dingue, ne l'écoutez pas, il me fait juste une blague. Pas drôle du tout, la blague, en plus, ha, ha, ha. »

Sans me laisser le temps de rétablir l'équilibre du fléau de la vérité, Bruno en remit une couche avec une délectation perceptible par moi seul : « C'est pas une blague du tout, m'sieur l'agent. En plus il a dit : "Tu vas voir, les flics locaux, ils sont tous plus cons les uns que les autres, je vais te l'embobiner vite fait bien fait, ce guignol." »

Le malheureux flic perdit un peu de ses belles couleurs sensiblement rubicondes – Trouville se trouve au cœur du Calvados – et son teint prit un caractère plus saturé, signe d'exaspération. On le sentait presque choqué. « Vous ne pouvez pas avoir dit une chose pareille, monsieur de Caunes ! » La seule note d'espoir qui subsistait, c'est qu'il continuait à m'appeler « monsieur de Caunes » et à me vouvoyer, au lieu d'opter pour un « Ah ouais, t'as dit ça, connard ?! » qui eût été à la fois légitime et humain.

Je tentai une nouvelle fois – et, je le sentais bien, la dernière – de remonter le courant.

« Monsieur l'agent, ne l'écoutez pas. Mon ami plaisante, je ne sais pas ce qui lui prend, mais (et j'accompagnais ma remarque d'un regard lourd de reproches) ça ne fait rire que lui. Je n'ai jamais dit, encore moins pensé, une chose pareille ! » (J'entendis Bruno marmonner un « menteur » dans sa barbe pourtant bien rasée.) « Je vous jure, il plaisante. C'est un Parisien, il travaille dans le showbiz, il a joué dans un groupe de punk rock, il adore les Thugs… Il a un sens de l'humour un peu particulier, ha, ha, ha… Il fait ça rien que pour m'embêter, je suis vraiment désolé. Ne vous inquiétez pas, il rentre chez lui demain… »

L'officier se pencha un peu plus pour mieux voir la tête de Bruno, qui souriait dans le vide avec l'air d'un enfant sensiblement attardé, puis me regarda et, me connaissant de longue date, et sachant que la seule nature de délit dont je m'étais rendu coupable dans sa circonscription consistait en l'oubli, parfois, de l'affichage d'un ticket d'horodateur sous le pare-brise, décida de m'accorder le bénéfice du doute. « Ça va aller pour cette fois, monsieur de Caunes, mais vous direz à votre ami de surveiller son langage quand il s'adresse à la police. »

Il avait perdu au passage de son amabilité première. Le poison du doute s'était insinué dans son esprit, et n'eussions-nous été un samedi matin, jour d'animation dans ce petit port de pêche, il aurait sans doute poussé un peu plus loin l'investigation, ne fût-ce qu'en exigeant d'examiner les papiers de la voiture que, comme par un fait exprès, je n'ai jamais en ma possession.

Ma cote de popularité auprès des forces de l'ordre locales en prit néanmoins un petit coup ce jour-là et je fondis en amers reproches sur mon ami Bruno qui était maintenant hilare, fier de sa vanne. J'admis qu'elle était d'un bon niveau, et que j'aurais pu jouer le même rôle dans la même situation… Encore eût-il fallu que Bruno fût en possession d'un permis de conduire, qu'il s'est toujours refusé à repasser, après avoir, il y a très longtemps, collé un pain à l'inspecteur chargé de le lui délivrer. Oui, Bruno, en plus du reste, est d'un naturel sanguin.

Je note au passage qu'avec mes amis véritables – et qui sont loin, on l'aura compris, d'être de *douces choses* – c'est toujours moi qui me retrouve au volant. Prenons Chalumeau, par exemple. Certes, lui a réussi, par on ne sait quel miracle ou quelle gratification en sous-main, à obtenir son permis. Cependant, on le vérifie tous les jours, un permis de chasse n'a jamais empêché un chasseur de tirer sur un cycliste. Chalumeau conduit, au sens technique du terme, mais on a l'impression que c'est une très vieille dame qui est au volant. Adepte du jogging qui l'autorise, croit-il, à continuer à picoler autant qu'il veut, il en arrive à courir plus vite qu'il ne conduit, ce qui donne une vague idée de sa vitesse de croisière. Nous avons passé *énormément* de temps ensemble en voiture, sur les routes américaines, pour les besoins de *Marlboro Music*, une émission de radio itinérante dont j'aurai l'occasion de vous reparler. Et c'est ensemble, à deux ou trois reprises, que nous avons expérimenté le coup dit du *gyrophare-dans-le-rétro*, soit l'injonction formelle de garer fissa le véhicule sur le bas-côté, généralement en raison d'un dépassement de la vitesse autorisée. On l'aura compris : ce n'était jamais Chalumeau au volant.

Ce qui lui laissait tout loisir, en tant que copilote, de nous égarer sur des routes secondaires à la recherche de je ne sais quel raccourci, à bord d'une de ces Chevrolet Camaro évoquées par Springsteen dans « Racing in the Street » (et que les loueurs locaux vantaient comme le modèle indispensable pour un conducteur désireux d'indiquer par sa carrosserie l'impétuosité de son caractère, notamment auprès de la gent féminine).

Comme cette fois, quelque part dans le Nevada – ou plus précisément sur l'un de ces fameux *raccourcis* aux alentours de Vegas –, où nous nous retrouvâmes sur l'équivalent d'une départementale, qui se rapprochait en fait plutôt d'une piste à l'ancienne. Piste qui contournait un monticule imposant qui nous interdisait de voir ce qui nous attendait derrière. Grande fut donc notre surprise d'y découvrir un spectaculaire rassemblement de bikers, plus Hell's Angels que road-trip-à-la-Johnny-à-travers-les-USA. Une petite foule estimée sommairement à trois cent têtes, ayant toutes en commun d'être extrêmement patibulaires, et par ailleurs intriguées de voir deux jeunots qui se la pétaient avec leurs Ray-Ban en forme de couilles d'aviateur débouler au volant d'une bagnole de kéké.

Le spectacle était impressionnant. Trois cents individus abondamment tatoués, réunis en ce lieu improbable, à l'abri des regards indiscrets, accompagnés d'autant de Harley customisées et couvertes de décorations bariolées : coiffes d'Indiens, broncos en action, croix de fer, têtes de mort, flammes de l'enfer et autres signes engageant le promeneur à dégager vite fait. La rencontre était inattendue et, pour notre part, légèrement effrayante.

Les bikers marquèrent tous un temps d'arrêt en nous voyant stopper net la voiture, se demandant qui pouvait bien avoir le front et l'inconscience de venir troubler l'intimité de leur rassemblement : FBI ? DEA ? NSA ? USSS ? ou plus simplement deux tocards de touristes assez stupides pour se retrouver au mauvais endroit au mauvais moment ?

C'est à ce moment-là que, soucieux de garder le contrôle du véhicule au cas où nous aurions dû envisager un départ précipité, je dis à Chalumeau d'« aller voir ce qu'ils voulaient ». Interprétant bien sûr cette demande comme une pure manifestation de ma lâcheté naturelle, il s'exécuta en maugréant et alla s'enquérir, dans cet anglais littéraire et férocement idiomatique qui étonne toujours ses interlocuteurs anglo-saxons, de la raison d'être d'un tel attroupement. Je le vis palabrer quelques instants, laissant le moteur tourner au cas où il reviendrait précipitamment pour m'encourager à nous sortir de là au plus vite, et fus surpris de le voir me faire signe de le rejoindre. « Tout va bien, me lança-t-il, c'est un rassemblement de motards (sans blague !) pour une collecte de peluches, pour les mômes. »

Sur chacun des guidons de ces monstres mécaniques trônait effectivement un nounours en peluche. Ils y étaient tous, du plus petit au plus grand, de Paddington au Nounours de *Bonne nuit les petits* en passant par le *teddy bear* classique décliné dans toutes les tailles ou couleurs, à poil ou vêtu d'un tee-shirt à slogan comme le légendaire « *Fuck you you fucking fuck* » que nous finîmes par adopter par la suite, Laurent et moi, dans nos garde-robes estivales. Le contraste entre l'aspect farouche et guerrier de ce regroupement d'apparence clandestine et sa raison d'être nous stupéfia. Le « Toys for Tots », tel était le nom de cette tradition de longue date imaginée après guerre (la seconde) par les marines pour collecter des jouets à destination des enfants défavorisés. Un geste altruiste, gratuit, profondément bienveillant, totalement *kawaii*, et donc d'autant plus paradoxal, venant de ces redoutables anges de l'enfer.

J'en conviens, l'anecdote n'est en rien une illustration frappante du sens de l'humour chalumesque, qui est pourtant l'un des aspects les plus remarquables de son talent. Sa virtuosité dans le ping-pong ironique, aussi bien oratoire que littéraire, son sens aigu de la vanne qui tacle et du dialogue qui groove, en font depuis longtemps à mes yeux un des hommes les plus poilants que je connaisse (aux côtés d'un Bruno Gaston, d'un Peter Stuart, d'un José Garcia ou d'un Jean-Baptiste Mondino, pour m'en tenir aux proches immédiats). Bien sûr, il lui faut un certain espace pour se déployer tout à fait, mais il peut aussi, quand il le veut, concentrer le tir en quelques mots, voire quelques lettres.

Fut un temps où nous nous amusions sur Twitter à commenter les titres d'articles de différents journaux. La règle tacite était d'obtenir la proposition la plus elliptique possible. J'ouvris le feu en commentant cette annonce du *Huffpost*, « MONSANTO NE S'APPELLERA BIENTÔT PLUS MONSANTO », d'un bref « Masanté ». Puis répondis à *L'Express* qui titrait « L'INDUSTRIEL DE L'ARMEMENT, SERGE DASSAULT, EST MORT » par ce Tweet : « Fauché, c'est bien la première fois. » Bien sûr, le plaisir de croiser les mots était toujours pimenté par les réactions plus ou moins favorables des twittos – Twitter est un univers surréactif – et notamment par celles estimant la plaisanterie douteuse, voire déplacée.

Or, en toute humilité, genou à terre, je dois reconnaître que c'est Laurent qui pulvérisa le score le jour où, commentant le titre du *Monde* « LA MORT DE JEAN-LUC DELARUE », il se contenta d'un laconique « Snif ».

Bruce forever

Je suis le premier à comprendre que l'attachement que j'éprouve pour Bruce Springsteen puisse prêter à sourire. Après tout, je me suis toujours méfié comme de la peste des idolâtres en général, ainsi que de tous ceux qui vouent une passion exclusive à tel ou tel artiste en le béatifiant *ante* ou *post mortem*. J'ai connu par exemple un fanatique des Beatles qui hyperventilait à l'annonce de la sortie sous le manteau du quarante-huitième remix de « Strawberry Fields Forever », et collectionnait religieusement tout ce qui pouvait se rapporter au groupe, depuis l'affichette originale d'un set à la Cavern de Liverpool jusqu'à tel médiator ayant appartenu non pas au sinistre Jacques Servier, mais à George Harrison ou Paul McCartney.

Même si je conçois très bien qu'une admiration extrême puisse trouver un prolongement presque naturel dans une forme légère de fétichisme, je n'ai jamais compris cet acharnement du collectionneur à *posséder* des reliques, qui plus est de seconde main, et à s'encombrer d'autant de gris-gris généralement imaginés par une team marketing sans scrupule pour mieux dévaliser les hordes de fans. Évidemment, je suis le premier à stocker des linéaires de livres concernant les artistes de mon petit panthéon personnel, mais une fois lus j'y reviens rarement, et les raisons que je mets en avant pour justifier un tel stockage sont toujours plus professionnelles que sentimentales.

Ainsi l'étagère dédiée à Bruce commence-t-elle à supporter un certain poids, mais ayant pris la précaution de la choisir dans un bois dense et compact, type ébène de Macassar, je ne désespère pas d'y rajouter encore quelques volumes, même si, en toute logique, les magnifiques mémoires de l'intéressé, parus sous le titre *Born to Run*, semblent avoir *tué le game*, comme dit mon fils cadet.

J'ai déjà soûlé suffisamment de monde avec mon admiration pour Bruce, et les plus résistants finissent un jour ou l'autre par me jeter des regards de compassion indulgents et résignés, se demandant en leur for intérieur s'il ne se cache pas là-dessous une pathologie psychiatrique (une *brucite*?) sans doute répertoriée dans la famille des fixations dont la seule caractéristique certaine est qu'elles sont inoffensives pour autrui.

De l'enthousiasme forcené des premiers temps à la profonde gratitude d'aujourd'hui, je suis passé en quatre décennies par toutes les nuances du spectre. J'en ai beaucoup parlé, j'ai filmé ou enregistré moult interviews, et écrit suffisamment de préfaces pour composer un recueil dont j'écrirais encore volontiers la préface, histoire de boucler ce vortex en beauté. Bruce continue à faire partie de cette poignée d'individus pour lesquels je reste prêt à aller à l'autre bout du monde pour le seul privilège de quelques instants en tête à tête (dont acte en Afrique du Sud et sur la côte est américaine).

À l'automne 2016, la distance à parcourir fut pour une fois beaucoup plus raisonnable, puisque c'est à Londres que je partis le retrouver, à l'occasion donc de la sortie en librairie de cette autobiographie tant attendue, *Born to Run*, véritable Graal pour tous les springsteeniens qui venait parachever la longue liste de livres de commentaires ou de bios plus ou moins autorisées évoquées plus haut.

Londres, parce la maison d'édition avait décidé d'y organiser un raout géant, en faisant venir des journalistes culture des quatre coins du globe (pour reprendre l'expression usuelle qui nous apprend qu'un globe peut avoir des coins, comme Maurice Druon, alors ministre de la Culture justement, nous avait permis de découvrir que l'on pouvait venir, parlant de la France, des quatre coins de l'Hexagone). Les journalistes conviés, cent quatre-vingts au total, voyageant de contrées aussi lointaines que le Japon, la Nouvelle-Zélande, le Danemark, l'Argentine ou Londres Centre, avaient répondu massivement à l'invitation, et plutôt que de s'adresser à cent quatre-vingts interlocuteurs séparément, Bruce m'avait demandé de l'interviewer pendant quatre-vingt-dix minutes devant cette noble assemblée, dans la salle de cinéma de l'Institut d'art contemporain, sur le Mall. Exercice auquel nous nous étions du reste déjà livrés quelques années plus tôt au théâtre Marigny, alors dirigé par ce springsteenien acharné qu'est Pierre Lescure, pour la présentation de *Wrecking Ball*.

Étrangement, je me retrouvais donc, à sa demande, dans le rôle d'un modérateur – moi qui le suis si peu, en tout cas dès qu'il s'agit de parler de lui. Rôle enviable, cela va sans dire, l'occasion de se retrouver en duo sur scène avec Bruce ne se présentant pas tous les jours, mais rassurant en ce sens qu'il ne m'était pas demandé de chanter avec lui – ayant autant de prédispositions pour le chant que Peter Dinklage pour le saut à la perche.

La position était glorieuse mais aussi ingrate, la totalité des journalistes présents, tous hyperqualifiés, se demandant pourquoi le Boss avait choisi pour l'interviewer ce Frenchie à l'accent pathétique, à mi-chemin entre Sacha Distel et l'inspecteur Clouseau, plutôt que n'importe lequel d'entre eux, et me regardant donc avec la bienveillance d'un chacal ayant finalement réussi à coincer une marmotte pour en faire son casse-croûte.

Il n'empêche que bien entendu, une fois de plus, la conversation fut passionnante, du simple fait de Bruce qui non seulement prend toujours la peine de répondre le plus précisément possible aux questions qu'on lui pose, mais y met la même énergie que celle qu'il déploie pour rejouer pour la douze mille cinq cent soixante-treizième fois « Thunder Road ». La *conversation* avec son public a toujours été essentielle pour lui. Une constante, depuis l'époque où la presse américaine voyait en lui le nouveau Bob Dylan, jusqu'à aujourd'hui, maintenant qu'il a atteint ce statut de trésor national, de mont Rushmore du rock.

Cet entretien en public fut aussi l'occasion de l'entendre lire lui-même quelques extraits choisis de son livre, de cette voix douce et cassée qui a survécu à des années de régime infernal, de crash-tests constants pour les cordes vocales, et qui plonge les orthophonistes du monde entier dans un état de sidération seulement comparable, il faut remonter de quelques années, à celui des hépatologues face au foie de Serge Gainsbourg.

Personne n'avait attendu la sortie de *Born to Run* pour découvrir le talent de conteur de Bruce. Les textes de ses chansons en font foi depuis le début, aussi bien que ses intermèdes sur scène. Entre deux envolées, il laisse un peu retomber la poussière et se lance dans ces longs monologues par moments poignants et tragiques, lorsqu'il évoque par exemple le fossé entre le rêve américain et la réalité ou l'accueil réservé aux soldats de retour de guerre, par moments drolatiques, quand il résume d'un point de vue biblique la genèse de l'État du New Jersey.

Un conteur né. Tous les springsteeniens savent l'importance des histoires dans l'œuvre de Bruce, somme romanesque et poétique, comédie humaine rock'n'roll (mais pas binaire) envisagée du point de vue d'un jeune prolo moins en quête d'un ascenseur social que d'une envolée hors des sentiers prétracés. Ce qui se raconte y est aussi important que la manière de le raconter, l'éternelle question du fond et de la forme, et même s'il est loin d'être le seul, dans le rock, à pouvoir être cité en exemple, l'alchimie opérée chez lui reste unique et exemplaire. Bruce fit définitivement la preuve de ses talents de conteur trois ans plus tard à Broadway, où, deux cent soixante-cinq soirs d'affilée, seul en scène, il réussit la prouesse de mélanger les rires, les larmes et l'autodérision, parvenant à rendre universel ce qu'il possédait de plus intime.

Du grand art.

Mais à travers l'exercice des mémoires, le conteur se replaçait lui-même au centre de l'histoire au lieu de se cacher derrière le paravent de celle des autres. Ce qui avait frappé tout le monde dans *Born to Run*, au-delà de la confirmation du talent narratif de Bruce sur un format long, c'était le degré d'intégrité atteint par celui qui participait dans un même mouvement à l'édification de sa propre statue et à son déboulonnage en bonne et due forme, abolissant d'une certaine manière l'Arlésienne du distinguo entre l'homme et l'artiste.

Pour s'en tenir au registre des mémoires d'artistes, il en est quelques-uns qui échappent à la pure autohagiographie, et parmi ceux-ci viennent immédiatement à l'esprit ceux de Groucho Marx, de Keith Richards, de George Saunders, de Billy Wilder ou de David Niven, par exemple. Tous ont en commun un sens de l'humour à l'épreuve des balles, et c'est à mon avis ce qui nous différencie une fois pour toutes du reste du monde animal.

L'impartialité me pousse à admettre que si Bruce possède un solide sens de l'humour, subtil et nuancé, doublé d'un tempérament comique dont il a mille fois fait preuve sur scène, ce n'est pas une qualité qu'il met naturellement en avant quand il entreprend de raconter quelque chose. Son souci d'aller gratter jusqu'à l'os, de s'approcher au plus près de son émotion sans fard ni masque, font aussi sa singularité. En lisant *Born to Run*, tout le monde fut stupéfait de découvrir à quel point il pouvait plonger dans sa propre histoire sans voyeurisme déplacé, animé simplement par le souci de démonter pièce par pièce ce moteur lancé depuis si longtemps dans cette équipée, un moteur capable de propulser en les galvanisant aussi bien une délicate usine à gaz comme le E Street Band que les foules toujours à conquérir qui se réunissent à ses concerts.

Un colosse aux pieds d'argile, voilà comment il se dévoila dans ce livre en avouant cette dépression qui lui était tombée dessus au moment même où il touchait du doigt gloire et reconnaissance universelles, à l'époque de *Born in the USA* et de *Nebraska*. Un aveu de faiblesse jeté en pâture comme pour dissiper les illusions, les siennes comme celles de son public, et tenter de comprendre vers quelle destination et quel but le menait cette course folle, cette *chevauchée fantastique*, pour citer l'un de ses maîtres, John Ford. Je me souviens avoir refermé le livre absolument soufflé par sa densité, sa profondeur, son honnêteté, sans parler de ses qualités littéraires. Moi qui croyais ne plus avoir grand-chose à apprendre d'un homme dont la musique était devenue depuis si longtemps une proche compagne, dont l'épisodique fréquentation m'avait chaque fois redonné force et confiance, je découvrais une vulnérabilité avouée que j'avais longtemps prise pour une sensibilité mieux exprimée que les autres.

C'est là-dessus que porta principalement la conversation que nous eûmes à Londres : sur le chemin qui permet d'aboutir à un tel résultat, sur les obstacles à abattre pour y parvenir, sur la possible exemplarité d'un tel aveu. Et comme toujours, Bruce s'y livra avec générosité, enthousiasme et sincérité.

Mais le petit moment de grâce – le déclencheur de ces quelques lignes de plus –, c'est celui que nous passâmes en tête à tête dans la loge en attendant qu'on vienne nous chercher pour monter sur scène. Après quelques considérations générales sur la dépression elle-même, la chose au monde la mieux partagée – bien avant le bon sens, n'en déplaise à ce vieux René –, nous en vînmes rapidement aux questions qui me brûlaient les lèvres. Comment survit-on à un père qui a pesé d'un tel poids – le sien cochait toutes les cases, et je serais malhonnête en le comparant au mien –, et surtout, comment devient-on père soi-même sans transmettre, volontairement ou non, un tel héritage? Bien entendu, ce ne sont pas les quinze malheureuses minutes que nous passâmes à échanger d'édifiantes considérations qui vinrent à bout du sujet (une vie y suffit à peine), mais nous convînmes de cette nécessaire indulgence dont le temps et l'analyse nous aident à faire preuve, une fois les batailles livrées et la poussière des combats retombée.

La sagesse est-elle soluble dans le rock'n'roll? La flamboyance dans la douceur?

J'irai revoir ma Normandie

Alexandre Dumas, qui aimait bien raconter des histoires – en faisant parfois une petite clé de bras à la grande –, raconte s'être baigné à Trouville au milieu des dauphins. Certes, c'était au XIXe siècle, avant que la mer devienne ce gigantesque dépotoir à ciel ouvert, mais le Trouvillais d'adoption que je suis devenu n'en a, à son grand regret, jamais vu l'ombre d'un seul. Et ce n'est pas faute d'avoir barboté des milliers d'heures dans cette eau, grise ou verte selon la lumière, en commençant dès l'époque – heureusement révolue – où les grand-mères tricotaient affectueusement des slips de bain en laine qui avaient le double inconvénient de se détendre dès la première baignade, laissant apercevoir les attributs des garçonnets pudiques que nous étions (ou ce qu'il en restait, en raison de la fraîcheur de l'eau), et de mettre une journée entière à sécher au doux soleil normand.

J'ai passé mon enfance, tout au moins les vacances d'été, à Trouville. Tous les ans, nous louions la même petite maison de pêcheurs (La Rapière, encore Dumas…) à un Trouvillais pur jus, Marcel Joly. Cet ingénieur à la retraite est devenu un idéal grand-père de substitution pour le petit garçon que j'étais, qui n'avait jamais eu la chance de connaître l'un des siens.

Un pur Normand – pour ce que cela veut dire compte tenu de l'histoire agitée de la région, qui a vu passer entre autres Celtes, Romains, Francs, Vikings et Anglais –, ou en tout cas un homme d'une belle stature morale, doté du regard bleu transparent d'un Bourvil. Un *grand-père* qui fut, en l'absence répétée d'un père occupé à traverser l'Amazonie ou à courir d'autres parties inhospitalières du monde, un guide dans tous les sens du terme, qui ne plaisantait ni avec les valeurs ni avec la géographie.

C'est à lui que je dois d'avoir découvert le moindre recoin de Trouville et de ses environs, les joies de la pêche à la crevette et aux étrilles, du ramassage de moules et de coques, et les histoires secrètes du village et de ses maisons chargées d'histoire[1]. Ce grand-père-là avait activement résisté pendant l'occupation allemande, et c'est lui qui avait pris la tête d'un groupe qui s'était rendu maître, au jour J, du vaste réseau de souterrains et blockhaus enfouis au sommet du mont Canisy, l'un des multiples maillons du mur de l'Atlantique.

Un homme juste et droit, épidermiquement hostile à toute forme d'oppression, et qui n'avait pour seul défaut que de me surnommer *Toitoine*, appellation en contradiction avec les destins héroïques et romanesques dont l'enfant que j'étais rêvait à voix haute. Il avait lui-même bourlingué à travers le vaste monde et n'avait pas son pareil pour me faire frémir en me racontant des histoires de pirates et de corsaires[2].

---

1. Comme celle de cet incongru château fort restauré par Viollet-le-Duc, qui dominait la plage à la fin du XIXe siècle avant d'être rasé et remplacé par une résidence d'une laideur spectaculaire, inversement proportionnelle, j'imagine, à son rendement immobilier.

2. Comme celui enterré dans les murs de la petite église de Barneville-la-Bertran, un certain Jean Doublet, qui repose là depuis le début du XVIIIe siècle.

Nous avions coutume, en rentrant à pied par les petites routes de campagne à travers le bocage, de faire halte à une gargote qui se trouvait en bord de route, à la hauteur de Hennequeville, et affichait fièrement en tête de son invariable menu *Chez Pillon tout est bon*, convoquant en quelques mots toute la richesse d'un patrimoine normand illustré par Flaubert, Maupassant et autres Proust. Ce qui était bon, chez Pillon, c'était cette transgressive bolée de cidre que nous buvions en cachette et qui me faisait très légèrement tourner la tête, comme si j'avais été Jim Hawkins trinquant avec Long John Silver.

La maison était tenue par un frère et une sœur à la limite de ce qu'on n'appelait pas encore l'âge pivot (Pivot n'ayant pas à l'époque l'âge de l'avoir). Elle cuisinait le meilleur poulet-frites de l'univers, à tout le moins, et je ne réussis jamais à leur faire avouer le secret de cuisson de ces patates miraculeuses. Je ne l'appris que bien plus tard – cuisson à la graisse de cheval, oui, je sais, ça incite à se rabattre sur le brocoli – alors que le frère en question croupissait en prison pour avoir harcelé des jeunes femmes depuis la cabine téléphonique située en contrebas de la route.

Route que nous reprenions pour repartir vers Trouville et déboucher non pas une autre bouteille mais sur cette vue panoramique et spectaculaire qui s'offrait à nous depuis le sommet de la route du Calvaire, et où trônait en toute logique une gigantesque croix au pied de laquelle un plan en céramique peinte nous indiquait le détail des possibles destinations qui se présentaient à nos yeux ou à notre imagination, de Cabourg au Havre pour les premières à Brighton ou New York pour les secondes. Le paysage qui s'offrait alors à nous était d'une beauté inoubliable, baigné dans cette lumière qui inspira tant les impressionnistes. Une baie ouverte, découverte selon les marées, d'un équilibre fragile et proche de la perfection… jusqu'à ce que le maire de Deauville accorde, en 1974, un permis de construire au projet de Port Deauville, une barre d'immeubles garnie d'une digue en béton avançant bien au-delà des anciennes jetées en bois, défigurant à jamais, côté Trouville, cette délicate perspective.

Le sang de mon grand-père ne fit pas cent tours, mais un seul et un bon. Après s'être vainement opposé au projet – le maire étant le tout-puissant ministre giscardien Michel d'Ornano, alors en charge du Travail, avant de devenir ironiquement, quelques années plus tard, celui de l'Environnement –, il envisagea avec quelques camarades de son réseau de résistance d'aller miner, à l'ancienne, les premières fondations. Mais tout le monde l'en dissuada, lui expliquant que malheureusement, en cette matière, nous n'étions pas soumis au même régime que les Corses ou les Bretons. Il créa donc une association de défense et attaqua en justice la décision sacrilège, au simple motif que le permis de construire avait été signé trois semaines après la parution d'un décret interdisant toute construction sur le domaine maritime (à la suite de certains abus commis dans le Sud), ce qu'un ministre en exercice ne pouvait évidemment ignorer.

Hélas, le pot de terre trouvillais s'écrasa contre le pot de fer deauvillais. Le procès eut bien lieu, mais pendant que la marina voyait le jour, barrant d'un mur hideux signé des architectes d'Avoriaz (pour situer) l'horizon entre Trouville et Deauville. Et quand sept ans plus tard, arrivée en Conseil d'État après des années de bavardages judiciaires, l'association de mon grand-père obtint finalement gain de cause, avec pour condamnation de remettre les lieux en l'état initial, il était bien sûr trop tard : tous les appartements et autres anneaux d'amarrage avaient été depuis longtemps vendus.

L'incidence de cette malheureuse histoire fut double. Au-delà d'avoir ruiné cette vue magnifique, elle épuisa les dernières forces de mon pauvre grand-père, qui mourut le cœur brisé d'avoir vu son paysage trouvillais saccagé. De mon côté, je m'engageai ce jour-là à toujours rappeler cette histoire malheureuse, avec pour seule consolation que la montée des eaux due au réchauffement climatique finirait fatalement par mettre tout le monde d'accord.

Trouville fut le théâtre ludique de mon enfance. Tous les étés, nous nous y retrouvions avec une bande de copains, dont les parents, aux fortunes diverses, avaient là leurs habitudes. Gérard F., Thierry L. C., Didou T., Bruno T., Patrick S… Nous formions une bande redoutable de jeunes coqs testostéronés qui préféraient aux jeux paisibles de la plage des défis lancés au péril de leur intégrité physique. Il s'agissait évidemment de faire tout ce qui nous était déconseillé, voire formellement interdit, des innocents sauts de toit en toit, la nuit venue, sur les cabines de la piscine, traqués par un gardien cirrhosé et colérique (risqué) à l'équilibrisme, sur les poutres de la jetée (risqué), jusqu'à la traversée à marée descendante de la traîtresse Touques, la rivière au courant redoutable (très risqué) séparant Trouville de Deauville.

Mais le pompon revenait à l'exploration de deux demeures formellement interdites d'accès pour des raisons différentes. La première était le chalet Cordier, imposant manoir qui avait brûlé aux deux tiers, le reste menaçant de s'écrouler à tout instant, et qui bien sûr, *de facto*, était devenu un parcours d'épreuves initiatiques permettant de jauger nos courages respectifs.

La seconde était l'une de ces monumentales villas de la fin du XIXe siècle construites en front de mer, le long de la promenade des planches, et qui participent pour beaucoup au charme suranné de Trouville. Cette maison-là, à l'époque inoccupée, avait un petit côté gothique et menaçant qui faisait carburer à fond nos imaginations. Nous l'avions naturellement peuplée de fantômes, rémanences de drames sanglants dont le lieu avait forcément été le théâtre, et c'était devenu le décor de l'épreuve ultime, celle qui rendrait le candidat digne à vie d'intégrer nos Illuminati pré-pubères. Pour cela, il devait y pénétrer, seul, par un soupirail dont les barreaux légèrement déformés offraient le passage à nos petits gabarits pour ensuite, seulement équipé d'une lampe de poche, se frayer un passage depuis la cave jusqu'au grenier, dans le silence et l'obscurité menaçants de la maison. Une fois le but atteint, il devait envoyer un signal lumineux par la lucarne sous le toit pour valider l'exploit.

Je me suis fait là les plus belles frayeurs de ma jeunesse, m'attendant à chaque instant à tomber sur un mort-vivant ou toute autre forme de revenant, y compris ectoplasmique, dont ma visite sacrilège aurait perturbé l'errance captive au sein de ces murs suintant de maléfices. Je crois même que c'est de là que date mon effroi irrationnel devant les maisons dites hantées, qui font de moi la risée des esprits forts – comme des esprits tout court, d'ailleurs.

Je pense en particulier à une séance de ouija, réalisée en compagnie de spirites assermentés et de mon camarade M. Poulpe pour les besoins d'une émission durant laquelle une entité me manqua très crûment de respect, par bande magnétique interposée, en me gratifiant d'une insulte évoquant une pratique amoureuse passive bien plus charnelle que spirituelle. Un demi-siècle plus tard, je ne peux repasser devant cette maison sans éprouver un léger frisson d'effroi, même si les lumières rassurantes qui s'allument quand le jour tombe témoignent de la présence d'occupants faits de chair, et pas seulement d'os.

Il n'empêche, Trouville est un endroit *habité*, et quand les derniers vacanciers ont déserté les plages et que se font sentir les premiers frimas de l'automne, j'ai souvent eu le sentiment, certainement alimenté par la mélancolie d'un temps disparu, que derrière les volets clos une myriade de fantômes assoupis reprenaient discrètement vie, comme pour préserver l'âme du lieu. Il s'agit sans doute là de la manifestation d'un romantisme bon marché, ou d'une sentimentalité de jeune vieillard, mais l'impression demeure, indéboulonnable.

J'appartiens à Trouville sans que la réciproque soit vraie. Chaque recoin ou presque est marqué d'un souvenir particulier où les âges, de la petite enfance à la sénescence annoncée, se mélangent et se percutent comme autant d'atomes à la trajectoire aussi aléatoire que des billes de flipper. Le garçonnet si fier d'avoir réussi à attraper une anguille dans la Touques, mais effrayé par la vivacité de ce serpent d'eau et n'osant pas décrocher l'hameçon ; le fraîchement marié quinquagénaire s'échappant, par les souterrains du Monoprix, au bras de sa jeune épouse pour éviter les paparazzi ; les innombrables promenades à marée basse dans le silence feutré du vent ; le plateau de fromages attendu comme une eucharistie à la table 14 des légendaires Vapeurs ; les chalutiers *Gros Loulou* ou *Elvis* rentrant doucement au port, harcelés par un nuage de mouettes criardes et affamées ; ma mère en tenue de tennis marchant comme toujours à vive allure sur les planches pour participer au tournoi local ; le gala de Cloclo au casino, déboulant sur scène comme un zébulon en surdose de taurine et s'exclamant prémonitoirement, devant la tiédeur estivale et familiale de l'accueil, « Alors, c'est du 110 ou du 220 ici ?! » ; la poissonnerie centrale en flammes s'effondrant sous les yeux horrifiés des Trouvillais ; les petites pommes Rubinette ; ma grand-mère fumant ses Royal menthol, elle-même royalement installée sous l'une des tentes plantées en file indienne sur la plage ; la silhouette taciturne de Sami Frey partant faire à vélo son aller-retour quotidien à Pont-l'Évêque ; la collection de gâteaux nominatifs de la pâtisserie Charlotte Corday ; ces premières boums au sous-sol d'une villa de la plage, où nous découvrions les avantages d'un slow de longue durée du type « Going Home » (11' 14) sur l'album *Aftermath* des Stones ; la légende des araignées de mer dévorant le crâne des marins disparus en mer ; la maison de Louis Marchand, premier valet de Napoléon, fidèle jusqu'au dernier souffle et qui rendit le sien dans cette petite maison de la rue de la Cavée ; l'intégrale des Pieds nickelés de Pellos lue avec dévotion, épisode après épisode ; le son de la coquille des couteaux découverts par la mer et piétinés doucement ; la lumière surnaturelle née des caprices du ciel, de la réflexion marine et du mouvement des nuages ; les crevettes grises bondissant dans les casiers à l'abri de la lumière ; Leonard Cohen se promenant sur le sable ; le cidre David, un défi aux lois de l'hygiène, un régal du palais ; ces poulaillers entiers sacrifiés sur l'autel du rite dominical ; M. Ouin, le paysan qui me refourguait un calvados *vivant* à 84 degrés qui finissait dans la cheminée pour relancer les feux ; les concours de plongeons dans l'ancienne piscine de la plage, juste pour impressionner les filles ; les adieux d'Olivier Linot, l'exemplaire directeur de la mairie, devant une population bouleversée ; Gérard

Depardieu en tongs sur sa pétrolette vantant les mérites de sa cuvée Cyrano ; mamie Saiter, reine mère des poissonniers, accrochant discrètement un petit carrelet à l'hameçon du jeune pêcheur rentré bredouille ; Daniel Wallard, pharmacien-photographe ami d'Aragon ; les premières P4 fumées avec nonchalance malgré les nausées ; les méduses translucides déposées sur le sable par la marée descendante ; l'ambiance *Shining* des couloirs de l'ex-hôtel des Roches-Noires ; les vagues prises par les glaces, comme pétrifiées, lors d'un hiver particulièrement rigoureux ; le zinc des Vapeurs où se croisaient le soir des pêcheurs, des noctambules en frac et des familles d'estivants *Monsieur-Hulot-style* ; et les premières bagarres sur le sable, pour les yeux d'une belle, le raffut des goélands sur le toit des maisons, les cendres maternelles dispersées pour l'éternité sous les racines d'un jeune chêne…

Notre mère qui êtes aux cieux

Ma très chère mère était une sainte, doublée d'une femme de caractère, comme on dit souvent pour signifier qu'on a affaire à – je reprends son expression – une *pétroleuse*.

Un point d'histoire pour éclairer le présent : les *pétroleuses*, c'est le nom, cité par Flaubert (un de ses écrivains fétiches, qui avait vécu au premier étage de la petite pharmacie trouvillaise qu'elle fréquentait), que l'on donnait au moment de la Commune de Paris à ces femmes qui résistaient à l'écrasement du mouvement par les troupes versaillaises en allumant à l'aide de pétrole des foyers d'incendie – plutôt que de se consacrer sagement au leur, de foyer. L'existence réelle de ces vandales de sexe féminin n'a jamais été confirmée par les historiens, et doit plus vraisemblablement être mise sur le compte d'une propagande versaillaise, mais l'image est restée, et pour ce qui est de mettre le feu, ma mère s'y entendait mieux que nulle autre.

Elle *était* le feu. Une femme solaire, constamment en mouvement, débordant d'une énergie communicative. Surtout, elle envisageait toujours la vie sous l'angle de la comédie, elle qui avait survécu à deux tragédies majeures : la perte d'un père vénéré à l'âge de sept ans, et la Seconde Guerre mondiale, traversée dans un Paris sous contrôle teuton au son des bruits de bottes et des mélodieux aboiements gutturaux dans la langue que partagent infortunément Goethe et Adolf. Un Paris rationné, raflé, survivant dans la hantise des bombardements et des hivers rigoureux, les deux s'étant largement rappelés au bon souvenir de la population.

(J'ouvre ici une parenthèse – puisque nous sommes en famille – pour dire deux mots du grand-père Léon que j'aurais connu, je crois, avec plaisir s'il n'avait eu la malheureuse idée de disparaître en 1928, soit – je le rappelle au passage – très longtemps avant ma propre naissance. Les chiens ne font pas des chats, voilà un fait avéré même par les généticiens les plus progressistes. Il se trouve que Léon, comme le serait plus tard sa fille puis la mienne, était un pur saltimbanque, et il dirigea un temps un théâtre montmartrois, le Trianon lyrique, succursale de l'Opéra-Comique spécialisée dans l'opérette. Pour que la boucle se boucle, comme une parenthèse se referme, j'ajouterai que son dernier rôle fut celui du gouverneur de Touraine dans *Les Mousquetaires au couvent* – titre prometteur s'il en est – repris, presque un siècle plus tard, à l'Opéra-Comique par mon cher Jérôme Deschamps.

Léon Joubert, dont quelques portraits accrochés au mur de notre maison faisaient rêver l'enfant que j'étais pour la simple raison qu'il y apparaissait toujours grimé, tantôt en Harpagon, tantôt en Djorghi ou en marquis galant, mais jamais sous son véritable visage que je ne devais découvrir que bien plus tard, après qu'il me fut apparu en rêve pour m'assurer qu'il veillerait toujours sur moi, à la façon d'un ange gardien…

Léon était le grand absent de la vie de ma mère, et elle ne pouvait évoquer sa mémoire sans avoir les larmes aux yeux. Elle le parait de toutes les vertus, de toutes les douceurs, et le comparait toujours, pour sa silhouette et sa prestance, à Fred Astaire, lequel, conséquence directe, devint l'un des dieux lares de notre foyer. Dès qu'elle citait son nom, ma mère accompagnait ses propos de deux, trois entrechats virevoltants et d'un petit pas de claquettes dont la moquette nous empêchait de mesurer la précision.)

Mais la pudeur l'emportait au final. Endurcie par la vie, dotée d'un caractère plus anglo-saxon que méditerranéen, ma mère avait fait sienne la devise de la famille royale britannique, *Never complain, never explain*, et donnait à voir une dignité spartiate quand battait toujours en elle le cœur d'une petite fille inconsolable. C'est une attitude qui a ses limites, tout le monde en convient, puisqu'à ne jamais expliquer ou se justifier, on finit par garder en soi des nœuds émotionnels que la parole aurait pu défaire le plus souvent.

Il n'empêche, je mesure rétrospectivement la dignité qui en découle, surtout dans cette époque où tout le monde chouine pour un oui pour un non, expliquant et commentant ses opinions ou pire, ses états d'âme. Et comme mon père était lui-même, en dépit de son métier, d'un naturel taiseux en privé, j'ai grandi avec en tête cette célèbre maxime de l'abbé Dinouart datée de la fin du XVIIIe siècle : « Il ne faut parler que si cela vaut mieux que le silence. » (Maxime reformulée deux siècles plus tard par notre saint protecteur, Son Excellence Pierre Dac, en ces termes : « Parler pour ne rien dire et ne rien dire pour parler sont les deux principes majeurs et rigoureux de tous ceux qui feraient mieux de la fermer avant de l'ouvrir. »)

Par ailleurs, ma mère était volubile de nature, et si elle gardait pour elle ses tourments et blessures, le reste était soumis au feu de mitraille de son joyeux babil. Je l'entendais gazouiller comme un oiseau au retour des beaux jours, et vu que c'était une femme d'esprit, ses commentaires ne manquaient jamais de sel – ce qui pourrait expliquer l'hypertension de ses dernières années, jusqu'à cet AVC qui l'emporta en un éclair, lui épargnant la décrépitude qu'elle redoutait plus que tout et la dépendance qu'elle induit.

Car c'était la plus sociable des femmes, souriante, aimable et attentive aux autres, même si elle avait clairement conscience de vivre dans un monde majoritairement peuplé d'imbéciles malveillants disposés à aimer leur prochain seulement après l'avoir mis hors d'état de nuire. La bureaucratie, la méchanceté, la mesquinerie la rendaient folle de rage, ce qu'elle exprimait par des chapelets de jurons dont je me régalais d'autant plus que l'instituteur m'en interdisait formellement l'usage, me prédisant de finir au bagne si je désobéissais à cette injonction. Mais c'était une femme – croyez-moi, je ne suis pas en train de la béatifier – naturellement généreuse, sans doute parce qu'elle avait connu la privation, et je n'avais d'autre choix que d'accepter de partager avec les téléspectateurs de l'époque ces mots rituels avec lesquels elle rendait l'antenne à la fin des programmes :

« Faites de beaux rêves. »

J'ai donc eu la chance d'avoir cette mère-là qui, comme beaucoup de ceux qui avaient survécu à la guerre sans avoir été raflés, emprisonnés ou déportés, avait seulement eu à souffrir de la faim, du froid et d'une jeunesse volée, et goûtait à sa juste mesure l'horizon d'une vie libérée du cauchemar. L'énergie qu'elle en avait retirée lui donnait une puissance de feu inépuisable. Elle ne marchait pas, elle trottait, dansait, chantait, riait et menait ses troupes, y compris familiale, au pas de charge. Elle travaillait sans relâche, avec enthousiasme, défendant avec la dernière énergie tous les rôles qu'elle eut à jouer dans sa vie, de la comédienne de ses débuts à la responsable des émissions jeunesse de la fin, en passant par la speakerine des premières années de la télé, l'animatrice, la réalisatrice ou la productrice.

En juin 1968, elle participa activement à la grève remettant en cause le statut de l'audiovisuel et sa dépendance directe au pouvoir gaulliste, représenté jusqu'en 1966 par le très zélé Alain Peyrefitte, et eut à payer au prix fort les conséquences de son engagement. Une épuration – le mot n'est pas excessif – s'ensuivit, et ma mère fit partie de la charrette, ce qui la priva de travail pendant plus d'un an. Commença alors une période de vaches maigres, aggravée par l'intransigeance et la cruauté de l'éleveur nouvellement nommé pour remettre un peu d'ordre. C'est le seul souvenir – avec sa mise à la retraite forcée une vingtaine d'années plus tard – que je garde d'elle soucieuse, inquiète de lendemains qui déchantaient, mais continuant à faire bonne figure auprès de ceux dont le sort était étroitement lié au sien.

Sans doute par atavisme, elle s'était rendue maîtresse dans l'art délicat du masque, et rien, ou presque, ne parvenait donc à lui faire perdre cet entrain, cette joie de vivre que je lui connaissais et qui avait d'ailleurs été le titre d'une des émissions qu'elle avait coanimée dans les années 1950. Goût du masque qu'elle poussa jusqu'à en revêtir un nouveau, à l'occasion d'une pièce de théâtre, *L'Oiseau de bonheur*, où elle jouait le rôle une vieille dame dans un théâtre aujourd'hui disparu, le bien nommé théâtre de l'Ambigu. Ce n'était pas la première fois que je la voyais sur une scène, mais j'avais onze ans et je me souviens à quel point le spectacle de ma jeune et dynamique mère soudainement métamorphosée en petite vieille sentimentale et claudicante m'avait remué, pour ne pas dire perturbé, comme me l'avait expliqué je ne sais plus quel psy en vue de justifier des honoraires qui, eux, n'avançaient pas masqués et menaçaient même de me mettre à découvert.

Évidemment la pétroleuse qu'elle était, indépendante et fière, avait aussi dû tenir tête chaque jour au machisme plus ou moins feutré de l'audiovisuel de l'époque. On lui demandait d'être jolie, ce qu'elle était, et si possible d'en rester là, au lieu de chercher à prouver que les femmes étaient tout aussi capables d'écrire ou de réaliser. En réponse, le caractère dont elle faisait preuve, toujours le sourire aux lèvres, pour tacler le paternalisme cauteleux de ses *alter ego* faisait la joie de toutes celles qu'elle vengeait par son effronterie.

Comme si cela ne suffisait pas, elle réagissait de manière épidermique à tout ce qui pouvait s'apparenter de près ou de loin à une injustice. Dans ces occasions-là, elle mettait de côté son pourtant légendaire sens de l'humour. Une rage folle s'était ainsi emparée d'elle quand, quelques années après avoir créé l'unité Jeunesse sur Antenne 2 et mis en place *Récré A2* et toute sa joyeuse bande sous la houlette de sa jeune protégée Dorothée, elle se vit reprocher d'avoir également fait rentrer le loup dans la bergerie en la personne de Cabu. Ce dernier avait eu l'audace, dans les pages de *Charlie Hebdo*, de tourner en ridicule Jacques Martin, qui régnait en autocrate sur l'antenne les dimanches après-midi. La réaction ne s'était pas fait attendre, et Martin avait exigé le renvoi immédiat de l'insolent. Mais il dépendait de la juridiction de ma mère, et elle monta aussitôt au créneau pour défendre, toutes griffes dehors, le droit – déjà – à la caricature, en mettant tout simplement son poste de directrice de l'unité Jeunesse dans la balance. Cabu fut maintenu, et lui garda toujours une profonde reconnaissance pour avoir ainsi pris leur défense, à lui et au principe qu'il incarnait et incarna jusqu'à ce terrible 7 janvier.

Hasard du calendrier, c'est aussi un 7 janvier, quelques années plus tôt, qu'elle décida de prendre congé, sans demander son avis à qui que ce soit.

Never explain.

De mon côté, je n'éteins depuis jamais la lumière, la nuit venue, sans souhaiter à mon tour à la dernière personne à qui je parle, humain ou félin, de *faire de beaux rêves*.

Singing in the César

Présenter les César est une expérience singulière que je recommande à tous les amateurs de sensations fortes, bien plus qu'une séance de rafting de l'extrême sur le fleuve Zambèze ou un safari photo mygale géante en jungle guyanaise. D'accord, sauf accident, on ne risque pas d'y engager son pronostic vital, mais je garantis à l'éventuel candidat une matière à souvenirs dont il pourra régaler plus tard ses petits-enfants au coin du feu, une bonne pipe au bec, comme je m'apprête à le faire avec vous.

Comme je m'y suis collé un certain nombre de fois (neuf, histoire évidemment d'égaler le record de cet homme délicieux et débonnaire qu'était Pierre Tchernia), j'ai pu apprécier l'évolution – au sens darwinien – de l'accueil réservé au maître de cérémonie : au fil des années, grâce à Valérie Lemercier, Édouard Baer, Alain Chabat ou évidemment Florence Foresti pour ne citer qu'eux, l'atmosphère s'est peu à peu détendue.

On pourrait arguer qu'elle n'avait pas le choix, au risque d'encourir un accident cardio-vasculaire. Il faut dire que les César, dans leur première version, avaient réussi à empeser l'ambiance en lui conférant un sérieux et une solennité dignes d'une commémoration du 11 Novembre à l'ossuaire de Douaumont.

La cérémonie, retransmise alors par Antenne 2, était longue comme un film de Theo Angelopoulos avec encore un peu moins d'action, et un ton général où le guindé le disputait au compassé.

Rappelons que nous sommes le pays qui a littéralement inventé le cinéma, autrement dit mis au monde une nouvelle forme d'art, le septième, comme le paléolithique l'avait fait avec la sculpture ou Jan van Eyck avec la peinture à l'huile. Autant dire qu'on parle ici de choses graves, dont on a tant de mal dans ce pays à parler avec légèreté, la preuve en étant par exemple la 2 CV compactée par César pour en faire ce trophée en bronze doré qu'il est vivement déconseillé de laisser tomber sur ses pieds.

Comment expliquer autrement la différence notable d'humeur entre les César et le modèle américain qui les a inspirés, les Oscar ? (Une presse anglo-saxonne toujours prompte à l'ironie ayant même suggéré que les César étaient la réponse française aux Oscar au même titre que Johnny l'avait été à Elvis.) Certes on a, de l'autre côté de l'Atlantique comme de la Manche, un sens plus marqué du divertissement, ce qui rend l'attitude générale notablement plus détendue quand les enjeux et l'audience sont pourtant sans commune mesure. Je ne vois d'autre explication à cela que les Anglo-Saxons n'oublient jamais le *show*, quand bien même il est question de *business*, et que puisque qu'il y a des spectateurs de l'autre côté du poste, il est légitime de chercher aussi à leur offrir un bon moment au lieu de passer la soirée à laver le linge sale de la famille avant de l'étendre sur la corde à linge de la sagacité publique.

Notre mission était donc de réinjecter dans la soirée un peu de cette fantaisie et de cette insouciance qui avaient contribué à la réputation de Canal Plus. Noble ambition mais tâche difficile, le cinéma ne frayant pas ou peu à l'époque avec le monde de la télévision autrement que pour l'inviter à financer ses films ou à en faire la promotion tout en lui reprochant sa consubstantielle vulgarité, et le monde de la télé ayant l'habitude d'un rythme de croisière un peu plus soutenu, notamment lors des soirées en direct, et d'un goût de l'humour auquel étaient absolument imperméables les pères fondateurs des César, Georges Cravenne et Gilles Jacob, le deuxième ne consentant à sourire qu'en cas d'extrême urgence.

Je m'en voudrais de faire preuve de trop d'ironie en parlant des César ou de donner l'impression de cracher dans la soupe. Je me suis beaucoup amusé à les présenter, même si j'étais parfois le seul, et si j'y suis retourné tant de fois, c'était autant par défi que pour le plaisir de retrouver la petite bande qui travaillait en coulisse : Renaud Le Van Kim, Franck Annese, Benjamin Guedj, Thomas Bidegain, Laurent Chalumeau ou Alex Gonzalez.

Non, mon seul regret est d'avoir dû renoncer à quelques idées qui faisaient ma joie mais donnaient des palpitations – dangereuses, à un certain âge – à quelques membres de l'Académie. En voici un exemple : les César ayant traditionnellement lieu quand le Salon de l'agriculture se termine, il s'agissait de réunir, pour un somptueux tableau final, les césarisés de l'année et les médaillé(e)s du Salon, ces sublimes charolaises et autres limousines qui font la fierté de nos terroirs comme le cinéma fait rayonner l'exception française. C'était là l'occasion ou jamais de célébrer ces deux mamelles nationales qui abreuvent nos sillons : la Culture et l'Agriculture.

On me le refusa, comme fut déclinée la proposit pourtant originale, de mettre à l'épreuve l'attenti des téléspectateurs. Voici en quoi elle consistait. La cérémonie avait été retransmise pendant une petite quinzaine d'années du théâtre du Châtelet, et si les célébrités présentes dans la salle se renouvelaient au gré des nominations, certains invités faisaient preuve d'une fidélité exemplaire. J'avais donc imaginé qu'on aurait pu s'amuser à réinjecter dans les images du direct d'autres images des années précédentes, et de préférence des individus – comme César – décédés entre-temps. La seule perspective d'une poignée de téléspectateurs effectuant un *double take* devant leur écran en se demandant si finalement l'intéressé n'était pas encore de ce monde me réjouissait énormément, mais on m'opposa que c'était là une idée d'un goût plus que douteux – ce qui est sans doute vrai, mais n'en réduit en rien la drôlerie…

Il n'empêche, je dois quelques moments savoureux aux César, à commencer par celui où j'eus à accueillir sur scène, et sous les yeux de notre idole commune Clint Eastwood, ma propre fille, récompensée pour son rôle dans *Un frère* de Sylvie Verheyde. Moment chargé d'une fière émotion, comme on peut l'imaginer, tout comme cette édition qui vit Annie Girardot déclarer sa flamme à un cinéma pourtant cruel qui l'ignorait après l'avoir tant célébrée… Ou encore ce phoque modèle géant, convoqué pour expliquer à Quentin Tarantino la nuance sémantique entre *phoque* et *fuck*, et qui nous causa une grande frayeur lorsque l'on crut que, emporté par son élan, il allait atterrir sur les genoux de Catherine Deneuve.

Et puisque je parle de frayeur, le moment est venu d'évoquer ce souvenir gravé au fer rouge dans ce qu'il me reste de mémoire. Une année, alors que nous étions en train de réfléchir avec la petite bande sus-citée aux divers magnétos que nous allions tourner et autres surprises dont nous pourrions émailler la soirée, j'eus l'étrange idée, moi qui ne sais ni chanter ni danser, et encore moins faire des claquettes, d'ouvrir les festivités par un hommage à l'un des films que j'ai sans doute le plus vus dans ma vie : *Singing in the Rain* de Stanley Donen et Gene Kelly.

Je n'y voyais que des avantages : ouverture spectaculaire inspirée d'une scène mythique connue de tous, y compris de ceux qui n'ont jamais vu le film, et humour directement perceptible grâce au gouffre abyssal séparant la grâce pure de Gene Kelly, le modèle, et l'absence totale de celle-ci chez son pasticheur. Enthousiasmé par l'idée, j'embarquai tout le monde dans l'ambitieuse entreprise, à commencer par Renaud Le Van Kim qui commanda sans hésiter la fabrication d'un décor, évocation clin d'œil en une quinzaine de mètres carrés de la rue la plus célèbre de l'histoire du cinéma. Décor imposant par sa taille, son volume et les ingénieux systèmes imaginés pour y faire pleuvoir sans arroser les magnifiques robes de marque installées aux premiers rangs.

Parallèlement, je m'initiai aux rudiments du *tap dancing* sous la houlette de Victor *the-talking-feet-of-Paris* Cuno, et j'en profite pour le remercier une fois de plus pour la patience et la pédagogie dont il fit preuve pendant ces quelques semaines où il me fit découvrir tout ce qu'on peut légalement faire avec ses pieds (sachant que des enfants seraient sans doute devant le poste).

J'ai toujours eu une passion particulière pour les claquettes, et pour tous ces virtuoses qui en écrivirent l'histoire en talonnettes de feu : les Nicholas Brothers,

Fred Astaire, Ginger Rogers, Gene Kelly bien sûr, Donald O'Connor, Betty Grable, Sammy Davis Jr. ou Gregory Hines… mais jusqu'à ma rencontre avec Victor, je n'en avais jamais mesuré la difficulté ni la complexité. J'ai beau avoir pratiqué l'art difficile de la batterie au siècle précédent, c'est-à-dire m'être familiarisé avec la notion d'indépendance – chaque membre étant censé pouvoir vivre sa vie en toute liberté, sans que les autres en prennent ombrage –, j'eus l'impression, en m'essayant aux élémentaires *paddles and rolls*, que j'entamais une longue et douloureuse rééducation psychomotrice. Après quelques semaines de répétitions intensives, je n'avais pas fait de progrès spectaculaires, mais au moins Victor m'avait-il inculqué les déplacements et autres pas permettant de créer, vu de loin par temps de brouillard, un début d'illusion.

Restaient deux problèmes en suspens : le chant et la pluie, la seconde n'étant évidemment pas la conséquence directe du premier. Chanter c'est bien, chanter sous la pluie, c'est plus téméraire. La première difficulté fut habilement contournée par un enregistrement en amont qui vint contredire une conviction pourtant profondément ancrée : je chantais juste. Mal, mais juste, et nous eûmes à peine à retravailler la voix pour qu'elle ressemble tout à fait au son produit par un canard aphasique.

C'est donc rassuré par ce playback que je m'inquiétai de la dernière difficulté : la pluie, dont nous avions circonscrit la chute sur le seul décor, histoire de ne pas pourrir le plateau ni le transformer en patinoire. Ce qui me permit de faire une découverte capitale : de la même manière que – comme l'ont rappelé tant de chanteurs à texte – la guerre, c'est moche, la pluie, ça mouille. Durant les essais, nous dûmes nous rendre à l'évidence : mon charmant tronçon de rue se transformait, dès le début de l'averse, en pédiluve. Or les spécialistes le confirmeront : faire des claquettes dans un pédiluve, c'est un peu comme faire de la pêche à la mouche dans une piscine municipale. Une entreprise vaine. Mais il était trop tard, à quelques jours de l'instant T, pour changer notre fusil d'épaule, et comme nous connaissions maintenant les contraintes de l'exercice, et que le but ultime était de faire sourire l'assistance, nous décidâmes d'aller jusqu'au bout.

Comme la saynète ouvrait la cérémonie, précédée seulement du discours de Charlotte Gainsbourg (la présidente de l'édition) et du générique, le décor avait été dissimulé sous une gigantesque bâche blanche qui lui donnait l'air à la fois mystérieux et effrayant d'un fantôme de stégosaure du jurassique moyen. J'attendais en coulisse le fatal décompte avant d'entrer en scène, concentré comme une mangouste prête à fondre sur un mamba noir, un essaim de papillons s'agitant dans mon ventre et provoquant la sourde envie de régurgiter mon déjeuner ou de prendre mes jambes à mon cou pour rentrer chez moi. Ce genre de sensation qu'éprouvent beaucoup de comédiens avant le lever du rideau. Mais de jambes à mon cou il n'était pas question puisque je m'apprêtais à solliciter ces malheureuses, elles-mêmes frémissantes d'appréhension.

Enfin la lumière fut, et je m'élançai sur scène. Je devais en rejoindre le centre pour saluer l'assistance, à quelques mètres du monstre assoupi, expliquer sa présence et vaguement justifier l'intention de mon hommage. La suite des événements était réglée comme un mécanisme de haute horlogerie helvétique. Au signal d'un mot-clé, la bâche devait se soulever, découvrant le décor pendant que se déclenchait la musique. Pour ma part, il me fallait me diriger vers le petit escalier me permettant d'accéder au trottoir de la fameuse rue pour attaquer, sur un temps déterminé, ma – j'hésite à employer le mot – chorégraphie du bon pied.

Quelle ne fut ma surprise en découvrant que la bâche ne bougeait pas comme prévu, en dépit des efforts désespérés des machinistes suspendus en grappe humaine à la corde maîtresse pour tenter de débloquer la situation avec une énergie comparable à celle des bûcherons s'affrontant dans les tournois de force basques.

Finalement ils eurent rapidement gain de cause, tellement rapidement que personne dans la salle ne remarqua quoi que ce soit, mais cette fraction de seconde me laissa l'impression que ma température corporelle avait brutalement chuté d'une vingtaine de degrés, ou qu'un serpent glacé me parcourait l'échine. Cependant la mécanique infernale était lancée, et sauf à assumer un fiasco total, il n'y avait aucun moyen de revenir en arrière. Heureusement, les dieux de la danse et de la machinerie réunis me furent favorables et je pus rejoindre mon décor, enfin libéré, pour délivrer à mon tour mon petit numéro.

Comme prévu, dès le début de l'averse, le sol, sans se transformer en patinoire, perdit nettement de l'adhérence qui le caractérisait par temps sec. Nous avions anticipé l'impossible prise de son des claquettes. Je me contentai de reproduire au plus près les pas enseignés par Victor tandis que celui-ci, en coulisse, claquettait pour de bon sur une estrade en bois, s'efforçant de synchroniser également ses pas sur les miens.

La situation était d'une telle étrangeté que le plaisir revint très vite, et que la somme de toutes ces contraintes devint – pour moi en tout cas – un élément supplémentaire de comédie. D'autant plus qu'après la pluie réglementaire arrivait ce moment redouté où Gene Kelly, lâchant le parapluie, se prend le flot d'une gouttière sur le coin de la gueule, moment que, bien évidemment, nous avions tenu à conserver.

Le débit de notre gouttière était largement excessif – obéissant à la règle d'or du spectacle, selon laquelle il vaut mieux un peu trop que pas assez – et acheva de ruiner chapeau, costume et chaussures vernies, et c'est comme un goéland mazouté que je terminais le numéro, gagnant en ridicule tout ce que j'avais pu perdre en grâce.

L'indulgence du public, qui avait perçu au passage le caractère aussi ambitieux que désespéré de la démarche, sauva l'honneur et ma réputation, et la cérémonie, qui commençait à s'impatienter, put commencer…

Oui, présenter les César est une expérience singulière.

Trop fort Chabrol

Je me souviens de Claude Chabrol, gentiment grisé, chantant à tue-tête un air de Puccini debout sur la table de cet excellent restaurant de Cancale, pendant que l'équipe au grand complet l'encourageait en faisant tourner les serviettes, étape ultime avant l'inévitable chenille qui conclut généralement les libations chez *Homo sapiens* quand il est suffisamment détendu du string. Détendu : voilà un adjectif qui pouvait tout à fait s'appliquer à Chacha, comme nous le surnommions tous à l'instigation de sa belle-fille, Cécile, qui œuvrait comme première assistante sur le plateau d'*Au cœur du mensonge*, un film que nous tournions dans les Côtes-d'Armor avec Sandrine Bonnaire, Jacques Gamblin et Valeria Bruni-Tedeschi.

Le cinéma avec Chabrol se passait sans la moindre tension. Le plaisir prévalait, une fois évacuée la cérémonie du premier rendez-vous durant lequel, après lecture et approbation commune du scénario, Chacha vous expliquait pourquoi il vous imaginait dans le rôle (en l'occurrence, pour moi, un con hâbleur de journaliste parisien ayant un avis définitif sur tout). Rendez-vous suivi d'une lecture détaillée pendant laquelle il s'amusait comme un gamin, mais avec la réjouissante perversité d'un chat ayant réussi à localiser une souris et se régalant par avance du sort qu'il va lui faire subir.

Ne restait plus qu'à tourner le film, la seule direction qu'il consentait à vous indiquer étant celle permettant d'accéder au plateau. Résumer l'entreprise à une simple formalité serait évidemment exagéré. Ce qui est certain, c'est que Chabrol libérait le plateau de toute tension superflue par sa seule bonhomie experte, et une préparation tellement poussée que le film était d'une certaine manière pré-monté dans sa tête.

Même sans avoir des centaines de longs-métrages au compteur, pour l'acteur occasionnel que j'étais, la différence entre le plateau d'un Chabrol et celui des autres réalisateurs sautait aux yeux. J'avais pu faire l'expérience de diverses méthodes de tournage, de la plus rigoureuse à la plus erratique. Il m'était même arrivé de me retrouver sur un plateau où le réalisateur n'avait pas la moindre idée, en arrivant le matin, de la manière dont il allait découper la scène, et passait une heure ou deux à se tripoter la nouille tout en écoutant mollement les suggestions de son chef op et de son cadreur qu'il harcelait ensuite littéralement au prétexte que le plateau avait pris du retard. Tout ça pour finalement se contenter d'un master de la scène – un plan large décrivant l'action – suivi d'autant de plans qu'il y avait d'acteurs sur le plateau. (Je laisse au lecteur le soin de faire l'addition pour les scènes de groupe, et elles étaient nombreuses sur ce film dit choral.)

Chabrol était à l'exact opposé de cette absence de méthode. Non seulement il savait exactement où il mettait les pieds, ayant systématiquement mis la main à la pâte de son scénario, mais il avait également la courtoisie élémentaire de tenir informée son équipe aussi bien de l'intention générale que de ses *desiderata* particuliers.

Fidèle par nature, il gardait à ses côtés la même équipe depuis des années : sa scripte, qui n'était autre que sa troisième femme, Aurore ; son assistante et belle-fille, Cécile ; son fils aîné, Thomas, excellent comédien qui tenait toujours un rôle dans les distributions de son père ; et son autre fils, Matthieu, qui en signait souvent la musique. Un esprit chagrin aurait pu y voir une forme de népotisme quand il n'était question que de tribu. L'équipe qui entourait Chabrol était un écosystème bien réglé qui fonctionnait en partageant la même humeur, la même approche du cinéma et le plaisir d'apporter sa pierre à l'édifice.

Les femmes jouaient un rôle capital dans ce cénacle comme dans son cinéma, où il leur avait toujours accordé une place de choix en leur attribuant des rôles d'héroïnes ambiguës, manipulatrices, sentimentales, intelligentes, condamnées à déployer deux fois plus d'énergie que les hommes pour vivre ou survivre.

Une fois sur le tournage, Chabrol découvrait le décor, n'y ayant jamais mis les pieds puisqu'il s'était contenté des photos des repérages que lui avaient soumis ses assistants. On le voyait débouler sur le plateau, l'inspecter de son œil inquisiteur de rapace nocturne affamé, pipe au bec, comme un détective découvrant une scène de crime.

Je me souviens en particulier de cette petite maison de bord de mer près de Cancale, aussi charmante que minuscule, et de l'air perplexe de Chabrol qui se demandait comment il allait faire rentrer tout le monde là-dedans – l'équivalent breton de la cabine des Marx Brothers. Son exiguïté en faisait un défi, et nous avions senti le Chacha tout émoustillé. Le temps de le dire, il avait transformé l'inconvénient en avantage, tourné la faiblesse en force, pétunant au rythme de l'homme qui résout une équation carabinée sous le regard admiratif et amusé de l'équipe, qui assistait en direct à l'exécution du puzzle chabrolien.

Les journées s'écoulaient donc ainsi, dans cette atmosphère à la fois concentrée et joyeuse, ponctuées de petits rituels immuables au nombre desquels un impromptu et tonnant coup de gueule quasi quotidien, une colère aussi brusque qu'elle était simulée, sans autre raison que de ne pas déroger aux habitudes et qui venait on ne sait d'où pour repartir nulle part, pour le plus grand plaisir de l'assistance.

On sentait Chabrol profondément heureux de tourner. Plongé dans son élément naturel – raconter des histoires et en décortiquer les moindres ressorts –, il s'épanouissait au centre de sa tribu, dont il recevait toutes les marques d'affection comme un vieux chef indien. Toujours prêt à s'amuser d'un rien, possédé par la *malice*, il travaillait cependant le plus sérieusement du monde avec l'enthousiasme d'un débutant et l'expertise d'un vieux de la vieille.

Cette cohésion, ce ciment naturel faisait du bien à voir, en ceci qu'il ne courait pas les rues dans cette prétendue grande famille du cinéma, constituée de branches diverses qui, comme dans toutes les familles, ont pour occupation préférée de se tailler les unes les autres, et pas seulement dans le but de favoriser la repousse. Rien d'étonnant en soi : le corporatisme a ses limites, et cela vaut pour toutes les professions plus artisanales qu'industrielles, saltimbanques comme chocolatiers-confiseurs, et toutes les échelles, du marchand de soupe au chef étoilé.

D'ailleurs, pour en finir avec cette fable de la grande famille de l'industrie cinématographique (qui devient occasionnellement une *familia grande*, quand des Brisseau ou Polanski s'en mêlent), il n'est que de voir comment tourne généralement son banquet annuel, les César. À force de fréquenter les cérémonies de près, sur scène ou dans la salle, j'ai fini par comprendre qu'elles se déroulaient toujours en observant scrupuleusement le processus classique du deuil (95 % des concurrents en repartent les mains vides) et ses sept étapes obligées.

Choc et déni d'abord, en réalisant que c'est le voisin de rangée qui a décroché la timbale – avec toutefois obligation de faire quand même bonne figure au cas où la caméra serait fixée sur vous.

Puis la douleur monte en puissance : les dés sont jetés, on a bel et bien perdu et on ne reviendra pas en arrière. La caméra étant toujours dans les parages, impossible de sortir une flasque d'eau-de-vie ou de gober une boîte d'anxiolytiques. Un soupçon de culpabilité vient pimenter l'instant : *C'est ma faute, je n'aurais jamais dû écouter le distributeur.*

Vient ensuite, naturellement, la colère. *Pourquoi lui, avec son film tout pourri, plutôt que moi ? Cette Académie, c'est que de la combine et de l'entre-soi, et de toute façon pour les comédies, c'est toujours cuit : ils veulent que du social qui tache. Pays de Molière ? Mon cul.*

La phase suivante, qui intervient généralement pendant que le récipiendaire n'en finit plus de remercier son équipe, et bien sûr sa famille, est celle dite du marchandage. Après avoir blâmé la terre entière, la victime commence à imaginer par quels moyens elle va sortir de ce bourbier. *Après tout, je fais partie des finalistes, j'aurai au moins été nommé. Nominé, comme ils disent, ces cons.*

Mais arrive le moment lucide de la dépression, la douleur sourde de celui qui comprend qu'il a raté l'aiguillage et qui frôle le renoncement. *À quoi bon ?*

Mon père avait raison, j'aurais dû suivre la filière pâtisserie.

Et puis, en réalisant qu'il n'est pas le seul et unique perdant de la soirée, le *nommé* reprend un soupçon du poil de la bête. Le faible rayon de la survie à une telle épreuve commence à poindre. La vie est longue, ce sera pour la prochaine fois. Alors arrive la phase finale, celle de l'acceptation : puisque l'on ne peut plus rien y changer, passons à autre chose. *Après tout c'est quoi, ce bout de ferraille compressée ? Et de toute façon je n'ai même pas de cheminée, et je n'ai pas fait mon rappel pour le tétanos. Allez, allons boire des coups avec toute cette bande de faux-derches. La vie continue.*

Cette longue parenthèse césarienne, histoire de rappeler que Chabrol, avec sa soixantaine de films, ne fut jamais césarisé malgré les trois nominations accordées à *La Cérémonie* (des César). (Pas plus qu'il ne fut *césardhonorisé* – à son grand soulagement, lui qui confiait un jour : « Je viens d'être victime d'une tentative d'assassinat de la profession : on m'a proposé un César d'honneur. »)

Étant donné la détestation dans laquelle il tenait ce genre de célébration eucharistique du métier, je ne pense pas que cela ait suffi à troubler le sommeil de cet homme juste, ce maître de l'ironie qui, hors tournage, ne préférait rien tant que la fréquentation de son canapé. Et quitte à regarder la télé, que ce fût plutôt pour essayer de trouver *Le Juste Prix*, ou se laisser étourdir par la poésie de *Tournez manège*.

Tous ces souvenirs me tombèrent dessus en avalanche, un beau jour, alors que je me promenais le long de la mer, du côté de Cancale, et que le hasard avait guidé mes pas jusqu'au pied de la petite maison du tournage que j'évoquais précédemment, une bonne vingtaine d'années plus tard. Rien n'avait bougé, les rosiers grimpants partaient toujours à l'assaut des pignons, les murets en surplomb avaient résisté aux milliers de marées et tempêtes de la baie du Mont-Saint-Michel, et la maison tenait toujours fièrement tête à la mer, havre de pêcheur la journée, décor stevensonien à la nuit tombée…

À une nuance près : le bien-aimé Chacha avait cassé sa légendaire pipe une bonne dizaine d'années plus tôt. Il laissait en chemin sa fidèle bande éplorée, une soixantaine de films, quelques écrits, sans oublier une pipe à son effigie, modèle unique bien entendu, sculptée en son honneur, lunettes comprises, dans la bruyère la plus rare. Distinction suprême, pour un homme qui avait poliment décliné tous les autres honneurs et hochets habituellement distribués aux représentants des arts et des lettres, comme on jette du grain à la volaille, pour récompenser leur participation au rayonnement culturel national.

On m'avait présenté cette curiosité à Saint-Claude, capitale mondiale de la pipe, où je tournais un épisode de *La Gaule d'Antoine* (une gaule sans pipe, lorsqu'on traverse le Jura, étant tout à fait inenvisageable). Au cœur du musée consacré à ladite pipe trônait un portrait de Chacha, entouré d'autres pipophiles célèbres tels que Simenon, Audiard, Blier, Brassens, Tati ou le président Félix Faure. Bien que je n'eusse moi-même pas touché une pipe depuis une quarantaine d'années – une fois passée ma période Sherlock Holmes qui m'avait convaincu d'adopter l'accessoire indispensable du célèbre détective (la pipe, pas la cocaïne) –, j'en retrouvai instinctivement l'usage.

Entre-temps, soucieux de coller à d'autres mythologies (le cow-boy, le privé du film noir, Claude Sautet, l'affranchi scorsesien, etc.), j'étais passé à la consommation compulsive de cigarettes classiques, allumées nerveusement, d'un air farouche, contre le vent mauvais du destin. Revenir à la pipe après des années d'abstinence nicotinique me rapprochait évidemment plutôt, l'âge étant là, d'un oncle Paul installé au coin du feu pour gaver ses petits-enfants d'histoires édifiantes, mais rapidement le plaisir l'emporta sur le souci de l'image.

Et c'est donc comme un vieux loup de mer déambulant nostalgiquement sur la grève, après moult campagnes au merlan bleu dans l'Atlantique nord, que je tombai, par le plus grand des hasards – mais va savoir, avec le *hasard* –, sur la petite maison de Cancale et les mânes de Chacha. Quelques jours plus tard, il m'apparut en rêve pour m'offrir l'une de ses fameuses pipes dont, bouclant la boucle, j'espère récupérer un jour un exemplaire après en avoir fait la demande officielle par avance à Cécile et Thomas. Grâce leur en soit rendue, et paix à ses cendres.

Roule Britannia

La première fois que je mis les pieds en Angleterre, au début de l'été 1966, à l'occasion d'un séjour linguistique, la réputation de la France y avait retrouvé un peu de lustre grâce aux Beatles et aux quelques mots de français contenus dans la chanson « Michelle ». Ma connaissance de l'anglais ne me permettait malheureusement pas de comprendre le reste du texte, et on m'avait donc expédié dans une famille de la banlieue londonienne afin d'y acquérir les rudiments.

À cette époque, se rendre à Londres restait une expédition, un voyage. Entre le train, le ferry puis le retour du train, on avait l'impression de mériter la destination plus que de la gagner, et le sentiment d'éloignement n'en était que plus fort. Quant à celui de dépaysement, il me sauta très vite aux yeux que peu d'endroits sur Terre seraient capables de rivaliser, et il me faudrait attendre de nombreuses années avant de retrouver ce sentiment de décalage total, comme celui que j'éprouvai par exemple au Japon, ou dans la partie flamande de notre voisine Belgique.

Ma longue histoire avec l'Angleterre aurait pu démarrer sous de meilleurs auspices. Les trois semaines que dura mon séjour me donnèrent un aperçu de l'éternité. Ma famille d'accueil se composait classiquement d'un couple et de ses deux enfants, un garçon de mon âge et une fille aux portes de l'adolescence – mais les ayant déjà bien poussées. Ils résidaient à Twickenham, banlieue du sud-ouest de Londres célèbre pour son stade dédié au rugby à XV, une discipline qui me passionnait à peu près autant que l'aviron en équipe, autre pratique locale. Concernant le rugby, de longs séjours au stade lors de samedis généralement pluvieux, en compagnie de mon père qui commentait parfois les matchs, n'avaient pas, à l'époque, réussi à me convaincre de l'intérêt à vouloir à tout prix posséder un suppo géant pour le pousser de force dans le camp adverse. Quant à l'aviron, si j'en trouvais le spectacle charmant, le charme en question s'évanouissait trop rapidement pour que j'y succombe.

Le père de famille était moustachu. Il travaillait comme décorateur à la BBC, et comme il nous emmena un jour visiter un studio, ce fut la première fois que je mis les pieds à la télévision anglaise. Son épouse était une femme au foyer occupée à faire pousser deux enfants à fort caractère, et elle débordait d'attentions pour le petit Français, lui faisant goûter moult biscuits maison et autres *jellies* aux couleurs radioactives, aussi goûtues, j'imagine, qu'un implant mammaire auquel elles faisaient irrésistiblement penser. Je me souviens même qu'en guise de pot de bienvenue, elle m'avait proposé ce qu'elle imaginait être le délice suprême : un verre de lait tiède dans lequel nageaient quelques huîtres, devenues de fait laiteuses.

On pourra ici me reprocher de vouloir amuser le lecteur aux dépens de la gastronomie anglaise, éternelle ambulance sur laquelle tirent de bon cœur les Français, rassurés de vérifier que sur ce point-là au moins, ils dominent toujours leurs perfides et historiques rivaux. Mais le fait est que dans ces années-là, la cuisine anglaise (si l'on peut dire) n'avait pas encore opéré sa révolution copernicienne, ni sa fusion avec d'autres cuisines exogènes, et qu'elle était littéralement – exception faite du petit déjeuner – révoltante, y compris pour un palais préadolescent né de l'autre côté de la Manche.

Pour compléter le tableau de ma famille d'accueil, les deux rejetons de ce couple éminemment sympathique représentaient ce qu'on considérait encore à l'époque comme les deux sexes dominants de notre espèce : une fille, dont le souci premier était de s'éloigner de sa maison pour mieux aller festoyer avec ses nombreux prétendants, et un fils plus jeune qui tenait absolument à vérifier sur mon anatomie intime la différence possible entre testicules français et testicules anglais. (Approche, on l'aura compris, gros-nez justifiée par une certaine attirance pour ma jeune personne.)

Mon séjour s'écoula avec la lenteur irréelle d'un fleuve qui coule paisiblement, comme c'était le cas de la Tamise à quelques centaines de yards de la maison, sur le cours de laquelle des équipages d'aviron glissaient plus ou moins énergiquement. Les visites dominicales à Londres nous ramenaient toujours vers les principaux points d'attraction touristiques : Hyde Park, le changement des gardes, les lions de Trafalgar Square, la Tour de Londres, de mystérieux matchs de mystérieux cricket, et *tutti quanti*.

Expéditions que je narrais ensuite avec soin dans un cahier que j'illustrais de tout ce qui me tombait sous la main – emballages, étiquettes, vignettes, photos de journaux –, au son des chansons de l'époque qu'écoutait la grande sœur. À première vue déjà, les Kinks me semblaient plus excitants et sexy que ce que nous écoutions en France – à l'exception bien sûr de Jacques Dutronc, Nino Ferrer et Serge Gainsbourg (découvert incidemment grâce à ma mère puisqu'elle lui avait consacré un *Rendez-vous avec…*).

Quant aux éventuels progrès dans la langue de Shakespeare, raison première de mon séjour, ils furent loin d'être spectaculaires, mais je crois que c'est là que je commençai à cultiver ma différence, comme on dit dans les ouvrages de développement personnel – un mantra qui achèvera de rassurer tous ceux, et ils sont nombreux, qui ont des problèmes avec les accents, comme tous ceux persuadés, souvent à tort, de ne pas en avoir.

Bref ce fut là mon premier contact avec la langue – au sens figuré – anglaise. J'attendrais l'année suivante pour en compléter l'apprentissage, durant l'été 1967, en décryptant du premier au dernier mot les textes de *Sgt Pepper's Lonely Hearts Club Band*.

Et c'est sans doute à travers les Beatles que s'est tissé mon lien le plus fort avec la perfide Albion. Ils ouvraient la voie à la fameuse *British Invasion* – soit, pour ne citer qu'eux, les Stones, Who, John Mayall, Animals, Yardbirds, T. Rex, et autres Small Faces, ou sur la fin de la décennie les – toujours sous-estimés – Procol Harum, le premier Pink Floyd, ou bien sûr la cathédrale Led Zeppelin. Sans oublier, grâce à mes hôtes donc, les Kinks. Mais ce sont bien les Beatles qui furent la véritable porte d'entrée, eux qui déclenchèrent en moi une illumination quasi bouddhique à l'Olympia, en 1964, alors que j'assistais par accident à un concert dont Sylvie Vartan partageait l'affiche.

Parce que, bien sûr, les Beatles ne se résumaient pas à un groupe de musique, si géniale fût-elle. Tout comptait chez eux : leur attitude, leur liberté, leur imagination, leur goût de l'exploration, leur énergie et, cerise sur un gâteau déjà ultra-nourrissant, leur sens de l'humour et du non-sens. Grâce à eux, je me mis sous perfusion anglo-saxonne directe, et ils furent mon accès royal à *un état d'esprit* qui permet de littéralement marcher sur l'eau (comme Peter Sellers dans le dernier et sublime plan de *Bienvenue Mister Chance*, le bijou de Hal Ashby, dont la réplique finale a valeur de mantra : « *Life is a strange state of mind* »). Je leur dois notamment ce goût pour l'absurde et l'incongru, développé à tel point avec le temps qu'il a fini, mélangé à mon ADN francaoui, par faire naître cette créature hybride qui vous parle en ce moment, une incarnation de la fameuse Entente cordiale.

Depuis ces années d'adolescence, je suis retourné en Angleterre à mille occasions, que ce soit pour y chercher des groupes qui venaient alimenter mes différentes émissions, pour y faire des interviews ou de la télévision, et même pour y tourner un film.

Et à chaque visite, dès l'instant où je pose le pied sur le quai de la gare de Saint-Pancras – après avoir subi des années durant l'humiliation si chargée d'ironie d'avoir à débarquer à la gare de Waterloo –, le charme opère de la même manière. Je suis dans mon autre *chez-moi*, une gigantesque demeure abritant des occupants dont la liste pourrait courir sur des pages et des pages, des Monty Python à Ricky Gervais en passant par Marianne Faithfull, Diana Rigg, Richard Hawley, David Bowie, Charlie Chaplin, Elvis Costello, Rowan Atkinson, Emma Thompson, Anoushka Shankar, Amy Winehouse, Tyson Fury, Lewis Carroll, Nick Lowe, Peter Sellers, Christopher Hitchens, Chrissie Hynde, John Lennon, Oscar Wilde, Jimmy Page, Alfred Hitchcock, Phoebe Waller-Bridge, Jonathan Swift, Paul McCartney, Jamie Hewlett, Charlotte Rampling, sans oublier bien sûr les Brittons eux-mêmes… L'influence considérable que tout ce petit monde eut sur moi, ajoutée au tropisme déjà cité de ma mère (*never complain, never explain*), acheva de faire de moi un anglophile convaincu. Depuis, j'œuvre sans relâche pour resserrer les liens entre nos deux peuples, jusqu'à tolérer que ma fille épouse un natif de cette île exotique.

Bien entendu, il y a – j'y reviens – l'obstacle de la langue. Pour ma génération, l'apprentissage de l'anglais n'allait pas de soi. Mes parents, surpris comme tout le monde en 1940 par l'arrivée tout en légèreté de l'occupant teuton qui n'avait pas eu le loisir de pratiquer l'anglais première langue, s'étaient obstinés à ne surtout pas apprendre cet allemand guttural, plus utilisé dans les circonstances d'alors pour aboyer des ordres de rafles que pour réciter la délicate poésie d'un Novalis. Ils avaient fait le choix, en cette période sombre où même les mots pouvaient s'avérer mortels, de garder tout simplement leur langue natale, et *a fortiori* les étrangères, dans leur poche.

Fort de cet héritage, le séjour linguistique et le décryptage attentif des textes des Beatles n'avaient pas tout à fait réussi à me rendre *fluent* et j'en développai un sérieux complexe semblable à celui que rencontre aujourd'hui mon gendre qui, bien que vivant la moitié de l'année entouré de Français et comprenant *grosso modo* tout ce qu'ils racontent – en tout cas jusqu'au troisième verre de vin –, s'obstine à ne pas prononcer un seul mot dans notre langue, certain que l'on saisira l'occasion (ce qui est très juste) pour se moquer de lui.

Mais un miracle se produisit. En 1963, un film réussit à lui seul l'exploit de redonner un peu de fierté à tous les jeunes Français soucieux de s'exprimer en anglais sans déclencher une cruelle hilarité. Il s'agissait bien sûr de *La Panthère rose* de Blake Edwards, un de mes cinéastes doudous dont je prescris la consommation immodérée de l'œuvre intégrale comme substitut miracle à tous les anxiolytiques du monde. Évidemment, le portrait qu'il brossait du peuple français n'était pas des plus flatteurs, le héros (l'inspecteur Clouseau, magistralement – le mot est faible – interprété par Peter Sellers) étant un con fini, mais le film était hilarant, et fit beaucoup pour la popularité de cet anglais *charming*, prononcé à la Maurice Chevalier *meets* Sacha Distel et propice à tous les malentendus possibles. (*You've got a rume ?*)

Me too, ma parole se libéra alors, et sans plus d'hésitation je me mis à m'exprimer en anglais, au point d'en faire une signature dans mes activités télévisuelles outre-Manche. Car oui, les hasards – ceux qui font parfois bien les choses – me conduisirent pendant une quinzaine d'années à mener une double vie – télévisuelle, s'entend – chez nos voisins.

Nous produisions à l'époque, sur Canal Plus, un magazine hebdomadaire de vingt-six minutes intitulé *Rapido*, consacré à l'actualité musicale et plus largement à la pop culture. J'avais pris le parti, à la fois pour des raisons de budget et de minutage, de réduire les plateaux de lancement à leur plus simple expression : plan-séquence immobile, graphique, et texte débité aussi rapidement que possible pour laisser plus de temps aux divers reportages qui composaient l'émission. Il se trouve que Janet Street-Porter, alors directrice des programmes de la BBC, était en vadrouille à travers l'Europe pour y chercher de nouvelles idées de programmes. Elle avait tilté sur *Rapido*[1], séduite par son

1. Cette énergique jeune femme, infiniment plus rock'n'roll qu'un Jean-Claude Bourret qui officiait au même moment sur TF1, avait en effet croisé la route d'un de mes partenaires de l'époque, l'inénarrable Tim Newman, un individu qui lui-même n'avait rien

format et son ton, et elle avait eu l'heureuse idée de l'importer dans son pays, me demandant, à ma grande surprise, d'en assurer la présentation. En anglais, donc.

Replaçons, si vous le voulez bien, la situation dans son contexte : nous sommes dans les années 1980, et on propose à un public anglais un magazine rock présenté par un Français ! Émulsion hasardeuse sur le papier, surtout quand on se souvient de l'opinion de John Lennon sur le rock français, qu'il considérait comme l'équivalent du vin anglais (une opinion largement partagée par ses compatriotes). C'était un peu, toutes proportions gardées, comme si un Anglais s'improvisait dentiste.

Mais *Rapido* eut l'heur de leur plaire, sans doute par son exotisme ou son approche respectueuse, qui jamais ne tomba dans la déférence. Grâce à l'émission, et je dis cela sans la moindre forfanterie, je devins (aux côtés de Sacha Distel et d'Éric Cantona) l'une des têtes de gondole d'extraction gauloise identifiées par ces farouches peuples anglo-saxons (autrement dit barbares, même si les historiens pourront me chercher querelle sur la pertinence de ce raccourci).

Le sentiment d'imposture avec lequel j'ai appris à vivre depuis longtemps trouva là une forme d'acmé tout à fait réjouissante, et nous en profitâmes, avec mon inséparable Peter Stuart, pour transformer l'essai de cette notoriété frémissante et occuper un peu plus le terrain télévisuel britton, comme les Brittons avaient occupé notre sol bien-aimé pendant la guerre

contre l'idée d'avoir plusieurs partenaires, ce qui lui valait une vie personnelle agitée que je raconterais ici avec plaisir si je ne craignais, même rétrospectivement, de lui attirer de sérieux ennuis – la prescription, dans le domaine sentimental, correspondant, c'est bien connu, à l'idée que chacun s'en fait.

de Cent Ans. Un prêté pour un rendu, comme on dit, même si l'idée d'être assimilé à un rendu n'a rien, je vous l'accorde, de glorieux.

Nous en profitâmes surtout pour produire deux, trois émissions comme ce magazine de la mi-journée, *Love in the Afternoon*, entièrement féminin et *bitchy*, dans lequel je jouais le rôle du Français de service dispensant également conseils gastronomiques et comportementaux, et se livrant bien évidemment à tout ce qui pouvait s'apparenter à une forme de séduction en usant de son *gallic charm*. Ou encore ce talk-show, sobrement baptisé *Le Show*, enregistré en public à la BBC, qui laissait la part égale au *talk* et au *show*. Les Anglais ont toujours eu une longueur d'avance en ce qui concerne la représentation des minorités à l'antenne de leurs chaînes de télévision : quand bien même je ne sais pas si c'est sous cet angle-là qu'ils avaient approché notre collaboration, le fait est que là encore, un Français se retrouvait propulsé *frontman* d'une émission d'une certaine ampleur.

José m'avait accompagné dans l'aventure. Vêtu d'une longue et moulante robe rouge en lamé, brillant de mille feux comme une boule à facettes dont, quoi qu'il en dise, il avait à peu près la forme, une longue perruque dalidienne sur le crâne, il menait à la baguette un orchestre féminin de mambo, ouvrant en fanfare l'émission et la ponctuant de virgules entraînantes. Nous l'avions rebaptisé *Hairy Man in a dress* tant il était vrai que son abondante pilosité ibérique ne pouvait laisser subsister aucun malentendu quant à son sexe d'origine. José se démenait avec l'énergie volontaire qu'on lui connaît pour impulser un peu de groove latin à l'entreprise. Il avait pour particularité de ne jamais comprendre un mot de ce qui se disait sur le plateau, mais acquiesçait néanmoins joyeusement, même lorsque je lui demandais son opinion sur tel ou tel sujet.

La véritable étrangeté du projet tenait cependant au fait que, à l'exception d'un Boy George par exemple, nous recevions principalement des invités français, comme David Ginola ou Vanessa Paradis. Nous nous retrouvions donc à converser en anglais, ce qui nous amusait tous au plus haut point, y compris le public du studio, ce qui est un détail non négligeable dans ce genre de configuration. (Je parle ici en connaissance de cause, ayant fait l'expérience d'autres plateaux où ledit public semble à ce point apathique qu'on le dirait empaillé.)

Ces diverses expériences télévisuelles trouvèrent leur point d'orgue avec *Eurotrash*, qui pendant dix ans permit à toute une génération d'Anglais d'entrevoir furtivement ce que leur éducation répressive tenait pour tabou : la beauté de la nudité et les différents moyens de se divertir avec son corps. L'émission avait aussi pour but de les réconcilier avec l'idée de l'Europe, en leur montrant à quel point on s'amusait davantage sur le continent que sur leur petite île pluvieuse et ventée. Mission dont force est de convenir qu'elle a totalement échoué – même si je me refuse formellement à prendre ma part de responsabilité dans le choix atterrant du Brexit. *Eurotrash* permit de mettre un peu plus le pied français dans l'encoignure de la porte anglaise, et fournit à Jean-Paul Gaultier l'occasion de faire ses premiers pas télévisuels, qui plus est dans une langue qu'il maîtrisait nettement moins bien que la couture.

Mon Angleterre est faite de mille souvenirs qui se télescopent dans ma mémoire pour former une seule et même image. Comme ces joggings à l'aube dans Hyde Park, dans les années 1980, quand j'écoutais au casque les dernières productions d'XTC ou d'Elvis Costello ; cet entretien dans un pub avec Shane MacGowan, le chanteur des Pogues, qui me postillonnait au visage sa joie de vivre dans un éthylisme constant ; la visite privée du studio 2 d'Abbey Road où l'on m'accorda le privilège inouï de passer seul quelques instants en compagnie des fantômes qui y avaient accompli de tels prodiges ; la conférence de presse houleuse des Clash à l'occasion de la sortie de *London Calling* ; ces heures de casting dans un bureau de Charlotte Street pour auditionner et distribuer les rôles anglais de *Monsieur N* et *Désaccord parfait*, et l'étonnement qui naissait chaque fois du niveau de jeu et de professionnalisme des intéressés ; ces restaurants d'après spectacle dans l'East End, comme Sheekey's où l'on se retrouvait à dîner à côté de Cate Blanchett ou de Ralph Fiennes tout juste sortis de scène ; ce match de catch féminin dans une salle de l'East End, toujours ; et l'expo de Jamie Hewlett à la galerie Saatchi, les cigarettes Black & White sans filtre dans leur boîte métallique, les flâneries autour du 221b Baker Street, le domicile littéraire de Sherlock Holmes, Eddie Izzard partant en free-style dans un théâtre de Covent Garden, ou la promenade à vélo avec Paul Smith dans le quartier du même nom.

Car bien sûr, il y a Paul Smith. Un concentré à lui seul des raisons d'aimer l'Angleterre, en dépit de tous les clowns de la famille des Bojo, sinistrement revenus sur le devant de la scène. Mais j'y reviendrai. Rappelons seulement qu'après s'être converti avec le succès que l'on sait dans la mode, grâce à son fameux *classic with a twist*, Paul fut annobli, en 1994, et devint, tout comme Isaac Newton ou Ringo Starr, un Knight Bachelor. Sir Paul Smith.

Les Français sourient volontiers, et avec une certaine condescendance, à ces pittoresques vanités britanniques, à ces décernements de colifichets monarchiques – oubliant souvent à quel point la plupart d'entre eux sont prêts à faire le beau et à tendre la papatte pour obtenir un de ces hochets napoléoniens du type Légion d'honneur ou autres distinctions si généreusement distribuées qu'elles ne distinguent plus rien, entre le pompier héroïque, le sportif méritant et le chanteur de variété en fin de cycle.

Une fois de plus, nous serions bien inspirés de considérer la poutre dans notre œil avant de brocarder la paille que le voisin a dans le nez, car c'est aussi là que se trouve le cœur de la *britishness* : le sérieux de l'apparence aussitôt retourné – subverti même – comme la peau du lapin de Lewis Carroll. L'esprit de sérieux toujours débordé par celui du non-sens.

Décisif, le moment

Après avoir finalement renoncé à une carrière de batteur, et mis à l'épreuve les nerfs de mes voisins comme ceux des malheureux qui avaient accepté de me laisser participer à l'aventure du groupe Whoa Babe ! (hélas corps et biens disparu des mémoires comme le *Titanic* disparut de la surface de la mer), j'ai caressé un temps le rêve de devenir reporter-photographe, comme si je décidais de m'attaquer, après l'ouïe, à un deuxième sens, la vue, qui pourtant ne m'avait rien fait lui non plus.

Je pratiquai alors intensément la photo et m'attelai à toutes les questions aussi passionnantes qu'essentielles qu'elle pose en matière de cadre, de profondeur de champ, de contraste, de mise au point, sans parler du fameux *instant décisif* de Cartier-Bresson (dont le travail, comme celui de Robert Doisneau, Willy Ronis ou Robert Capa, m'a touché très tôt). Je photographiais à l'aide d'un Leica M3 gracieusement prêté par un chansonnier redouté de l'époque, qui en pinçait pour ma mère redevenue célibataire, dans le but à peine caché de s'attirer les bonnes grâces de l'adolescent naturellement exclusif que j'étais. Et je photographiais à peu près tout ce qui bougeait, en insistant parfois lourdement pour que ça arrête de bouger, précisément, le temps de faire mes réglages.

Cette photographie-là n'avait qu'un rapport très éloigné avec celle qui se pratique aujourd'hui, où l'on ne prend même plus la peine de passer par un viseur pour shooter tout et n'importe quoi, mais où l'on se contente de vérifier rapidement sur l'écran d'un portable – entre deux coups de fil, une vérification sur Google, une notation sur Tripadvisor, un commentaire sur un autre réseau social – si le sujet qu'on estime digne d'une *prise* de vue rentre bien dans le cadre, qu'il s'agisse du contenu de son assiette, d'un coucher de soleil, d'un chaton particulièrement *kawaii*, d'un selfie au côté de la célébrité locale ou d'un monument historique type Arc de Triomphe pour attester, à la surprise générale, qu'on l'a bien approché d'aussi près.

La nuance est de taille. D'abord parce qu'à l'époque il fallait réfléchir, même instinctivement, au rapport entre vitesse et ouverture, à la sensibilité du film, au choix de mise au point, et surtout à la manière dont l'œil, seulement concentré sur cette activité, se décidait à cadrer. Autant de questions passionnantes auxquelles venait s'ajouter l'incertitude du résultat final, puisqu'on devait attendre le développement de la pellicule pour vérifier qu'on ne s'était pas fourré le doigt dans l'œil, justement. Pour le photographe en herbe que j'étais, développement et tirage étaient partie intégrante du processus photographique, qui touche aux frontières du merveilleux.

C'est pourquoi, quand l'opportunité se présenta, une fois le bac en poche, de pouvoir être pris comme stagiaire à la toute nouvelle agence Sygma (constituée d'anciens de Gamma ayant fait sécession), je me précipitai le cœur battant dans les premiers locaux de la rue Réaumur où j'eus le privilège d'être initié aux joies et délices du labo photo, et de découvrir la virtuosité des tireurs (une profession de l'ombre si l'on peut dire, seulement goûtée à sa juste valeur, et c'est regrettable, par les amateurs). Le miracle de ces images qui apparaissent doucement dans les bains de révélateur où s'activent cristaux et sels d'argent après avoir été retouchées par un jeu d'ombres et de caches, le recueillement et la précision des manipulations, cette ambiance sereine dans la douceur de la lumière rouge, tout cela confère à ces moments une touche de pure magie.

Mais l'essentiel du travail était d'une autre nature. Il s'agissait, en cette époque pré-Internet, de classer et ranger au fur et à mesure de leur arrivée planches-contacts et diapos, après qu'elles avaient été triées une première fois par la direction de l'agence et les photographes. Je buvais littéralement les paroles de tous ces baroudeurs – les Henri Bureau, Alain Noguès, Christian Simonpietri – qui revenaient des différents fronts et ne pensaient qu'à y retourner au plus vite, rêvant du jour où je partirais sur leurs traces.

J'étais là en présence de l'aristocratie du photojournalisme, des têtes brûlées à force de s'être trop approchées du feu, dont les lettres de noblesse avaient pour noms le Chili, la guerre des Six Jours, le Viêtnam, le Sahel… Des soldats de fortune de l'image pour qui la vie était une aventure incandescente et dont j'avais l'insigne privilège de ranger les précieuses archives. Chaque jour, j'avais accès à l'intégralité de leurs images, y compris celles qu'aucun journal n'aurait pu publier en raison de l'horreur dont elles portaient l'obscène témoignage. Victimes de combats, corps suppliciés, dommages dits collatéraux de bombardements dans des pays lointains mais aussi, aux portes de Paris, les photos du crash du DC-10 de la Turkish Airlines au début du mois de mars 1974, qui avait fait trois cent quarante-six victimes. J'ai encore en mémoire ces images de corps déchiquetés, pulvérisés parmi les restes de carlingue, de sièges, d'objets personnels, qui m'avaient traumatisé en me faisant presque toucher du doigt une de ces tragédies à répétition dont le spectacle échappe heureusement à nos regards.

Mon quotidien était ainsi composé d'un étrange mélange entre mon désir de partir à mon tour à l'assaut du monde et d'un brutal rappel à la réalité de sa violence. J'avais *vu* ce qui m'attendait, je ne savais pas quelle serait ma réaction en le *voyant* pour de bon. L'occasion m'en fut donnée fin novembre 1975, quand le général Franco se décida enfin à aller rendre des comptes à ce Dieu qu'il avait toujours si volontiers mis en avant pour justifier l'atrocité de ses crimes. Après des semaines d'une poussive agonie, il venait enfin de passer l'arme à gauche, geste surprenant venant d'un homme très à la droite de la droite la plus dure. Lui qui avait toute sa vie manqué de cœur, une insuffisance cardiaque l'avait emporté.

Il se trouve qu'en ce matin du 20 novembre 1975 l'agence était vide, tous les photographes ayant été envoyés en reportage, et Hubert Henrotte, un des trois cofondateurs de l'agence, me proposa de filer en Espagne via le Pays basque, où venaient d'être exécutés – au garrot – les derniers militants séparatistes, malgré un sursaut de l'opinion internationale pour tenter de leur sauver la vie en attendant que le Caudillo perde la sienne.

Je sautai sur l'occasion et, dans une voiture trouvée dans la précipitation, embarquai dans l'aventure mon copain Charly D. au titre de soutien moral et logistique. Nous traversâmes la France d'une traite pour parvenir à la frontière espagnole en début de soirée. Les petites routes du Pays basque grouillaient de véhicules de la

Guardia Civil, on entendait çà et là quelques coups de feu dans la montagne, et des barrages filtrants vérifiaient l'identité des occupants des véhicules et le contenu des coffres.

Les deux touristes en goguette que nous prétendions être, notre connaissance plus que sommaire de la langue espagnole et l'absence d'armes dans la boîte à gants – comme celle de carte de presse dans nos papiers – nous permirent de continuer notre route, le cœur battant comme si nous étions de dangereux conspirateurs, jusqu'à un village situé entre San Sebastián et Zarautz d'où était originaire l'un des condamnés.

Comme je ne savais pas très bien quoi photographier – pas de manif spontanée ou annoncée, une ambiance hautement instable, la date de l'enterrement encore secrète… –, j'avais décidé de me rendre sur le lieu de naissance d'un de ces jeunes hommes qui avaient choisi sans attendre de mettre leur vie en jeu alors que le franquisme était lui-même condamné. Je voulais essayer de comprendre par l'image (c'est Alain Noguès qui m'avait appris qu'une bonne photo devait pouvoir se passer de légende) ce qui les avait conduits jusqu'au sacrifice. Autrement dit, un reportage d'ambiance sur les lieux, les personnages et les proches, plutôt qu'une image choc dont je ne voyais de toute façon ni l'opportunité ni la nature.

J'avais fait le choix du noir et blanc, dont la sobriété et l'intensité s'adaptaient parfaitement à l'humeur de l'histoire. Nous étions à la fin de l'automne, sous un ciel lourd dans cette atmosphère de deuil, et l'idée de pimper un peu tout ça par des couleurs chatoyantes ne m'avait même pas traversé l'esprit.

Évidemment, il ne se passait rien de spectaculaire dans le village, qui n'avait à offrir qu'une ambiance plombée, des mines accablées, un sentiment général de désolation. La vieille carne dictatoriale avait entraîné dans la tombe ces jeunes gens révoltés, et seules demeuraient la sidération, la tristesse et une colère sourde, encore trop fraîche pour s'exprimer. En discutant avec les gens dans notre sabir à Deux Mille (la version *low cost* de la méthode Assimil), nous obtînmes l'adresse de la mère d'un des suppliciés et, nous donnant du courage, nous allâmes frapper à la porte de cette malheureuse.

La femme qui nous ouvrit, toute de noire vêtue, le visage raviné par des heures de larmes, nous fit bon accueil. Je lui expliquai la raison de notre visite, notre long périple de Paris et ce besoin de comprendre et de témoigner de l'histoire de son fils auprès de l'opinion internationale. Elle sembla touchée par le long chemin que nous avions parcouru, et ne perçut pas en nous de ces vautours du journalisme – dont le nid semble s'être déplacé aujourd'hui au cœur des chaînes d'info continue – qui s'abattent sans les moindres égards, et à n'importe quel prix, sur leurs cibles pour en arracher un peu de chair, avant de redéployer aussi vite leurs ailes vers l'affaire suivante.

Après avoir expliqué à la famille en deuil réunie autour d'une cheminée la raison de notre visite, qu'une série de sourds grommellements sembla approuver, elle nous pria d'attendre quelques instants et disparut le temps d'aller chercher une photo, un portrait de son fils qu'elle nous exhiba fièrement. Nous laissant à peine le temps de découvrir son visage, elle plaqua l'image contre sa poitrine et, dans une posture où se mêlaient l'orgueil et l'accablement, elle me défia de faire *ma* photo. Je fis en sorte de ne rien laisser paraître de mon émotion et pris quelques clichés, abasourdi par le courage, la détermination et la dignité de cette femme.

J'avais la conviction intime que c'était là l'image qui les résumait toutes, d'une lecture immédiate et universelle, et que rien ne pourrait approcher de ce geste sublime. Et effectivement, toutes les autres photos d'*ambiance* que j'avais imaginées dans ce décor basque, en compagnie de proches, d'avocats ou de militants, me parurent bien fades en comparaison. Je mitraillai, si je puis dire, pour la forme et pris le chemin du retour.

La douche froide qui m'attendait à Paris eut le mérite de dissiper brutalement l'idée faussement romantique que je me faisais de ce métier. Mon patron, Hubert Henrotte, m'informa d'abord que depuis quelques années déjà la presse dans son ensemble avait fait le choix de la couleur plutôt que du noir et blanc, et que, dès la fin du XVIIIe siècle, le magazine *Le Cabinet des modes* avait privilégié cette option. Il m'expliqua ensuite, sans trop tourner autour du pot, que cette approche impressionniste du reportage photo avait sans doute son charme et pourrait intéresser un galeriste de Saint-Germain-des-Prés en liquidation judiciaire, mais que pour la presse en général, c'était juste « de la merde » (je reprends ses termes dans leur nue crudité) et que je devrais toujours garder en tête cette réflexion qu'adresse le commissaire Dreyfus à l'inspecteur Clouseau dans *La Panthère rose*, quand ce dernier se perd dans des explications foireuses : « Les faits, Clouseau ! Les faits ! »

Pour dire les choses simplement, il me fit comprendre que mon travail ne valait rien et que je serais bien inspiré d'envisager une autre filière, l'agriculture, à l'époque, manquant de bras… Ce que la presse réclamait, c'était du chaud, du bouillant, du visuel, de l'accrocheur… Que n'avais-je suivi l'enterrement des militants, si possible cercueil ouvert, la Guardia Civil dispersant les rassemblements à coups de crosse, éventuellement la chapelle ardente où avait reposé le corps du dictateur honni ? Pourquoi n'y étais-je pas allé Franco, avait-il même conclu avec ce sens de l'humour qu'il ne manifestait qu'en de rares occasions, les années bissextiles ?

Seule la fameuse photo de la mère posant en montrant fièrement le portrait de son fils trouva grâce à ses yeux, et le fait est que j'eus la semaine suivante les honneurs d'une publication pleine page dans le prestigieux hebdomadaire allemand *Stern*. Maigre consolation au cruel rappel à la réalité qui venait de m'être infligé. On n'attendait pas de moi une impression du monde, mais une représentation de celui-ci. Non pas un commentaire de plus mais une restitution, au plus près de l'os, de la réalité des choses. Le jeune poète maudit qui sommeillait en moi en fut assurément mortifié, mais le photoreportage y survécut, et j'envisageai donc plus ou moins sereinement un radical changement d'orientation.

Il se trouve que l'agence abritait un ancien reporter, Michel Parbot, qui lui, pour d'autres raisons, avait raccroché définitivement ses caméras. Il avait longtemps été journaliste pour l'émission mythique *Cinq colonnes à la une*, produite dans les années 1960 par les trois Pierre (Dumayet, Desgraupes et Lazareff, autrement dit trois cadors), un magazine de reportages arpentant tous les points chauds du globe. Parbot avait notamment couvert à plusieurs reprises le Viêtnam, et tellement joué avec le feu qu'il avait été fait prisonnier par les Viêt-cong et vu son meilleur ami, Michel Laurent, se faire abattre sous ses yeux en traversant une rizière (il fut le dernier journaliste à perdre la vie au Viêtnam, trois jours avant la chute de Saigon), avant d'être lui-même condamné à mort pour espionnage.

La nuit précédant son exécution, il avait réussi à s'échapper, s'enfuyant à travers la jungle avant d'être récupéré *in extremis* par une section américaine.

Ses années de reportage sur différents théâtres d'opérations, le spectacle répété des horreurs de la guerre, avaient eu raison de son équilibre nerveux. En 1974, il prit la décision de se tourner vers des reportages plus pacifiques. Nous avions sympathisé dans les couloirs de l'agence, et il m'offrit d'unir nos désillusions respectives en devenant son assistant sur un documentaire qu'il s'apprêtait à tourner sur la ville du Havre pour en raconter la vitalité et les activités du moment, des abattoirs de chevaux à la prestation de Michel Fugain et son Big Bazar dans un concert organisé par la municipalité. Un premier tournage riche en émotions qui réussit donc, dans la même semaine, à me briser le cœur et les oreilles.

Mais grâce à Michel Parbot, rencontre décisive, je me rendis compte que ma place était là : à raconter des histoires, à servir de passeur, de *go between* entre le spectacle du monde et la manière de le raconter. Mon monde à moi tournait autour des images, des mots et de la musique. Il ne me restait plus qu'à organiser tout ça.

Panica generale

Au nombre des risques professionnels il y a bien sûr celui d'y laisser sa peau, mais en général ce genre de fatalité se croise plus volontiers quand on exerce un boulot de décontamineur, élagueur, démineur ou homme-obus option *wingsuit*. Les métiers de l'audiovisuel comportent également certains risques pour la santé, mais ils sont plutôt d'ordre mental. Au lieu de mettre en péril la vie de ceux qui les pratiquent, particulièrement devant la caméra, il semblerait que la télévision allonge jusqu'au déraisonnable leur espérance de vie, ce qui explique l'obstination de certains – et bientôt je m'inclurai dans le lot – à s'accrocher à leur place comme des moules à leur poteau par marée d'équinoxe.

Non, ce n'est pas un métier de tout repos, et il peut même, dans de rarissimes circonstances, vous faire sentir le vent du boulet et le parfum du repos éternel.

Je parle d'expérience.

Il y a quelques années, une vague de vidéos inquiétantes fit son apparition sur la Toile. Sous le titre *DM Pranks*, on y découvrait des clowns au masque terrifiant qui piégeaient, la nuit venue et dans des endroits isolés et déserts du type parkings, souterrains, jardins publics, etc., de malheureux promeneurs.

Le dispositif était toujours le même : sous l'œil indifférent de caméras habilement disposées de façon à couvrir la scène à 360 degrés, un quidam faisait irruption dans le champ pour découvrir, surgissant des ténèbres, un clown armé, au choix : d'une hache, d'une masse d'armes, d'une batte de base-ball ou de tout autre objet contondant, qui se figeait sans raison dans une posture ne laissant aucun doute sur sa ferme intention d'occire sa malheureuse victime. La réaction de cette dernière, après un sursaut de panique plus ou moins sonore, était immanquablement de prendre ses jambes à son cou en hurlant de terreur, jusqu'à ce que le clown finisse par enlever son masque pour lui révéler qu'il s'agissait en fait d'une innocente caméra cachée. Soulagement après l'affolement, tout finissait par des rires nerveux…

Le succès viral de ces petites vidéos était spectaculaire, et nous avions choisi d'aller tourner un sujet sur ces cruels farceurs 2.0. Une enquête des fins limiers de la rédaction nous avait permis de localiser les auteurs dans la région de Pérouse, au sein d'une petite ville italienne d'Ombrie du nom de Mangione. Après quelques jours de négociation – leur activité étant bien entendu hors la loi –, ils avaient fini par accepter, et comme j'ai pour principe de toujours participer aux sujets qu'on tourne au lieu d'en rester le placide spectateur, il fut décidé qu'ils imagineraient un scénario dans lequel je deviendrais moi-même un de ces clowns cauchemardesques.

Nous nous envolâmes donc pour Rome avec la petite équipe habituelle composée d'un régisseur, de deux cadreurs, d'un ingénieur du son et de notre maquilleuse mascotte, sans oublier la tête de toutes ces jambes, l'irremplaçable Peter Stuart.

J'aurais dû dès le départ m'inquiéter des petits signaux d'alerte envoyés par la Providence. Par un de ces quiproquos auxquels sont à leur grand regret habituées les productions en vadrouille, les deux voitures de location qui nous attendaient à l'aéroport ne correspondaient évidemment pas à celles réservées depuis Paris. (On remarquera au passage, pour ce qui est des locations, que si le modèle désiré vient à manquer, c'est toujours celui de la gamme inférieure qu'on vous propose, jamais l'inverse ; plutôt la Clio que l'Audi A8 TFSI e bien connue des pratiquants de *go fast*, par exemple.)

C'est donc dans une Fiat 500 que nous nous blottîmes à quatre pendant que le reste de l'équipe et les deux mètres cubes de matériel se tassaient dans un break familial. Il pleuvait des cordes, funeste présage, et nous fîmes les deux heures de route nous séparant de Pérouse sous des trombes d'eau, alors que la nuit venait elle aussi de tomber.

C'est naturellement tendus, harassés et courbaturés que nous parvînmes à notre destination et fîmes une halte à l'hôtel pour y déposer nos bagages. Nouvelle surprise, le terme « hôtel » méritant ici d'être relativisé puisqu'il s'agissait plutôt d'un gîte tenu par un sexagénaire goitreux et sa très vieille maman – les deux n'étant cependant jamais présents ensemble au même moment, comme dans le film *Psychose*. Nous étions par ailleurs les seuls clients, et je dirai même les seuls clients depuis très longtemps puisque les cheveux et autres poils pubiens présents en masse sur les oreillers de la literie – et qui auraient fait le bonheur de la police scientifique – avaient nettement perdu de leur lustre et de leur souplesse. Les chambres, disons les cellules, étaient monacales, et d'ailleurs de sobres crucifix accrochés en tête de lit en constituaient la seule et minimaliste décoration.

Le cerveau des *prank clowns* nous avait donné rendez-vous dans une trattoria où il avait ses habitudes, et qui avait pour particularité d'être chaleureuse et accueillante comme un hall de gare vide (ce qui était le cas), éclairée façon mirador et affichant aux murs un beau début de collection de trophées de chasse, têtes de daims, de cerfs, de sangliers et autres renards qui surveillaient les lieux de leur regard vitreux. Heureusement, le patron compensait la torpeur des lieux par sa volubilité toute transalpine, nous expliquant qu'il avait zigouillé de ses propres mains tout le gibier exposé aux murs et que son restaurant était célèbre – à défaut d'être fréquenté, sauf ce soir-là, par tous les viandards des environs.

C'est le moment que choisit Matteo pour faire son entrée, encadré par trois membres de son équipe, et nous fîmes connaissance autour d'un plateau de charcuteries dégoulinant de cholestérol. Matteo était un garçon charmant, enchanté du succès que rencontrait son entreprise et des multiples vocations qu'il avait suscitées à travers le monde. Il débordait d'idées toutes plus diaboliques les unes que les autres pour piéger et terroriser ses contemporains, activité à laquelle il prenait un plaisir aussi potache que manifeste. Il voyait là la juste revanche d'un petit Italien ayant trouvé un moyen de survivre dans un contexte économique sinistré, et de conquérir le monde – au moins le numérique – sans bouger de chez lui.

Le seul bémol à ce réjouissant programme était le harcèlement des forces de l'ordre auprès desquelles de multiples plaintes avaient été déposées. Ses activités présentaient effectivement un trouble à l'ordre public, aux risques manifestes tant pour le coupable que pour la victime : le premier n'était de fait jamais à l'abri d'une réaction violente et impulsive de la seconde, et celle-ci n'était pas plus prémunie contre un malaise de type cardiaque, possiblement fatal.

Matteo me rassura du mieux qu'il put en m'expliquant qu'en règle générale, à quelques coups de sang près – et sans que celui-ci fût jamais versé –, il avait toujours réussi à désamorcer la situation, et que seuls des individus totalement dénués de sens de l'humour s'étaient décidés à porter plainte. De son côté, pour éviter toute conséquence fatale, il prenait grand soin à choisir scrupuleusement ses souffre-douleur. Pas d'enfants, bien sûr, ni de vieillards, encore moins de femmes enceintes, ou d'armoires à glace à silhouette paramilitaire… seuls des candidats dans la force de l'âge étaient retenus en sélection finale.

Il m'expliqua alors le scénario qu'il avait imaginé pour notre tournage. Nous allions nous installer en rase campagne, dans une station-service isolée qui passait en mode automatique une fois la nuit venue. Mon rôle consistait à débouler en total look clown du cirque Pinder, un masque sur la tête hideux à en provoquer une fausse couche chez une femelle alligator, équipé d'une tronçonneuse que je devais activer après m'être planté devant le véhicule de l'automobiliste choisi et avoir attendu qu'il ait quitté son siège, histoire d'anticiper le réflexe fâcheux d'un redémarrage brutal sur ma pauvre personne. Par une réaction naturelle, ma victime, saisie d'effroi, devait partir en courant dans la direction opposée, et là, *toctoc badaboum*, un second clown – incarné par Matteo – surgissait de l'ombre pour lui barrer le passage, traînant sur le bitume une lourde hache de bourreau. Doublement paniqué, le ou la malheureuse n'avait plus d'autre choix que de partir en hurlant dans la nuit pour sauver sa peau.

Fin de la partie. À charge pour Matteo et ses aides d'informer l'infortuné(e) qu'il ou elle n'avait pas affaire à deux psychopathes mais à une de ces célèbres *caméras cachées* à la renommée universelle. Caméras au nombre de huit, pour couvrir l'action sous tous les angles possibles, tandis que nos caméras à nous enregistraient, comme pour un *making of*, la situation dans son ensemble.

Il ne restait qu'à passer de la théorie à la pratique, et je découvris très vite les joies de la rase campagne ombrienne et ses froideurs automnales. Une fois le dispositif mis en place, nous nous embusquâmes pour attendre, tapis dans l'obscurité et communiquant discrètement par talkies-walkies. Moment ingrat que celui de l'attente, bien connu des chasseurs, des pêcheurs ou de ceux qui se risquent à appeler le standard d'un service administratif. En guettant anxieusement l'arrivée d'un imprudent venant faire son plein, je retrouvai des sensations d'enfance lorsque, caché derrière un muret, je retenais mon souffle jusqu'à l'arrivée d'un copain plus impressionnable que les autres, pour bondir devant lui au dernier moment en hurlant comme un possédé.

Une bonne quarantaine de minutes s'écoula lentement. Soudain, un bruit de moteur perça le silence cotonneux de la nuit, comme l'écrivait si justement Ludwig van Beethoven dans ses mémoires de guerre. Tout le monde retint son souffle, jusqu'à ce qu'une petite voiture vienne se garer devant l'une des pompes, conduite par un fragile vieillard. « On ne bouge pas », m'ordonna sèchement Matteo via le grésillement des ondes courtes. Nous laissâmes donc, presque à regret, cette proie potentielle repartir en toute sécurité, inconsciente du choc que nous venions de lui épargner. De longues minutes passèrent à nouveau, rendues plus longues encore par le calme trompeur de la nuit, l'immobilité et le froid qui commençaient à tous nous engourdir.

Un nouveau bruit de moteur se faufila à travers les ténèbres, comme l'écrivait toujours Beethoven à une époque où la surdité n'avait pas encore eu raison de ses tympans. Une autre voiture vint se garer au même emplacement, et nous étions prêts à déclencher le feu nucléaire quand, à nouveau, la voix de Matteo nous en dissuada.

« On ne bouge pas. »

Cette fois-ci, il s'agissait, l'appris-je plus tard, d'un policier local dont la réaction prévisible, en arrêtant toute la bande, aurait eu au moins le mérite de nous permettre de finir la nuit au chaud, dans le commissariat de Pérouse. Nous le laissâmes faire son plein en prenant encore plus soin de ne pas nous faire remarquer, et nous remîmes à attendre. Il était 2 heures du matin, et je dois avouer qu'une légère somnolence commençait à me gagner malgré mon déguisement de Bozo, comme elle gagne peut-être le lecteur de ces lignes qui se demande, comme je me le demandais moi-même, si c'est pour aujourd'hui ou pour demain.

Enfin – si je puis dire –, une demi-heure plus tard, un nouveau moteur plus pétaradant nous remit en alerte maximale. Il s'agissait à présent d'un de ces cyclomoteurs plus bruyants qu'une tondeuse, conduit nerveusement par un individu de sexe masculin dans la force de l'âge. Matteo me donna cette fois-ci le feu vert, juste après que le quidam eut arrêté son moteur et retiré son casque intégral.

J'éprouvais le même trac que pour une entrée en scène plus classique, et déboulai pour me planter devant le deux-roues et son conducteur, en m'escrimant hystériquement à essayer de faire démarrer cette putain de tronçonneuse. L'homme eut le mouvement de panique escompté en me découvrant, lâcha un juron dans cette langue que je maîtrise si peu mais dont, contrairement au scandinave, je perçois globalement le sens, et tenta de s'échapper dans la direction opposée. Et là, comme prévu, Matteo apparut, claudiquant vers le malheureux en raclant le sol de sa lourde hache à en faire jaillir des étincelles de rémouleur. Renonçant à sa trajectoire initiale, l'homme bifurqua brutalement pour s'éloigner vers une autre direction.

Il faut bien comprendre que je ne voyais de l'action que ce que les deux petites ouvertures percées dans les yeux du masque me permettaient d'apercevoir, et que, l'adrénaline aidant, j'avais le sentiment que la scène était à la fois proche et lointaine.

En revanche, ce que j'entendis très clairement, ce fut la voix de Matteo qui se mit à hurler : « *He has a gun !* » Je recadrai rapidement sur notre victime qui pointait effectivement un classique Beretta PX4 Storm vers mon partenaire de jeu, qui tentait, lui, les bras en l'air, de le calmer. Sans succès, puisqu'un coup de feu partit et le foudroya sans autre forme de procès. Il s'effondra directement et il n'avait pas touché le sol que la victime, devenue bourreau, tourna la tête vers moi.

Mes cheveux se seraient volontiers dressés sur ma tête s'ils n'avaient été collés sur mon crâne par le masque. Une terreur totale s'empara de moi, et en un éclair je vis ma dernière heure arrivée. On a raison de dire que le temps se dilate dans ces moments qu'on croit être les derniers. À la vitesse d'un algorithme en free-style, j'analysai et compactai la situation. Il n'allait pas me tirer dessus, au risque de tout faire exploser puisque j'étais au milieu d'une station-service. Ou alors il m'en voulait *vraiment*…

Toutes les émotions défilèrent dans ma tête en un mélange chaotique. J'allais mourir, dans les secondes suivantes… quelle ironie, finir ainsi, la nuit, dans une station-service d'Italie, déguisé en clown… je ne reverrais plus ni femme ni enfants… Était-elle douloureuse, cette balle qui allait me briser le crâne ? Que fallait-il faire, plonger au sol ? fuir ? Pourquoi personne de mon équipe ne cherchait-il à intervenir ? Et Dieu dans tout ça ? Drôle d'endroit pour une rencontre avec la mort… Tout ça pour *Ça*… ?

Mon réflexe de survie fut de tenter d'échapper au sort qui m'attendait, et de partir en courant. Je lâchai la tronçonneuse, fis volte-face vers l'arrière de la station et, avec toute l'énergie du désespoir, m'élançai comme je le pus, handicapé par mon costume qui voletait de toutes parts, par ce masque dans lequel je suffoquais et surtout par ces pompes en plastique dont la taille, un petit 58 fillette, rendait tout déplacement problématique, surtout sur sol humide. Mais je courus aussi vite que je pus, m'attendant à chaque instant à être stoppé net par un impact, le cœur battant à tout rompre, le corps tétanisé, couinant de pathétiques (pour ma dignité) et inutiles (ça ne ferait pas dévier la balle) « Putain, putain, putain… »

C'est alors que je distinguai dans mon dos plusieurs voix hurlant en italien. À bout de souffle, résigné à mon sort, je m'arrêtai et fis demi-tour pour affronter mon destin. Matteo arrivait en riant, son masque à la main, accompagné de deux ou trois complices tenant à bout de bras de petites caméras qui ne rataient rien de la scène et du tireur, lui aussi hilare. Et malgré mon état d'hébétude et de mort en sursis, je compris que toute cette mise en scène n'avait été qu'une gigantesque farce dont j'étais le dindon.

Je retirai mon masque, hors d'haleine, contraint de faire bonne figure puisque, en plus, ils enregistraient avec gourmandise mes réactions. D'un rire nerveux, je les assurai (*hahaha*) qu'ils m'avaient bien possédé (*ces petits crevards sur la gueule desquels j'aurais volontiers sauté à pieds joints pour patauger dans ce qui leur tenait lieu de cerveau*), que c'était de bonne guerre (*et j'aurais carbonisé au chalumeau leurs carcasses pourries d'Italiens de merde*) et que, décidément, question canular, ils méritaient la première place (*et après les avoir réduits en poussière j'allais m'occuper de leurs familles, et faire découvrir à tous ces viandards les joies de l'anthropophagie*).

On l'aura compris, jamais de ma vie je n'avais été saisi à ce point d'une frénésie de meurtre, d'un tel désir de passer à l'acte, alors que tout mon langage corporel racontait le contraire. Bien sûr, faisant de la télévision depuis quelques années déjà, il m'était arrivé de littéralement me dissocier – me demandant ce que je faisais là à écouter le brouet insipide de telle ou telle langue de bois au lieu de me livrer à d'autres activités plus gratifiantes, comme la pratique du cyclisme sportif ou la lecture de Philip Roth par exemple –, mais jamais je n'avais à ce point été atteint par une *furia* exterminatrice.

Mon équipe nous rejoignit, un peu penaude. Je les remerciai, ce sourire hypocrite me barrant toujours le visage, d'avoir fait l'impossible pour s'interposer, mus par une juste gratitude pour la main qui les nourrit, eux et leurs enfants.

Il me fallut un certain temps pour retrouver un pouls à peu près normal, et je me félicitai de ma longue pratique du sport, notamment des entraînements cardio qui avaient sans doute protégé mon pauvre cœur d'écarts potentiellement fatals. Et quand je finis par me calmer, je dus me résoudre à admettre que la bande de Matteo avait fait fort, et que si je n'en avais pas moi-même été la victime, la qualité et le raffinement de ce traquenard m'auraient tout simplement ravi.

Pour autant, je conservai un arrière-goût amer et coupable de l'expérience. Après tout, mon coéquipier s'était fait abattre sous mes yeux, à quelques mètres de moi, et au lieu de me précipiter à son secours, j'avais cherché à sauver ma peau. Cette lâcheté me poursuivait à son tour, et j'en parlais à qui voulait bien l'entendre.

Un garde du corps de mes connaissances, à qui je m'en ouvrais quelques jours plus tard, me permit de retrouver un peu d'estime personnelle en m'expliquant que dans ce genre de situation, soit l'homme armé est à portée de main et l'on peut, à la condition de connaître la technique, le désarmer et le mettre hors d'état de nuire, soit il se trouve à quelques mètres et là, que l'on soit Conor McGregor ou Bruce Lee, la seule option est de filer se mettre à l'abri sans réfléchir davantage.

Ce fut une consolation, et la seconde fut la promesse formelle que je fis à Matteo de lui rendre un jour futur la monnaie de sa pièce, même si, soit dit entre nous, je doute de jamais atteindre un tel degré de perfection.

La revanche du greffier

Je ne sais pas si les chiens ne font pas des chats, comme on dit, mais même si j'ai grandi avec des chiens, j'ai fini par leur préférer les chats. On a beaucoup écrit à leur sujet et mon intention n'est pas, je vous rassure, d'enrichir cette abondante littérature qui continue, année après année, à produire des ouvrages de toutes catégories – du plus pragmatique (*La Ronron-Thérapie*, *Miaou, le guide du parler-chat*) au plus raffiné (souvent des textes japonais, à l'instar des *Mémoires d'un chat* d'Hiro Arikawa) – comme si le chat, comme Napoléon d'une certaine manière, continuait à échapper à toute réduction définitive.

Une fois évacuée l'approche *kawaii* (autrement dit un penchant pour la *mignonceté* version nippone, à peu près inévitable quand on fait l'acquisition d'un chat en bas âge et qui vous offre l'opportunité – et cela vaut pour les cœurs les plus endurcis – d'une bonne vieille régression tout schuss), la compagnie d'un chat au quotidien est un réconfort que je recommande à tous, sauf bien sûr à ceux qu'une fâcheuse allergie pourrait transformer en bibendum expectorant et dégoulinant.

Quand j'observe le comportement des propriétaires de chien avec leur animal, je m'étonne par exemple toujours de cette habitude qu'ils ont tous de jeter un bout de bois à leur canidé que ce dernier s'empresse d'aller chercher pour le rapporter à son maître. Lequel le récupère – plus ou moins facilement, certains chiens refusant de lâcher l'objet comme s'ils savaient que l'étrange mammifère auquel ils sont soumis va s'empresser de le rejeter au loin, et cela *ad libitum*. Je me suis d'ailleurs souvent demandé – question aussi essentielle que celle de savoir si la lumière du frigo reste allumée quand on ferme la porte – si le maître se livrait à cette étrange et répétitive pratique dite du *lancer de bâton* pour faire plaisir à son chien, ou si c'est au contraire le chien qui s'épuise en allers-retours à fond de ballon dans le seul souci de faire plaisir à son maître, que cette activité semble réjouir au plus haut point.

Le comportement d'un homme avec son chien peut souvent laisser perplexe, et c'est un expert qui vous le dit puisque j'ai été témoin de la relation fusionnelle entre mon père et ses différents canidés, auxquels il alla jusqu'à consacrer un disque portant le titre sans équivoque de *Chien mon ami*, où il expliquait pendant trente bonnes minutes la raison pour laquelle il préférait les chiens aux sapajous capucins en général et aux hommes en particulier.

Entreprise originale, en ce sens qu'à ma connaissance peu nombreux furent les chiens qui se portèrent acquéreurs du disque en question, pour une raison qui tombe sous le sens (et à laquelle mon père aurait dû réfléchir) : l'accès aux magasins, y compris de disques, leur était alors interdit, sauf aux chiens d'aveugles (et tout le monde sait que quand un chien d'aveugle se déplace chez un disquaire, c'est plutôt pour un Ray Charles ou un Stevie Wonder que pour écouter un texte vantant ses propres mérites). Et comme les services de livraison à domicile étaient alors inexistants, c'est assez logiquement qu'un certain nombre d'invendus nous restèrent sur les bras. J'en ai hérité, et envisage de les monnayer afin de pouvoir nourrir mes chats – ironie à laquelle mon père aurait été sensible.

Car oui, je possède des chats, à moins que ce ne soit l'inverse. La faute initiale en revient à Oliver Stone, avec qui j'avais tourné non pas *Platoon* (à mon grand regret) mais un court sketch pour annoncer sa venue au *Grand Journal*. J'y tenais un adorable chaton que le méchant Oliver voulait – pour une raison que j'ai oubliée depuis – massacrer à coups de batte de base-ball. J'avais eu le malheur d'envoyer la photo du chaton à ma femme, qui, croyant me faire plaisir, l'avait adopté dans la foulée. Si bien que cette craquante petite créature, sortie tout droit d'un calendrier des PTT, m'attendait le lendemain soir à la maison avec ses grands yeux aussi étonnés qu'implorants. Nous le baptisâmes Max, plutôt que JFK, histoire de ne pas lui attirer le mauvais œil. Hélas, l'œil était déjà là et le jeune Max succomba rapidement à une forme foudroyante du coronavirus du chat.

Nous en fûmes très affectés, mais de la même manière qu'il faut remonter en selle après une chute de cheval – même si les chutes de chat sont moins fréquentes –, nous remplaçâmes Max par un de ses congénères, adopté auprès d'une association qui s'est fait une spécialité d'exfiltrer les chats réunionnais (une île où, semble-t-il, ils sont *persona non grata*, ce qui est doublement injuste puisqu'il ne s'agit pas de personnes et que s'ils se grattent, c'est parce qu'on ne prend pas suffisamment soin d'eux).

Un chat en amenant un autre, il fut rejoint quelques mois plus tard par une compagne, puisqu'il est de notoriété publique que le félin est fait pour l'autre. Et comme on dit très justement que deux ne va jamais sans trois, nous leur adjoignîmes un troisième spécimen, comme dans *Jules et Jim* (mais sans avoir recours à l'animalerie Truffaut). Pour que l'information du lecteur soit tout à fait complète, j'ajouterai que les trois greffiers furent baptisés, dans l'ordre d'apparition à l'image, Achille, Olympe et Ulysse – un indice, pour les moins perspicaces, quant à l'origine ethnique de la maîtresse de maison.

La compagnie des chats, au pluriel, est bien sûr exigeante en termes d'organisation. Il faut faire preuve d'une vigilance sans faille en matière d'hygiène, au risque d'avoir l'impression de se retrouver en week-end à La Madrague, et renoncer à bon nombre de matières fragiles, en particulier les tissus et autres tapis (y compris, paradoxalement, les persans). Sans compter que le chat vit sur un rythme biologique contraire au nôtre. Il se repose quand on s'active, il s'active quand on se repose.

Ce désagrément mis à part, la compagnie des chats est un pur délice, en particulier, l'histoire des lettres le montre, pour celui qui écrit. Les Anglais prétendent que la curiosité peut leur être fatale, et la preuve en est qu'Ulysse en particulier vient toujours jeter un coup d'œil à ce que je suis en train de *gratter*, même si, d'une manière générale, cela semble le laisser tout à fait indifférent. Je ne crois pas qu'il manifeste quelque sentiment que ce soit quand sa seule réaction consiste à traverser nonchalamment mon clavier – celui-ci se trouvant par extraordinaire sur sa trajectoire – pour y laisser un accidentel *Qclehoqfzearmoziafd* dont s'inspirerait le premier oulipien venu.

Je ne saurais donc trop recommander la fréquentation du meilleur ennemi de la souris.

C'est un animal discret, distant mais affectueux dès que la faim le tenaille, souvent mélomane (les miens aiment aussi bien Gonzales que Paul McCartney), joueur imprévisible, impassible ou électrique, prédateur discret mais redoutable, et, au-delà de tout, un mystère irrésolu.

Un de plus, me direz-vous, mais celui-là est à portée de main.

Rouler pour Annie

Chaque fois que mes pas m'amènent au croisement de la rue de Richelieu et de l'avenue de l'Opéra, devant les portes de la Comédie-Française, je ne peux m'empêcher de jeter un regard à la pendule accrochée à l'un de ces célèbres lampadaires parisiens sur lesquels ni le temps, précisément, ni Jean-Claude Decaux ne semblent avoir prise, et qui éclairent, impavides, le passage des piétons occupés désormais à consulter leurs smartphones plutôt que les splendeurs qui les entourent. En eussent-ils été équipés vingt ans plus tôt que je n'aurais pas créé l'attraction en allant m'installer à califourchon sur ladite pendule, à trois mètres du sol. Ce n'était pas de ma propre initiative, ni guidé par je ne sais quel excès de boisson, mais pour les besoins d'une photo imaginée par Annie Leibovitz à l'occasion d'une campagne American Express.

Deux raisons m'avaient poussé à accepter. La perspective d'une rémunération sans trop d'efforts, bien entendu – comme c'est toujours le cas avec la publicité, qui permet aux saltimbanques de se garantir provisoirement d'un avenir souvent instable et volatile –, mais aussi celle de passer une journée de ma vie en compagnie d'Annie Leibovitz, légende vivante du portrait et du photojournalisme dont j'admirais le travail depuis les années 1970 et ses unes de *Rolling Stone*, et qui avait vu – ou ferait – défiler devant son objectif Michael Jackson, Clint Eastwood, Whoopi Goldberg, la reine d'Angleterre, Bruce (la séance de *Born in the USA*), Susan Sarandon, Prince, Bowie. Elle était surtout l'auteure de la dernière photo officielle de Lennon quelques heures avant son assassinat, à poil, enlaçant sa Yoko.

Bien entendu, l'intimité partagée dans le cadre d'un shooting de cette nature est toute relative, l'équipe de production ressemblant à celle d'un long-métrage à l'ancienne, caravane pour le *talent* comprise. Mais il n'empêche… nous avions eu au moins le loisir de prendre un verre ensemble la veille pour faire connaissance, histoire qu'elle évalue à quel genre d'animal elle avait affaire, et qu'éventuellement cela lui inspire une ou deux idées pour la prise de vue.

Ce qu'elle en avait donc retenu, alors que j'avais pris tout mon temps pour siroter en sa compagnie un *whisky sour* – mon cocktail préféré de l'époque, en cette fin d'années 1980 –, c'est que j'étais un homme pressé (non pas d'en finir, mais d'une manière générale). Légèrement obsessionnel du vélo, j'avais longuement épilogué sur le sujet sans trop, je l'espère, l'accabler de cette passion débordante. Résultat des courses, cela lui avait inspiré deux photos très différentes. La première à vélo, justement, dévalant en costume Kenzo un escalier montmartrois, et l'autre assis sur l'horloge précédemment décrite, comme pour prouver qu'elle avait finalement eu raison de mon agitation perpétuelle.

J'eus donc tout le loisir d'observer Annie Leibovitz à l'œuvre, dirigeant son équipe avec l'autorité et la souplesse d'un bon metteur en scène, et réussissant, avec brio, à réunir dans le cadre son idée initiale et tous les paramètres de l'instant de la prise de vue.

Quelques années plus tard, elle devait refaire monter l'un de ses modèles sur un vélo : Lance Armstrong, alors quintuple vainqueur du Tour, cette fois sans cuissard, nu comme un ver pourrait-on dire, histoire de mieux apprécier le détail de sa musculature façonnée par des milliers de kilomètres à pédaler. Je me fis la double réflexion suivante : je l'avais échappé belle – expression de circonstance pour un coureur cycliste – en n'ayant pas suscité chez elle le besoin d'en savoir plus sur mon anatomie, et me désolais que les annonceurs n'aient pas eu l'idée d'associer Armstrong, l'Américain rapide comme un TGV, à American Express. Toujours est-il que je garde le souvenir d'être resté perché sur ce lampadaire suffisamment longtemps pour que des enfants finissent par me prendre pour cible en me tirant dessus avec ces primitives sarbacanes que sont les stylos Bic recyclés.

En tant que modèle, on ne juge pas seulement un photographe par la qualité du cliché qu'il produit, mais aussi par le climat de confiance qu'il parvient à instaurer entre lui et vous, ce fameux *lâcher-prise* qu'avec un soupçon de psychologie il peut parvenir à obtenir même des sujets (dont je suis) les plus rétifs.

J'ai toujours détesté poser, les poseurs d'une manière générale et les photographes en particulier, surtout ceux qui vous suggèrent de vous détendre. Sans doute des traumas de Photomaton de la petite enfance où l'injonction était de ne surtout pas bouger en fixant l'objectif, dans l'attente stressante du coup de flash. Et même si nous détournâmes par la suite, avec mes copains, l'usage initial du dispositif en photographiant des parties plus intimes de nos anatomies, assez éloignées de celles requises par l'administration pour les documents officiels, je me suis toujours retrouvé devant un appareil photo comme un hérisson traversant une départementale déserte et brumeuse, et découvrant à mi-chemin le semi-remorque déboulant pleins phares pour l'écrabouiller.

Comme tout le monde, avant de faire un métier public, personne ne m'avait jamais demandé de poser, hormis pour les traditionnelles photos de classe où l'injonction – résumant du reste l'idée que je me faisais de la scolarité – était là encore de *ne pas bouger*. Rétrospectivement, j'ai une pensée émue pour le malheureux photographe qui avait pour mission de dompter un troupeau d'une trentaine de têtes plus ou moins récalcitrantes et dissipées, aussi difficiles à immobiliser qu'une famille de macaques découvrant un régime de bananes intouché.

Bien sûr, il fallait aussi faire un arrêt sur image pour les photos d'anniversaire, au pied du sapin de Noël, avec les grands-parents, oncles et tantes, ou devant des paysages plus ou moins remarquables : une ruine gallo-romaine, un cirque de montagnes pyrénéennes, une plage, le pont d'un paquebot, une balançoire, sur le dos d'un poney, à vélo, avec une truite fraîchement pêchée, sur le chameau du Jardin d'acclimatation, devant un fronton basque, le tout *en souriant, si ce n'est pas trop te demander.*

C'est en passant de l'autre côté de la caméra qu'il me fallut me soumettre à l'exercice, dans un but professionnel et non plus pour encombrer des albums photos que je n'ouvrirai jamais sauf circonstances exceptionnelles telles que crise de sentimentalisme aiguë, ou besoin impérieux de revoir un visage disparu depuis longtemps et dont le temps (qui fuit comme un tuyau percé – toujours le week-end – et qu'aucun plombier n'a jamais réussi à colmater) commençait à estomper les contours.

C'est là que j'eus le loisir de découvrir la riche gamme des photographes et leurs différentes approches relationnelles avec leur modèle du jour. De celui qui vous enjoint de ne surtout pas bouger à celui qui, au contraire, veut que vous bougiez en permanence, que vous regardiez l'objectif avec conviction ou alors que vous regardiez tout – l'horizon radieux, vos pieds, en face, dans la même direction (aimer), à deux fois, le plafond, etc., celui qui vous stresse pour obtenir *quelque chose de différent*, ou encore celui qui cherche à vous détendre, façon spa, pour *retrouver le naturel*, je crois avoir essayé tous les cas de figure.

Résultat des courses, je n'aime toujours pas poser, alors que j'adore les photographes et la photo.

Et d'ailleurs, puisqu'il est question de souvenirs dans les pages de ce livre, j'en garde d'excellents de rois du clic qui ne me donnèrent pas envie de prendre mes claques. À commencer par Jean-Baptiste Mondino, croisé au tout début des années 1980, et à qui fut confiée la mission de figer l'image officielle de *Chorus* – c'est-à-dire votre serviteur, ci-devant producteur et animateur de l'émission –, fixant l'objectif ainsi qu'on le fait généralement à la télé tout en portant sous le bras, comme une boule de bowling, la tête étonnée – elle l'est naturellement – de son muet (à l'époque) *sidekick* Jacky. Mondino est devenu très rapidement un des photographes les plus créatifs et emblématiques d'une ère qui s'ouvrit dans ces années-là, pimpant l'image des Madonna, Alain Bashung, Tom Waits, les Rita Mitsouko, Prince, Keith Richards, Vanessa Paradis et tant d'autres, travaillant aussi bien pour la mode que pour la pub ou la musique, passant d'un support prestigieux comme *Vogue* à un simple fanzine avec ce second degré et cette distance qui auraient pu faire de lui un des meilleurs humoristes sur la scène encombrée du stand-up.

Et puis Mondino, pour ceux qui s'en souviennent, c'est également l'auteur du générique de *Rapido*, étincelant et intemporel bijou qui reste aujourd'hui aussi efficace, inventif et surprenant qu'à sa première diffusion en 1987 – soit deux ans avant la célébration du bicentenaire de la Révolution, ode pétaradante aux rêves d'un universalisme qui n'aura mis qu'une vingtaine d'années pour se rabougrir comme une peau de chagrin. Cette célébration fut d'ailleurs orchestrée avec faste par un Jean-Paul Goude qui me convainquit sans peine, quelques années plus tard, de poser en petit marin à pompon et culottes courtes, serrant dans ses bras un voilier modèle réduit et une poupée gonflable pour les besoins d'une campagne pour Galerie Lafayette. Là encore production mahousse-costaud, et j'eus le sentiment d'un décalage total entre le sérieux de la prise de vue et l'étrangeté de l'idée. J'en retiens surtout le souvenir de m'être beaucoup amusé en travaillant, gagné par le plaisir qu'il y a à fabriquer une image en extrayant son propre ego – à défaut de son narcissisme – de la fameuse *pose*. En deux mots, je parvins grâce à Goude à mettre sur pause sans pose.

Je parle ici bien sûr d'une relation toute personnelle à l'image – à la mienne en tout cas –, car je préfère l'instant volé à l'instant posé. Si les conditions réunies au moment du shooting comptent autant, parfois plus, que le cliché lui-même, je n'en éprouve pas moins une folle admiration pour les photographes qui parviennent à capturer quelque chose d'essentiel dans un portrait. Irving Penn, Elliott Erwitt, Richard Avedon, Peter Lindbergh en sont les exemples les plus reconnus, mais il m'est arrivé de croiser la route de maîtres du genre – les Patrick Swirc, Richard Dumas et autres

Marcel Hartmann par exemple – qui réussissaient le prodige d'aller toucher ce mystère quasi indéfinissable, celui qui fait la différence entre un portrait *révélant* l'essence d'un individu et un cliché lambda. Mystère qui s'applique bien évidemment aussi à la peinture : pourquoi reste-t-on confondu et troublé devant le portrait de *L'Homme aux yeux gris* de Titien quand celui de Louis-Philippe par Franz Xaver Winterhalter nous en touche une sans même que l'autre ne frémisse ?

Ce qui est certain, c'est que les photos conservent, à défaut de l'âme[1], un soupçon de l'instant saisi au moment de la *prise* de vue. Un instant le plus souvent *objectif*, jamais enfui, à jamais retenu. C'est sans doute la raison pour laquelle nous aimons à nous entourer de clichés que nous accrochons aux murs ou laissons traîner sur des étagères comme autant de discrets repères réconfortants, que l'œil ne voit même plus mais qui font l'effet de talismans apaisants.

Si par exemple je fais le compte des images (aussi bien privées que publiques) qui m'entourent au quotidien, je me rends compte qu'elles élaborent un petit univers dont la résistance au rouleau compresseur du temps m'environne d'un cocon illusoirement protecteur, mais qui contribue à mon fragile équilibre. Leur simple énumération, par exemple, suffit à m'apaiser et à produire sur moi le même effet qu'un de ces contes qu'on raconte aux enfants pour les aider à trouver le sommeil.

Comme un mantra personnel, j'en dresse ici l'inventaire qu'un lecteur impatient – à l'évidence intrigué

1. Comme le redoutaient les Indiens d'Amérique, qui étaient convaincus que quand le petit oiseau sort, c'est pour repartir avec l'âme de celui qui vient d'être photographié.

par ce qui se cache derrière cet intitulé : *Perso*, mais pas au point de pousser jusqu'à la découverte du décor intime de l'intéressé – sera dispensé de parcourir dans le détail. Ce n'est pas parce que l'auteur se fait plaisir que le lecteur doit souffrir, comme cela est souvent le cas dans des ouvrages bien moins recommandables que celui-ci.

Face à moi, donc, accrochés au mur, figés dans une attitude (eux qui n'étaient que mouvement et tourbillon) : mes parents. Ma mère à gauche, ravissante dans une robe en satin à rayures rose pâle. Elle fixe l'objectif, un discret sourire aux lèvres, à la fois doux et bienveillant. Elle porte les cheveux courts, parti pris d'une audacieuse modernité en ce tout début d'années 1960 où ses consœurs télévisuelles rivalisaient de choucroutes toutes plus garnies les unes que les autres.

À quelques centimètres, mon père, la clope au bec. (C'était un fumeur paradoxal, un an sur deux au seul prétexte de prouver à la nicotine que c'était lui qui décidait, et pas elle. Pour suivre sa logique, il devait donc se forcer à fumer à nouveau un 1er janvier d'année tabac, alors que l'envie lui en était tout à fait passée.) C'est une photo prise dans la rue d'une petite ville de province, lors d'une étape d'un Tour de l'Avenir, sans doute le premier en 1961, dont mon père assurait le commentaire après avoir fait celui du Tour de France deux ans auparavant. La photo le résume bien : en mouvement, décontracté, nonchalant, son éternel Eider en laisse, passant devant un groupe d'une dizaine de mécanos et directeurs sportifs qui le regardent d'un air amusé, groupés sur le perron d'un certain Hôtel de la Promenade.

À quelques dizaines de centimètres, une magnifique photo noir et blanc d'un Fred Astaire bondissant. Il fait d'une certaine manière partie de la famille puisque comme je vous le disais, ma mère considérait que son propre père, tôt disparu, avait un *petit air de Fred* (conviction entretenue à chaque – et fréquente – projection d'un de ses films dans un cinéma de quartier).

Accroché sous lui, à proximité de la fenêtre donnant sur la rue, un portrait noir et blanc de Clint Eastwood, le regard de biais comme s'il observait ce qui se passe au-dehors. Ce qui, si incroyable que cela puisse paraître, a dû réellement se produire puisqu'à en croire la précédente occupante des lieux – une mystérieuse danseuse russe de la génération de Noureev –, Clint serait venu la saluer dans ce petit pied-à-terre parisien que j'occupe à présent, se risquant sur le balcon pour admirer la perspective de cette vieille rue de Paris.

Plus à droite – enfin, de l'autre côté de la fenêtre, pas de Clint, qui l'est déjà suffisamment comme ça –, une photo qui n'en est pas une puisqu'il s'agit d'un dessin au crayon, mais d'une telle précision qu'on pourrait le prendre pour un vieux cliché resté trop longtemps au soleil. C'est le fameux Léon, mon grand-père maternel dont il était question à l'instant, et dont la silhouette a effectivement quelque chose de gracieusement astairien. C'est mon *veilleur*.

Monsieur N, résident de Sainte LN

J'ai cette image de Napoléon à contre-jour, dans l'encadrement de la porte, qui me regarde. Je ne suis pas en train de faire l'un de ces rêves agités où, comme disait l'autre (et à mont), une machine à coudre rencontre fortuitement un parapluie sur une table de dissection. Au contraire, je suis tout à fait éveillé, seul dans Longwood, la dernière maison de l'Empereur à Sainte-Hélène. Enfin, pour être tout à fait précis, dans la réplique exacte de sa dernière résidence, non pas à Sainte-Hélène mais en Afrique du Sud, dans la région du Cap, et ce n'est pas le vrai Napoléon qui me regarde – non, non, non – mais Philippe Torreton qui a relevé le délicat défi d'incarner à son tour l'Empereur dans le film que nous nous apprêtons à tourner ensemble : *Monsieur N.*

Flash-back… Quelques mois plus tôt, je broyais du noir – non pas en Afrique du Sud où c'était, jusqu'en 1994, un sport national, mais dans le centre de Paris –, à la suite de l'abandon du projet que je mitonnais depuis longtemps d'adapter *L'Aiguille creuse* de Maurice Leblanc au cinéma. La raison en était une mésentente majeure avec un producteur (lui aussi d'une major) qui imaginait un remake de *L'Homme de Rio* quand j'avais pour ma part en tête un film sur un illusionniste qui finit par préférer disparaître lui-même plutôt que de faire disparaître tout le reste.

C'est alors que je croisai la route d'un couple de producteurs indépendants, Marie-Castille Mention-Schaar et Pierre Kubel, qui me firent une proposition royale – impériale, même : celle de reprendre en main le projet *Monsieur N.* Le scénario était signé René Manzor, qui aurait aimé réaliser lui-même le film s'il n'était tombé en disgrâce après l'insuccès de *3615 code Père Noël*, puis le succès insuffisant aux yeux de l'industrie d'*Un amour de sorcière* avec Vanessa Paradis qui l'avait mené au purgatoire. Le malheur des uns faisant, d'une manière indiscutable, le bonheur des autres, il manquait donc un réalisateur pour gouverner cet ambitieux vaisseau, et ce fut moi qui tirai la courte paille…

Pour être tout à fait franc, je ne connaissais pas grand-chose de Napoléon à l'époque en dehors du fait qu'un Fine Champagne portait son nom, que les Kinks avaient baptisé l'une de leurs chansons « Waterloo Sunset », et que son règne tumultueux et controversé avait succédé à la période révolutionnaire. Pas de quoi aller en finale de *Questions pour un champion*. Mais en me plongeant dans le scénario-fleuve de René, je tombai littéralement en amour avec l'histoire et le personnage. Dans ce récit de dupes, de jeux de masques, de faux-semblants et autres chausse-trappes, je retrouvai surtout l'esprit, à défaut de la lettre, de ce que j'avais en tête avec Lupin. Une nuit suffit à m'en convaincre : je m'appropriai le projet sans hésiter, reconnaissant dès le premier jour de la confiance que m'accordaient ces deux producteurs, eux-mêmes portés par le sujet, à laquelle s'ajoutait la bénédiction *fairplay* de René.

Dès lors, je m'immergeai dans le flot impétueux de l'épopée napoléonienne. Je ne fis qu'une bouchée du *Mémorial de Sainte-Hélène*, succombant tant à ses qualités littéraires qu'au magnifique tour de passe-passe de cet homme, hier encore maître du monde, aujourd'hui exilé sans espoir de retour sur un îlot rocheux de l'Atlantique sud, qui trouve encore la ressource de fabriquer sa propre légende en endossant le rôle du martyr. « L'histoire, disait-il, est un mensonge que personne ne conteste » – une définition qui pourrait très bien s'appliquer au cinéma.

Le scénario reposait sur l'idée que ce n'est peut-être pas Napoléon qui est enfermé dans le cercueil de quartzite rouge des Invalides, et partant de là imaginait par quel subterfuge le *général*, comme le nommait avec morgue le gouverneur Hudson Lowe en lui refusant obstinément le titre d'empereur, était parvenu à échapper à la vigilance britannique pour quitter l'île, réussissant ainsi une sorte de St-Hélènexit avant la lettre.

Si farfelue qu'elle pût paraître au premier abord, l'idée n'était pas si gratuite que ça. Une théorie selon laquelle le corps de Napoléon aurait été rapatrié en Angleterre à la demande de l'extravagant roi George IV faisait jaser dans les années 1970. Ce dernier admirait follement Napo, et aurait exigé de récupérer sa dépouille pour l'avoir à portée de main (si l'on peut dire) à Westminster Abbey. Lorsqu'en 1840 les Français obtinrent d'exaucer le dernier vœu impérial, à savoir « que ses cendres fussent enterrées au bord de la Seine, au milieu de ce peuple qu'il avait tant aimé », les Anglais s'empressèrent donc de substituer au corps manquant celui de Cipriani, l'ami d'enfance de Napo qui l'avait inconditionnellement suivi jusqu'au bout de l'aventure.

Rocambolesque ? Sans doute. Scénaristiquement séduisant, indéniablement. Totalement lupinien.

La somme des indices réunis par Manzor pour construire son histoire était si troublante que je demandai son avis à l'expert napoléonien numéro un, le très respectable professeur Jean Tulard, membre de l'Académie des sciences morales et politiques et biographe de Napoléon. Personne ne peut affirmer avec certitude, à cent pour cent, que c'est bien l'empereur qui occupe le tombeau des Invalides, me confia-t-il en préambule. Voyant mon sourcil gauche se soulever – signe qui trahit toujours un profond étonnement chez moi –, il s'empressa d'ajouter que personne ne prendrait jamais le risque d'aller vérifier en ouvrant les six cercueils, emboîtés comme autant de poupées russes, pour y faire un prélèvement ADN.

Car imaginons que Napo ne soit plus là. Ce serait un manque à gagner considérable pour les Invalides dont la fréquentation chuterait brutalement. On prendrait également le risque de rouvrir les hostilités avec la décidément perfide Albion qui serait tenue de rendre des comptes, ce qu'elle avait déjà un mal fou à faire comme on a pu s'en apercevoir avant même le Brexit.

J'insistai, en m'aventurant sur un terrain plus personnel. Pourquoi le professeur Tulard, biographe de l'Empereur et figure respectée des historiens et des institutions, ne profitait-il pas de sa place privilégiée pour aller vérifier lui-même discrètement et dissiper tout malentendu ?

À cette perspective, il ouvrit de grands yeux effarés et sursauta. Il n'en était pas question. Et il prit pour exemple un fâcheux précédent. À la fin du XIXe siècle, sous la présidence de Félix Faure – le président qui mourut Pompée plutôt que César –, le ministre des Affaires étrangères, Gabriel Hanotaux, par ailleurs féru d'histoire, avait consacré une biographie imposante à Richelieu. Là aussi, un doute taraudait les historiens quant à la présence du corps du cardinal dans son tombeau et, profitant de son double statut de biographe et de ministre, Gabriel obtint l'autorisation d'aller vérifier.

C'était bien Richelieu qui reposait là, tel que peint par Philippe de Champaigne dans son triple portrait quasi-anthropométrique, miraculeusement conservé (même si, soyons réalistes, il n'était plus *frais comme un gardon*). Seulement voilà, quelques instants après que la lumière fut littéralement faite, le corps tomba en poussière (puisqu'aussi bien, selon le livre de la Genèse, III, 19, c'est de là qu'il vient et c'est là qu'il retourne).

Commentaire de Jean Tulard : « On ne saura jamais si ce fut à cause d'une réaction chimique ou à la vue de son biographe. » Hors de question pour lui, donc, de prendre un tel risque.

Gardons le doute intact. Après tout, c'est le meilleur terreau qui soit pour l'imagination et la fiction.

Et nous voici donc, quelques mois plus tard, prêts pour le premier tour de manivelle, au milieu d'une nature aussi belle qu'austère, et qui évoque au plus près le paysage dans lequel fut installée la dernière résidence impériale. Un plateau ouvert aux quatre vents qui permettait aux vigilants militaires anglais de toujours avoir à œil leur volcanique prisonnier, histoire qu'il ne refasse pas le coup de l'île d'Elbe qui s'était soldé, après le sublime vol de l'aigle de clocher en clocher, par des milliers de morts sur le champ de bataille de Waterloo.

Prêt à dire « Moteur » pour raconter une histoire dans laquelle ce dernier n'existait pas encore.

J'avais demandé à rester seul quelques instants dans notre Longwood de cinéma, avant que *mon* Napoléon ne vienne me rejoindre. Comme un moment suspendu avant que l'action ne démarre et que s'enchaînent les longues et palpitantes semaines de tournage dont nous garderons, chacun d'entre nous qui y avons participé, un souvenir particulier. Nous étions tous à distance de nos bases respectives, dans cette forme d'exil que représente un tournage à l'autre bout du monde, et d'un film d'époque de surcroît (ce qui ajoute une couche supplémentaire de fiction), entourés de comédiens en tenue d'Empire, soumis aux mêmes caprices météorologiques que nos modèles. Au final nous eûmes le sentiment de convoquer parmi nous les fantômes d'un temps perdu.

On l'aura, je l'espère, compris : *Monsieur N* est un projet cher à mon cœur. Il l'était hier, il l'est tout autant aujourd'hui. Le film n'eut pas le succès escompté. Il eut la malchance de sortir après la diffusion d'une série télévisée sur Napoléon avec Christian Clavier dans le rôle-titre, d'une pièce à succès de Robert Hossein et de diverses célébrations donnant le prétexte aux magazines de mettre Napo en une. En un mot comme en mille, exactement comme Grouchy, nous arrivions après la bataille.

La presse réserva au film un accueil contrasté (la loi du genre), même si certains en profitèrent pour s'étonner qu'on pût avoir l'idée de confier un pareil projet au rigolo de la télé. Comme toujours dans notre beau pays, où l'on admet que les vases puissent communiquer, mais où il est beaucoup plus mal accepté qu'on veuille changer de tiroir alors qu'on vous avait bien sagement rangé dans l'un d'entre eux. Contrairement à l'illustre modèle qui inspira le projet, je ne cherche pas ici à réécrire quoi que ce soit. Les batailles, si triviales soient-elles, sont faites pour être gagnées ou perdues. Reste qu'il me revient souvent, comme un rêve qui se rappelle avec insistance à mon souvenir, cette image de Napoléon se découpant à contre-jour dans l'encadrement de la porte.

Avant-première corsée

Comme je le raconterai ailleurs dans ces pages, j'ai eu de multiples occasions de visiter la Corse et d'approcher ses ombrageux occupants.

J'ai connu la Corse estivale du bord de mer, celle plus rudânière de l'intérieur des terres avec ses villages désertés où se faufilaient les ombres de vieilles femmes en noir, ses torrents glacés d'où bondissent des truites arc-en-ciel. J'ai entendu l'église de Sartène résonner du chant sublime des chœurs de Jean-Paul Poletti, j'y ai vu mon vieux Gildas en bermuda – ou peut-être était-ce un pantalon à l'ourlet excessif – dans sa célèbre villa Ou Feinaçu du côté de Porto-Vecchio, je me suis extasié devant sa beauté suffocante – je parle de la Corse – et rencontré des individus aussi passionnants que le journaliste-romancier Antoine Albertini pour qui l'île n'a plus de secrets (ou alors ceux qu'il est préférable de garder).

Et puis j'ai passé deux ans de ma vie à travailler sur ce film racontant les derniers jours de Napoléon, qui a offert à la Corse une notoriété – Napoléon, pas le film malheureusement – jusque dans ces contrées où, comme le disait si bien Ponson du Terrail, la main de l'homme n'avait encore jamais mis le pied. Il m'avait donc semblé légitime, une fois le film terminé, d'aller le présenter à l'endroit même d'où était partie cette folle épopée, ainsi qu'aux descendants de ceux qui avaient peut-être côtoyé la famille *Buonaparte*.

Une idée qu'il m'avait fallu imposer par un genre de 18 brumaire promotionnel, étant donné que les distributeurs ne voyaient aucune raison d'aller faire une avant-première là-bas. À les croire, les exploitants corses refusaient systématiquement la billetterie électronique (je parle du début des années 2000), qui avait l'avantage de renseigner en temps réel sur la quantité de billets vendus par projection, pour lui préférer la méthode traditionnelle (dite manuelle) sur laquelle il était bien plus difficile, voire impossible, d'exercer le moindre contrôle. Et comme ils estimaient que nul n'était en droit de remettre en cause ni leur parole ni leur bonne foi, ils accueillaient les éventuels contrôleurs dépêchés par la capitale à coups de cette chevrotine qui fait tant de ravages dans les populations de sangliers insulaires.

On comprend mieux, à cette lumière, la frilosité des distributeurs de l'époque et leur peu d'empressement à envoyer au front des équipes de saltimbanques. Mais j'avais tellement insisté, et joué le jeu de la promo et des avant-premières partout où l'on me l'avait demandé, que l'avant-première tant désirée à Ajaccio, lieu de naissance du futur empereur, m'avait finalement été accordée. De mauvaise grâce, mais accordée.

Nous voici donc, accueillis à l'aéroport par le propriétaire, robuste gaillard en mode *Friday wear*, de la salle où devait avoir lieu la projection le soir même. Il me fait le détail des festivités : visite du cinéma (le Bonaparte, bien entendu), un peu de promo locale, lancement de la projection en public, détour par la mairie pour un vin d'honneur en présence de Charles Napoléon (descendant légitime, via Jérôme, de la souche, si je puis dire, originelle), du maire, et de quelques notables.

Alors que nous roulons en direction de la salle, je fais l'éloge d'un magnifique bâtiment néoclassique qui se trouve de l'autre côté du cours (Napoléon, of Corse) où nous nous garons. « C'est l'ambassade de France », me glisse d'un air matois l'exploitant.

Je traduis en mon for intérieur qu'il s'agit donc de la préfecture, les liens entre l'île et le continent n'ayant pas encore été rompus, ou personne ne m'en ayant averti si une telle décision a été prise pendant mon trajet aérien. Mettant la réflexion de mon hôte sur le compte d'un humour destiné à tester celui de son invité, je réponds d'un sourire convenu sans entamer de débat sur les mérites de l'indépendance, et me laisse guider dans la salle.

Le Bonaparte que je découvre est moins pétulant que celui peint par David en 1801 pour évoquer avec une étonnante subtilité allégorique le passage du Grand-Saint-Bernard. C'est une salle de cinéma qui compte un certain nombre d'heures de vol, avec personnel d'entretien manifestement en grève. Il n'y a pas que des films à avoir été projetés sur l'écran qui se résume, j'exagère à peine, à un drap format *king size* (ou disons *emperor size*). Quant à la sono, elle se limite à une paire d'enceintes récupérées de toute évidence sur la carcasse d'une R5 sur le site d'une casse automobile. On est très loin du confort des multiplexes, Dolby surround et tout le tintouin ; plutôt dans le bas de gamme du circuit aussi indépendant que les convictions du propriétaire. Je fais bonne figure en regrettant aussitôt l'insistance dont j'ai fait preuve pour venir projeter le film ici, mais me console en me disant qu'au moins j'aurai l'opportunité de le montrer au public local, forcément touché par le sujet abordé.

Après quelques interviews avec les médias de l'île, allant de la plus passionnante (la querelle toujours en cours, deux siècles plus tard, entre paolistes et bonapartistes) à la plus indigente (« Alors, Napoléon ? »), nous voilà de retour au Bonaparte pour lancer la projection en présence du public venu y assister. Je fais mon laïus habituel sur les circonstances qui m'ont amené à m'intéresser à Napoléon en général et à cette histoire en particulier, rappelant avant qu'on me le demande que rien n'interdit, dans l'absolu, d'avoir fait le couillon à la télé et de vouloir néanmoins travailler une facette plus sombre, notre personnalité à tous ne se résumant heureusement pas à la seule image que les autres s'en font – et d'ailleurs c'est précisément de quoi parle aussi ce film, Napoléon ou pas. Comment un homme qui a eu le monde entre ses mains peut-il accepter de n'être plus rien ? Question essentielle, vertigineuse, et qui s'applique à tous, que l'on ait été empereur, artisan charcutier, champion cycliste, agriculteur ou, bien sûr, petite vedette télévisuelle.

J'essaie de captiver l'auditoire en espérant que le film en fera autant, avec toujours au ventre cette petite boule que les réalisateurs connaissent bien, celle qui apparaît quand il s'agit de soumettre enfin au jugement du public le fruit d'un travail qui s'est étalé sur de longs mois (et qu'on a fabriqué avec une telle passion), ce moment où il faut se résoudre à lâcher le bébé et le laisser vivre sa vie dans ce monde parfois inhospitalier. Ma présentation est bien rodée, tout en conviction, sans tableau Excel. Que de l'humain, du sensible, du difficilement quantifiable.

Et je me permets de conclure cette envolée par une série de remarques plus terre à terre concernant la logistique locale. Je présente mes plus plates excuses à tous ces valeureux spectateurs de les accueillir dans un cinéma aussi mal entretenu. Je ne sais pas si mon film méritait mieux que ça, mais eux si, certainement, et je me désole qu'une ville aussi prestigieuse, rattachée à un nom aussi universellement illustre, n'ait rien de mieux à offrir à tous les amoureux du cinéma… Et je n'ose imaginer à quoi aurait ressemblé la salle si elle avait été baptisée du nom d'un Corse moins célèbre. Tiens, la Laurent Rossi, par exemple, inoubliable interprète de « Du miel et du soleil » (ballade collante), fils de l'institution Tino mais qui n'eut, hélas, pas la carrière de son père.

Mes commentaires ne sont que moyennement approuvés par le directeur de salle qui m'envoie des regards furibards, à défaut de ses avocats. Mais le constat, même s'il n'est pas à l'amiable, est largement partagé par tous ceux qui m'écoutent et qui commencent déjà à ressentir, en bonus, l'inconfort des fauteuils plus défoncés que la défense austro-russe à Austerlitz.

Remonté, je redescends quand même de la scène et pars en convoi vers la prochaine étape, la mairie d'Ajaccio, où nous attend un vin d'honneur en présence du maire lui-même et donc de son adjoint, le prince Napoléon Charles pour les intimes.

On m'y fait découvrir le portrait de Napoléon en tenue de sacre par Gérard, que je préfère de beaucoup à celui d'Ingres (réflexion personnelle que je glisse au passage en profitant de l'opportunité, étant rarement consulté sur ma préférence entre les deux tableaux).

Puis je découvre avec émotion le masque mortuaire d'Antommarchi, sujet lui-même à controverse puisqu'il ressemble plus au Bonaparte conquérant des débuts avec son profil d'aigle qu'au vieux hibou bouffi et conquis des derniers jours (polémique qui n'a pas fini d'alimenter la littérature impériale).

Aussi, stimulé par cet environnement napoléonien et alors qu'on me demande de dire un mot à cette noble assemblée, me mets-je à mon tour à voler de clocher en clocher, expliquant à l'auditoire à quel point la découverte de cette épopée fantastique (« Quel roman que ma vie », disait Napo lui-même) m'avait enthousiasmé, si bien que je continuais à lire – et c'est toujours vrai vingt ans plus tard – des bios, essais, mémoires et autres relatifs à la période, qui viennent constamment enrichir la collection de plus de cent mille (!) titres écrits sur le sujet depuis l'Empire.

J'en deviendrais lyrique si le souvenir de l'odieux exploitant, et des conditions dans lesquelles le film était en ce moment même projeté, ne venaient ternir cette évocation glorieuse. Je conclus, un peu brutalement j'en conviens, que je comprends mieux désormais pourquoi Napoléon a quitté la Corse à l'âge de neuf ans pour ne jamais y remettre les pieds (sauf pour une brève étape, d'ordre logistique, à son retour de l'île d'Elbe). Point de vue évidemment relativement bien accueilli par l'assistance, et qui rafraîchit l'ambiance pour la porter à la température du champagne servi au même moment.

Il est temps de toute façon de retourner à la salle (sale) pour répondre aux questions des spectateurs, ainsi que le veut le rituel des avant-premières. Moment toujours très agréable puisqu'il s'agit d'épiloguer sur les pistes ouvertes par la fiction.

Les spectateurs sont encore éveillés, en partie grâce à l'inconfort des sièges.

Comme je m'y attendais, le public ajaccien est plus affûté que celui du continent sur la question napoléonienne, et comme il traîne toujours, généralement au fond de la salle, un *spécialiste*, on peut se demander pour cette fois s'il n'a pas connu personnellement l'empereur déchu puisqu'un seul détail le chagrine dans tout le film : l'emplacement exact de telle médaille accrochée au plastron du héros, dans telle séquence.

C'est donc sur une bonne impression que je prends congé du cinéma, après un dernier regard glacial du proprio d'où est totalement absent l'espoir que nous nous recroisions en ce bas monde – ou alors, en ce qui le concerne, lourdement armé.

Avec la petite équipe qui m'accompagne, nous nous remettons de toutes ces émotions autour d'une eau-de-vie à la figue qui met à l'épreuve le blindage de nos œsophages et allons récupérer quelques forces avant le retour, le matin suivant, à la capitale.

Sur la route de l'aéroport, nous passons devant un marché dominical et l'envie me prend de rapporter à Paris un ou deux de ces produits locaux qui, comme Napoléon – quoique pour d'autres raisons – ont contribué à la réputation de l'île. J'opte pour quelques tranches d'un délicieux jambon cru, le préférant à un de ces fromages puissants dont le fumet pourrait incommoder les autres passagers, et le charcutier m'emballe la commande et me la tend en l'accompagnant de ce perfide commentaire : « Celui-là, vous risquez pas de le trouver *à l'étranger.* »

Et là, va comprendre pourquoi, comme un feu qui repart instantanément si l'on y jette un fond d'alcool à brûler, je me réenflamme aussi sec.

« Dites-donc, apostrophé-je le butor, *l'étranger*, vous êtes bien contents de récupérer ses subventions pour engraisser vos cochons, nan ? » Réaction un peu vive, je vous l'accorde, mais légitime venant d'un contribuable contribuant *de facto* auxdites subventions, agacé qu'on lui fasse remarquer qu'il est seulement en visite sur un territoire qui, de surcroît, vit largement de la manne touristique.

La situation se corse (chef-lieu Ajaccio, comme le rappelait chaque fois mon vieux San-A.) et mes accompagnants locaux décident d'abréger ma visite sur place et de m'exfiltrer avant que la situation tourne au vinaigre.

Au pied de la passerelle de l'Airbus, le correspondant local, soulagé de me voir quitter cette terre de conflits, me conseille avec les meilleures intentions du monde d'éviter quelque temps cette destination à risque – suggestion à laquelle je souscrirai sans hésiter.

Et je m'y tins pendant une bonne quinzaine d'années avant d'y revenir, pour les besoins d'un tournage de *La Gaule d'Antoine*, déguisé cette fois en Napoléon.

Mais c'est une autre histoire…

Kiff de Keith[1]

Après un demi-siècle d'une *rock'n'roll life* dont il est devenu, pour le meilleur et pour le pire, l'Incarnation, après la cosignature d'un nombre d'hymnes dont on sait par avance qu'ils survivront à un conflit nucléaire généralisé, l'absorption d'une quantité phénoménale de substances, de rivières entières de gnôle, et un tabagisme réfractaire à toutes les injonctions sanitaires, Keith Richards est en pleine forme. Il résume très bien la situation d'un aphorisme à cheval entre Nietzsche et le Samu : « Ce qui vous tuerait ne me tue pas. » La position à cheval lui est d'autant plus naturelle qu'il est Sagittaire, « moitié homme, moitié cheval, avec autorisation de chier dans la rue ». Moitié homme, moitié bourrin, serais-je tenté d'ajouter, tant la vie de cet homme – sans parler de sa survie – est décidément stupéfiante.

Voilà des années qu'on s'en étonne, des années qu'on s'en réjouit, et ce depuis les *sixties*. L'acteur Robin Williams a résumé un jour en une heureuse formule

1. Cet article et l'interview qui l'accompagne ont été publiés pour la première fois à l'occasion de la sortie de *Life* sous le titre « Keith Richards, gratte et papier », *Libération*, 13 novembre 2010. (*Note de l'éditeur.*)

un fait pourtant considéré comme objectif : « Si vous vous souvenez des années 1960, c'est que vous n'y étiez pas. » Keith, qui n'aime rien tant que culbuter le sens commun et les idées reçues, y était. C'est le moins qu'on puisse dire. Il se souvient de tout. Et nous saute aussitôt aux yeux – et aux oreilles – que, dans ce tout, il y a une place pour nous : la mémoire individuelle, unique, de Keith électrifiant notre mémoire collective à coups de riffs cinglants.

On décortiquait tout ce qui nous tombait sous la main. Tiens : cette photo, sur les Champs-Élysées, qui, légèrement recadrée, avait servi de pochette à deux 45 tours (pressage francaoui) différents : « Time Is on My Side » et « (I Can't Get No) Satisfaction ». Les Stones sur les Champs, propres sur eux, rangés en ligne, entre une 404 frôlant Wyman et une DS rouge filant vers l'Arc de Triomphe, à droite de Charlie. Keith, costard, chemise et lunettes noires, Mick en veston clair, col roulé vert jardin, regard par en dessous, pose western spaghetti, et Brian au milieu, l'air sournois d'un enfant de chœur venant de pisser dans le vin de messe. Les Stones se tenant exactement sur la future ligne d'arrivée du Tour de France, deux ans avant que la mort de Tom Simpson sur les côtes du Ventoux ne commence à faire parler de dopage. Visionnaires !

Les Stones à Paris, France, où ils reviendraient mille fois, pour enregistrer, de Boulogne-Billancourt à la Côte d'Azur, jouer, faire la fête ou simplement résider. Paris, où Keith apprendrait, en montant sur scène – aux fameux Abattoirs ! – la mort de son fils Tara, nourrisson, alors que son aîné, Marlon, sept ans, l'accompagnait sur la route. Paris qui, du coup, aurait légitimement pu devenir une ville maudite dans son souvenir. Et quand je pense qu'on y était, dans la foule surchauffée par les récits mythiques du STP (Stone Tour Party) de 1972, nos héros encore grandis par cette avalanche de nouvelles légendes plus ou moins urbaines, ignorant que Keith, méprisant la mort, subite ou non, était *quand même* monté sur scène, là-haut, dans cette bulle magique où plus rien ne vous atteint.

On ne sort pas tout à fait indemne de la lecture galopante et fiévreuse de sa *Life*. Comme si on venait de descendre des rapides sans y avoir été psychologiquement préparé, pour en ressortir grelottant, claqué d'émotion, incrédule et renversé. Pourtant, ce n'est pas faute de s'être enfilé de la bio de rocker, des meilleures (Lennon ou Buddy Holly par Philip Norman, Macca par Barry Miles, Spector par Mick Brown) ou bien, à l'inverse, de la bio dégradable, et pas toujours issue du commerce équitable. Mais là, on atteint des sommets. L'air s'y fait rare. C'est Keith qui cause, certes épaulé par son vieux pote James Fox (ne pas confondre avec l'acteur homonyme qui donnait la réplique à Jagger dans *Performance*, et qui, traumatisé par cette expérience disons particulière, mit une parenthèse de neuf ans à sa carrière), et s'y livre sans tabou – sans voyeurisme non plus –, avouant tout, ne regrettant rien.

Bien sûr – sa participation à *Pirates des Caraïbes* vient-elle confirmer l'impression ? –, c'est sur un vieux flibustier qu'on s'attend à tomber, ou plus exactement sur un Long John Silver tel que raconté par lui-même sous la plume de Björn Larsson, génial romancier suédois, il y a quelques années [1].

1. Rappelons le principe : Silver, le pirate unijambiste qui terrorise le jeune Jim Hawkins de *L'Île au trésor*, héros de fiction, donc, prend la plume pour raconter sa véritable existence, soit un pan entier de l'histoire de la piraterie (comme celle de Keith l'est

La question se pose autrement : la « Vie » que raconte Keith, l'a-t-il vécue ? rêvée ? les deux ? Comment un homme qui s'est perdu, abîmé à ce point dans la défonce, l'irréalité, a-t-il fait pour garder à ce point le cap et ne jamais sombrer, quitte à passer de nombreuses fois au bord du gouffre ? D'où lui viennent cette prodigieuse mémoire, cette philosophie de l'existence, animées par un humour, comme on dit, ravageur ? Comment ce type déréglé, vaisseau fantôme à lui tout seul, a-t-il fini par se transformer en chaman dont on recueille les pensées, cocktail de candeur à la Van Damme, de fulgurances poétiques à la Cantona et de cruauté lucide à la Swift ? Comment Keith a-t-il fait pour réussir le prodige de devenir le *fool on the hill* de ses copains et néanmoins rivaux, après avoir incarné le diable dont il joue si divinement la musique ? C'est là un des authentiques mystères de l'époque, qui en compte pourtant de moins en moins. Un enchantement, dans une ère de désenchantement. Et tant pis si Keith n'a pas toujours, et de loin, chanté juste.

Avant d'attaquer le pavé de six cent soixante pages (la moindre des choses pour le coauteur de « Street Fighting Man »), je m'étais remis en mémoire cette déclaration datant d'il y a quelques années : « On ne peut rien dire de moi que tout le monde ne sache déjà. On ne peut pas avoir pire réputation que la mienne. Je me suis rendu compte dans les années 1970 que je n'avais aucune raison de mentir, que tout le monde allait croire de toute façon des choses bien pires ; je n'avais

---

d'un des murs porteurs du rock), et ceci dans le but de brouiller davantage les pistes tout en prétendant les éclaircir.

plus rien derrière quoi me cacher… Rien ne mérite qu'on mente[1]. »

La bonne nouvelle s'est répandue comme une traînée de poudre, si je puis dire, ces dernières semaines. La « Vie » est belle. *« Life » is beautiful.* « Aucune raison de mentir » ? Alors autant y aller franchement, en évitant avec une certaine virtuosité le piège fatal de la « confession », terme infiniment trop chargé de bondieuserie ou de mise à table policière, deux domaines dont le vieux Keith se défie comme de la peste. Qui dit confession dit pénitence ou rédemption, et force est de constater qu'on n'en trouve guère trace.

Même entre les lignes.

Un pirate, on vous dit. Un vrai.

Le lecteur – la fameuse mémoire collective – enfoncera le clou de son côté : aucun remords à avoir suivi le sillage des Stones – enfin de Keith – même de loin, même fantasmé. On eut même parfois la faiblesse complaisante de trouver flamboyant son prosélytisme affiché pour la défonce et l'autodestruction, susceptibles après tout de tenter, voire plus si affinités, des esprits plus faibles et des constitutions moins robustes. Mais ne tenait-on pas là une incarnation absolue de l'esprit de bohème, d'une vie rêvée dans le monde merveilleux du rock'n'roll, ses images d'Épinal incluses, dont nous aurions tous rêvé ? Bobo ? Non, non. Bo tout court. Sublime dans son goût de la décadence et son défi permanent aux bien-pensants du moment. Pas davantage de regrets, sauf à verser des larmes inutiles sur une jeunesse enfouie.

1. Keith Richards, James Fox, *Life*, traduit de l'anglais par Bernard Cohen et Abraham Karachel, Robert Laffont, 2010. (*Note de l'éditeur.*)

Et rien que d'en parler, tiens, une nouvelle vague de souvenirs humides, d'émotions stoniennes se bousculent instantanément à travers la couche Confiance de notre mémoire. Quelques-unes, pêle-mêle, pour la route : ces longs frotti-frottas dans la pénombre des boums provoqués par le propice *medium tempo* de « Going Home » sur *Aftermath*. Les séances de poses devant le miroir, *air guitar* en main, à mouliner comme Keith, la moue mauvaise, sur les riffs incandescents (un riff est soit cinglant, soit incandescent) de « Jumping Jack Flash ». La conviction naïve que la seule force de « Street Fighting Man » suffirait à mettre le feu aux poudres, ou, à tout le moins, devenir la chanson emblématique de ce printemps 1968 qui s'annonçait agité. L'épluchage méthodique de *Beggars Banquet* et de son sulfureux diptyque représentant un banquet médiéval destroy. Cet entretien d'une vaporeuse et agaçante mondanité avec Jagger en 1982, dans les coulisses d'un stade de Rotterdam, le premier d'une longue série où il faudrait désormais venir équipé d'un télescope en n'espérant que des vents favorables. Ou encore, bien des années après, ces concerts surprises à l'Olympia qui réconcilieraient tout le monde, en redonnant un peu de chair, de stupre, de sueur et de gras à la machine.

Au final, une brouette pleine d'émerveillements et de doléances mêlés, exactement à l'image de cette relation faite d'amour et de haine entre Keith et Mick sur laquelle il revient dans le détail, et dont, bien sûr, le Moloch médiatique ne retiendra pour ses manchettes que le détail (la teube de Mick).

Tout ça juste pour résumer mon émotion en me rendant à l'hôtel Meurice, Paris Ier, en ce début novembre, pour y croiser Long John Richards, auteur de cet ovni littéraire baptisé *Life*. Tout en souriant de l'ironie de la situation : le pirate en chef, l'une des gueules les plus placardées sur les murs des brigades des stups de tous les pays, traqué par tous les flics du monde, menotté, coffré, molesté, embastillé, l'*outlaw* modèle, reçu en grande pompe au sein même d'une des destinations les plus convoitées de l'*establishment* international. À deux pas de l'Élysée, un havre de paix pour marchands d'armes, tyranneaux subsahariens en visite protocolaire, capitaines d'industrie plus raisonnablement kasher, et désormais, donc, rockers inoxydables et irréductibles. Et, déambulant dans les longs couloirs feutrés, conduit jusqu'à la cage du fauve par un état-major anglo-saxon travaillant son journaliste comme les Provençaux leurs olives, avec une première pression à froid, la tête pleine de ces six cent soixante pages pleines de bruit et de fureur, me raisonnant pour ne pas simplement ouvrir la conversation et mon cœur par cet aveu spontané : « Il m'a cloué au mur, votre bouquin. Sa radicalité, son honnêteté (pour un pirate s'entend), l'absence totale de *bullshit*, son humour, sa mauvaise foi, son électricité… C'est pas un livre sur le rock, c'est le rock qui cause, en personne, comme dans *Rolling Richards*, etc. »

Les contraintes de la rencontre apparaissent rapidement : Keith, jeté en pâture pendant deux jours aux médias français et européens, chaque entrevue chronométrée alors que, par définition, il faudrait des heures pour papoter avec un zozo de ce calibre. Et le temps, Keith…

Évidemment, *il* se fait attendre. Après tout, le temps richardsien n'est pas celui du commun des mortels. Commun, il ne l'est pas, et mortel, ça reste toujours à prouver. J'attends donc dans la chambre, comme une bonne petite gagneuse, qu'on m'amène le client, en jetant un coup d'œil sur cette photo de Mondino que je lui ai apportée en guise de bienvenue. Keith collé à un mur de Marshall, sa Fender en pogne, clope au bec, le regard vague, lâché, comme un bateau ivre dont on viendrait de rompre les amarres. Une image sublime. Ne devrait-il en rester qu'une, ce serait celle-là. Dehors, c'est la tempête. Trombes d'eau, rafales, les arbres qui se dépouillent. Des pas feutrés, une porte qui s'ouvre, on le fait entrer.

Maintenant, tout autre la jouerait cool, limite détaché. Et je m'y emploie, en me disant que décidément j'ai encore des progrès à faire en comédie. Mais il me reste assez de lucidité pour comprendre : je suis juste en train de serrer la louche de Keith Richards, la meilleure main droite du rock, et l'un de ses plus galvanisants hémisphères gauches. Souriant de ses quatre-vingt-douze ratiches toutes neuves, rangées comme pour le défilé, après les escapades des années 1960, 1970 et 1980, un Borsalino crème obstinément vissé sur un crâne récemment trépané, une certaine fragilité dans l'équilibre général, et cet œil timide et narquois. C'est bien lui. Question dégaine, c'est Bozo le clown *meets* Higelin.

L'archange du rock'n'roll, là, aujourd'hui, il nous a fait un petit combiné audacieux dont les Anglais ont le secret. Redingote camel trois-quarts, écharpe immense à motif, celui-ci pouvant évoquer la fameuse tête de mort griffe-signature, un pantalon en velours et des pompes vert pomme. Ajoutez à tout cela bagouzes vanité, bracelet menottes et l'inséparable Marlboro (rouge, bien sûr) en train de se consumer tranquillement, et vous avez le tableau : *ecce homo*.

Présentations. Je commence par le petit cadeau, la photo. En se découvrant, avec une petite dizaine d'années de moins, il a une réaction spontanée et, paradoxalement, débarrassée de tout narcissisme. Un regard amusé sur lui-même, par ce que Mondino a réussi à choper : l'essence même de Keith Richards. Pour le coup, c'est un peu le portrait qui regarde Dorian Gray. Comme un effet Vache qui rit inversé, mais l'intéressé ne semble pas s'en formaliser. Mis en humeur, il s'assoit pour se plier, comme le fait le roseau, à l'exercice promo. Disponible mais comme déjà las, ici sans y être tout à fait, un derviche tourneur suspendu en plein mouvement.

En lisant Life, *je me demandais si le plaisir l'avait emporté sur la douleur quand il s'est agi de redérouler le fil de votre vie agitée ?*

C'est une question que j'ai commencé à me poser depuis que j'ai écrit le bouquin. Plus douloureux en un sens parce que vous devez réfléchir sur ce qui s'est passé, alors que, quand ça arrive, vous êtes dedans, vous avancez. C'est toujours difficile de replonger dans sa propre vie. Au début, je pensais que ça serait facile… J'avais une année devant moi, on venait juste de terminer une très longue tournée avec les Stones. J'avais le temps, je me suis dit que ça ne devrait pas être si difficile que ça. En fait si, c'est vraiment difficile de regarder en arrière.

Vous dites que la mémoire est fiction. Quelle est la part de la mémoire et celle de la fiction dans Life *?*

Y a pas mal d'humour qui rentre là-dedans. Mais c'est surtout très factuel. Par fiction, je veux dire que quand la célébrité et l'image entrent en jeu, ça devient rapidement très difficile de faire la différence entre les deux… J'ai essayé de faire la différence entre l'image et la réalité. Pour moi, c'était ça, la chose importante.

Avez-vous coupé quelques histoires embarrassantes ? Pour ne blesser personne ?

J'ai essayé autant que faire se peut. Rien n'a été écrit dans l'intention de blesser qui que ce soit. En même temps, je devais raconter les coulisses de cette histoire, de ce qui se passait. Je ne suis pas un mec blessant, vous savez… Mais c'est l'honnêteté qui, à un moment, doit l'emporter. J'ai coupé pas mal de *ladies*. Pas de noms. Que des petites histoires périphériques. J'espère avoir gardé l'épine dorsale de l'histoire, la moelle… (*Une pause, il tire une taffe, souffle et se sourit à lui-même.*) Bien sûr, je m'attendais à provoquer de l'intérêt, mais soudain je me retrouve auteur mondial numéro un ! (*Il se fait marrer tout seul.*) C'est excitant, vous savez…

Sans doute les gens sont-ils sensibles à votre manière franche et honnête de parler de la vie et de la musique. Et sans retape. Vous auriez pu tout aussi bien l'appeler Sex, drugs and rock'n'roll…

(*Rires.*) Oui, ou inverser l'ordre : *Rock'n'roll, drugs and sex*. La musique d'abord.

Dans le livre, vous dites que quand les Rolling Stones ont commencé à connaître un énorme succès, quelque chose vous a échappé, et que vous courez toujours après. Comment définiriez-vous cela aujourd'hui ?

Je crois que c'est une question d'échelle. Au départ, on était un petit groupe et tout ça est arrivé brutalement dans nos vies. Personne avant nous n'avait connu un truc pareil. Il faut imaginer à quelle échelle ça se jouait : cinq petits gars assis dans les vestiaires de stades de foot gigantesques et regardant tout autour d'eux… Mick, Charlie, Ronnie n'est-ce pas… l'échelle de tout ça… Bien sûr, chacun d'entre nous a dû s'adapter à cette démesure, y survivre.

C'est quelque chose que vous cherchez à retrouver, cette première sensation d'être un petit groupe de rock ?

Oui, je ressens toujours ça. Je regrette l'intimité des clubs ou des petites salles, dans lesquelles on rejoue occasionnellement. Le plus important, c'était d'arriver à dealer avec ces choses qui devenaient de plus en plus énormes… les contraintes de la scène, s'adapter aux technologies de pointe, les écrans, le matériel sonore, toute cette incroyable logistique.

Et aussi garder la musique en première place…

Oui, c'est ça, la musique avant tout. J'ai toujours espéré que la musique soit suffisamment bonne pour que le *show* ne prenne pas le pas dessus. Après tout, j'avais avec moi le meilleur *showman* du monde, vous savez, Mick Jagger… et mon rôle, c'est de le soutenir. (*L'image l'amuse, peut-être à s'imaginer en déambulateur de Mick.*)

Si vous aviez dix-sept ans aujourd'hui, seriez-vous inspiré par le hip-hop comme vous l'avez été par le blues dans votre jeunesse ?

Non, le hip-hop c'est une variante. Le blues c'est autre chose… Ça traverse toute la musique pop depuis les premiers enregistrements. Je veux dire que le blues, c'est la colonne vertébrale du jazz, du rock'n'roll, du rhythm'n'blues, du reggae… La musique moderne, pour moi, c'est comme si tout était devenu trop grand. Il y a beaucoup de talents, il y en a au moins autant qu'avant, mais la façon dont ça s'exprime, le marketing, j'ai du mal avec ça. Pourtant, c'est inévitable : Internet, les sites web, la globalisation. Ça rend les choses plus difficiles. Tout est là, mais la façon de canaliser les choses est plus difficile qu'avant. À notre époque, c'était beaucoup plus facile de démarrer. Je veux dire : il y avait les Beatles et basta. (*Rires.*)

Comment réagissez-vous au fait qu'aujourd'hui parents, enfants et même grands-parents écoutent la même musique ? Avant c'était un sérieux sujet de conflit.

C'est une chose étrange. À partir des *sixties* et des *seventies*, c'est comme si tout le monde avait la même référence. Même le hip-hop est considéré comme quelque chose de nouveau. Pour moi, ça ne sonne pas « nouveau »… De toute façon, est-ce que la musique doit être nouvelle pour être intéressante ? Elle doit être bonne, c'est tout, avant même de tendre vers quelque chose de moderne.

Mais il y a longtemps, les gens se battaient. Les parents et les enfants se battaient…

C'est un peu comme si le rock avait lancé un pont entre les générations. Comme vous dites, les parents et les grands-parents peuvent écouter la même musique tout en comprenant ce qui se passe. Sans doute que la Seconde Guerre mondiale a joué un rôle dans cette histoire de générations. Vous savez, moi, j'ai grandi juste après, et la phrase que j'entendais le plus venant des parents, des adultes, c'était : « Avant la guerre… » On n'a pas réalisé d'enregistrements pendant la guerre parce que les matières premières pour fabriquer les vinyles étaient utilisées pour autre chose. Je suis convaincu que ça a fait un sacré *break* dans les goûts musicaux générationnels. Tout a volé en éclats.

Mais vous ne pensez pas qu'en chemin, le rock a perdu une bonne part de son caractère transgressif ?

Si, c'est ce que je pense. Les premiers enregistrements de rock'n'roll sont vraiment intéressants. Parce qu'ils sont faits de façon si archaïque… je veux dire, sans l'intrusion de la high-tech. Un magnétophone bibande et quelques gars. Ce degré de non-sophistication, le fait de ne pas avoir toutes ces possibilités de changer… ça donnait de l'immédiateté, juste le fait de capturer un moment. Chose qu'on ne peut plus faire à présent en raison de toute la technologie. Si vous voulez enregistrer un bon groupe de rock, vous le mettez dans une pièce comme celle-ci, vous placez un micro là-haut et vous appuyez sur *record*. C'est comme ça qu'on obtient un vrai bon enregistrement, pas en poussant des boutons derrière une console. Ça doit venir comme ça, direct.

À propos de transgression, vous dites dans le livre que les drogues vous ont protégé contre la pression du star system, *que vous ne vouliez pas être une rock star. C'est plus facile pour vous aujourd'hui que vous êtes* clean *?*

J'ai utilisé la drogue comme un tampon contre les autres aspects de la notoriété. J'ai aussi réalisé combien c'était stupide parce que, quand on fait ce que je fais, il vaut mieux être connu (*rires*). La drogue, c'était mon moyen de résoudre cette contradiction. Jusqu'à ce que je décide que ça n'était vraiment pas la bonne réponse.

Comme vous le rappelez à plusieurs reprises, vous êtes un homme de performances surnaturelles... comme rester neuf jours sans dormir ! Ou s'enfiler huit grammes de coke d'un coup... Y en a-t-il une dont vous soyez particulièrement fier ?

C'est vrai, mais je ne suis pas nécessairement fier de tout ça. Ce ne sont pas des choses que je prévois en me disant « tiens, je ne vais pas dormir pendant neuf jours », non, ce sont des choses qui arrivent. D'ailleurs, quand vous avez veillé trois ou quatre nuits d'affilée, tout peut arriver… Ces choses-là, on n'y pense pas, d'un seul coup tu te dis : *Tiens, ça fait une semaine que j'ai pas dormi.* Il semblerait que j'aie une très bonne constitution. Très résistante.

Aujourd'hui, quand vous passez les frontières, les douaniers vous demandent-ils de poser pour une petite photo de famille ?

Je prends des avions privés. (*Rires.*)

Et pareil, si un flic vous arrête pour un excès de vitesse, il sort son portable pour un petit souvenir ?

Aujourd'hui, les policiers sont très courtois avec moi, limite aimables… (*Rires.*) De toute façon, je ne fais plus d'excès de vitesse.

Comment avez-vous réagi après votre chute de cocotier et votre délicate opération du crâne, quand vous avez réalisé que Tony Blair en personne était un de vos fervents supporteurs ?

C'était incroyable, vraiment ! Oui… Tony Blair, Bill Clinton aussi. Il est poilant, Clinton. Obama aussi s'est manifesté… Vraiment dingo d'imaginer que ces gens qui dirigent des pays sont fans de vous.

Vous entretenez une relation très forte avec Paris et la France. Vous avez même élu résidence à Paris…

J'y suis toujours, enfin souvent… J'habite au coin de la rue, littéralement. J'ai toujours eu de très fortes affinités avec les Français. La première fois que j'ai vécu ici, c'était pendant *Exile on Main Street*, à Villefranche. Tous ces gens fascinants, bizarres, sur la côte… On a beaucoup enregistré ici. J'ai presque fini par devenir un Parisien. Bon, j'ai oublié tout mon français, mais ça reviendra. J'ai beaucoup de plaisir à être dans cette ville, son rythme naturel, la façon dont on fait les choses… et j'y ai de vrais amis. Je pense qu'on a plus enregistré ici que partout ailleurs. Je me suis toujours senti très à l'aise à Paris.

Quand vous aviez cet appartement rue Saint-Honoré, vous êtes-vous déjà retrouvé dans des situations délicates avec vos voisins ?

Oh, le mari de la concierge, à l'époque, il était chauffeur de taxi. Il habitait juste au-dessus de moi et, bien sûr, dans mon appartement, je fais beaucoup de bruit, je joue de la musique. Un jour, il est devenu fou et il a défoncé ma porte à coups de hache ! J'ai rien fait de particulier, juste installé une nouvelle porte… en acier trempé. Et puis de nouveau j'ai mis la musique à fond. Il est redescendu, mais cette fois c'est lui qui s'est défoncé sur ma porte. (*Rires.*)

Vous avez eu une très forte influence sur l'acteur Johnny Depp, et il s'est inspiré de vous pour jouer Jack Sparrow. Avez-vous eu le sentiment de vous voir joué à l'image ?

Je ne pense pas que ce soit une usurpation d'identité, juste un truc de « langage du corps ». Je ne me souviens pas d'avoir enseigné quoi que ce soit à Johnny, à part peut-être comment tourner au coin de la rue quand tu es vraiment bourré… sans décoller le dos du mur. Il était tout le temps en train de m'observer à mon insu. C'est un bon ami, j'adore ce mec.

Ça vous fait quoi d'être devenu un personnage de cartoon, le père de Jack Sparrow ?

J'aime beaucoup ça. Un personnage de cartoon, c'est quand même le sommet de la gloire : tu deviens une icône identifiable. J'aime les dessins animés, les gags… Oui, il va me falloir vivre avec. (*Rires.*) En même temps, j'ai toujours un peu joué à ça avec les Stones.

*Dans votre livre, on trouve des citations très drôles sur des icônes culturelles comme Allen Ginsberg (« vieux sac à pets ») ou Jean-Luc Godard, à propos du film que vous avez tourné ensemble (*One + One*). Mais vous devriez être prudent, JLG c'est une institution en France !*

Ha, ha, ha… (*La réponse se résume à un rire catarrheux de vieux chacal.*)

Qu'est-ce que ça vous fait de passer pour un vieil homme sage vers lequel on se tourne pour lui demander conseil ?

C'est toujours mieux que d'être un jeune homme mort… Je ne sais pas, je pense que j'ai encore beaucoup à apprendre. Je ne me suis jamais considéré comme un sage. Quand on a vécu ce que j'ai vécu, il en ressort forcément une certaine sagesse… Il faut juste pouvoir l'exprimer avec un peu d'esprit.

Vous avez entendu parler de ces recueils, comme Qu'en pense Keith ?, *qui compilent certaines de vos déclarations ?*

Oui j'ai vu ça.

On dirait des aphorismes…

Qui peut bien acheter ça ?

Moi ! C'est vraiment marrant. Mais pas que. C'est souvent profond et définitif.

Peut-être suis-je plus sage qu'on ne le croit.

Belles Marquises

En 1962, mon père décida, pour des raisons qui m'échappent encore aujourd'hui, de se naufrager volontairement sur une île déserte dans l'archipel des Marquises, en Polynésie. En règle générale, on ne *se naufrage* pas soi-même. On *est naufragé*, à l'occasion d'une violente tempête, d'un mauvais usage du sextant, d'une maladresse de plaisancier du dimanche ou d'un abus de boissons alcoolisées, mais, à ma connaissance, personne avant lui n'avait pris cette étrange décision. L'opération avait été menée précipitamment, même s'il lui avait fallu patienter longtemps avant de dénicher l'île idoine. Nous apprîmes en effet à cette occasion que la quasi-totalité des îles désertes ont des propriétaires, et qu'on ne saurait s'y installer (fût-ce même à l'occasion d'un naufrage) sans leur autorisation préalable.

C'est du reste une des questions qui me taraudent depuis : pourquoi posséder une île déserte ? À quelle fin ? Elles sont généralement situées dans des environnements tellement hostiles que la perspective d'aller y passer un week-end entre amis doit être rapidement écartée, le temps nécessaire à la rejoindre couvrant à lui seul la quasi-totalité du week-end. Il s'agit le plus souvent d'amas rocheux, situés au milieu de nulle part, d'un rapport immobilier inexistant, inhospitaliers, parfois dangereux et dont le seul mérite est de ne nécessiter aucun entretien. Mais l'absence d'entretien d'un endroit qui ne sert à rien, est-ce là une raison suffisante pour devenir *propriétaire à la mer* ? Un mystère de plus sur la longue liste de ceux que j'ai renoncé à résoudre.

Enfin, une île est généralement déserte parce que personne n'en veut. Et personne n'en veut parce qu'elle est invivable.

L'île de mon père lui avait été finalement fournie gracieusement par la marine nationale. Elle portait un drôle de nom, Eiao, terme qui doit certainement signifier quelque chose dans le dialecte local mais je doute que ce quelque chose soit engageant.

Eiao était en effet aussi éloignée de l'île de Robinson Crusoé (héros paternel, comme on l'aura deviné) que les bidonvilles de Calcutta peuvent l'être de Las Vegas. Pas de cocotiers, de sable blanc, d'eau limpide, de lagon, de crustacés placides, de fruits de la Passion ou autres perroquets moqueurs, sans parler d'un éventuel partenaire sexuel du type Vendredi (mon père ne mangeait pas de pain-là). En lieu et place, un îlot rocheux utilisé comme bagne au siècle précédent, ce qui en disait déjà long sur le charme immédiat sous lequel étaient tombés ses premiers visiteurs.

Ses anciens occupants étaient partis en y laissant quelques moutons qui s'étaient employés à tondre méthodiquement toute forme de végétation, transformant les malheureuses pousses d'herbe en autant de fèces qui, se mélangeant au filet d'eau potable qui coulait parcimonieusement de l'un des rochers, avaient réussi à la rendre impropre à la consommation. Les moutons occupaient encore l'île quand on y naufragea mon père, ce qui n'en faisait plus *stricto sensu* une île tout à fait déserte, mais présentait l'avantage de lui offrir un peu de compagnie et éventuellement de nourriture sur pattes.

Ajoutons, pour que le tableau soit complet, qu'on pouvait faire – rapidement – le tour de l'île sans y trouver un seul grain de sable ni *a fortiori* de plage. Que du rocher, sombre et volcanique, tombant abruptement dans une eau opaque et agitée. Toute forme de baignade était du reste formellement déconseillée, en raison de la présence de requins affamés, eux-mêmes chassant des poissons de plus modeste envergure dont certains étaient empoisonnés.

Pour parfaire ce cadre déjà idyllique, ajoutons que la perspective de *bains de soleil* était elle-même inenvisageable (l'idée initiale de mon père n'ayant jamais été, de cela au moins je suis certain, de revenir avec un teint à la Séguéla). D'abord parce que le cagnard, sous ces latitudes (avant même qu'on apprenne l'existence d'un trou dans la couche d'ozone, voire, pour certains, d'une couche d'ozone), avait une fâcheuse tendance à provoquer, en l'espace de quelques heures, un effet crème brûlée sur l'épiderme du petit Blanc de passage. Mais surtout parce que l'île pullulait d'une variété de moustiques d'une agressivité comparable, bien que pour d'autres motifs, à celle des talibans d'aujourd'hui, et que je ne sais quel entomologiste facétieux avait baptisé les Nono, alors que personne, contrairement à Amy Winehouse, ne leur avait proposé de cure de réhab.

Comme mon père, poussant jusqu'à l'absurde la notion de naufrage, s'était bien gardé de se préparer à cette folle opération de survie autrement qu'en m'empruntant – avec promesse de me le rendre – mon *Manuel des Castors juniors*, on mesure mieux ce qu'il dut ressentir en voyant s'éloigner la frégate qui venait de le déposer sur l'île après deux jours de mauvaise mer, le laissant là, seulement équipé de ce qu'un authentique naufragé aurait pu espérer récupérer de l'épave de son navire. À savoir : un émetteur (non récepteur) de radio lui permettant de faire son billet quotidien de trois minutes, en direct à 20 heures, pour la station qui avait participé au financement de l'opération. Quelques tôles ondulées et autres planches. Des boîtes de biscuits. Une moustiquaire. Un fusil. Du papier. Un stylo et de l'encre. Et les œuvres complètes d'Honoré de Balzac, dans l'édition de la Pléiade.

J'entends d'ici vos remarques, cher lecteur, concernant l'émetteur radio et Balzac. Le premier – on parle d'une époque où les téléphones n'étaient absolument pas portables – était un objet que tout naufragé aurait rêvé de pouvoir récupérer, pour la simple raison qu'étant capable d'émettre, il aurait résolu assez simplement le problème en signalant sa position. Mais, comme je l'ai indiqué plus haut, l'opération était parrainée par une station de radio qui, en échange de son investissement, avait exigé un compte rendu quotidien de cette histoire sensationnelle, et lui avait donc fourni de quoi s'exécuter. Je les soupçonne aussi rétrospectivement d'en avoir profité pour vérifier qu'il était bien sur son île exposée aux vents mauvais plutôt que dans un cabaret interlope de Tahiti, sirotant de l'alcool de coco frelaté, entourée de vahinés à moitié dénudées. Après tout, mon père était un homme plein de fantaisie, au sens de l'humour aiguisé, et ce genre de mystification aurait très bien pu figurer à son répertoire. Il est vrai que le canular connaissait à l'époque, grâce notamment à des hommes d'esprit tels que Francis Blanche et quelque temps plus tard Jean Yanne, une période de grâce.

Quant à Balzac, dont les œuvres complètes présentent un volume respectable, même dans l'édition de la Pléiade, j'admets qu'on ne soit pas tenté de le sauver en premier dans une véritable situation de détresse. On considérera donc cette liberté prise avec la réalité comme un juste réconfort aux longues heures de solitude auxquelles mon père savait qu'il s'exposait en se jetant dans cette aventure.

Son ambition première était d'y séjourner un an. Seulement, dans ce que l'on choisira de considérer comme de la candeur et de l'inconscience, il avait mal mesuré les risques. (Mais un naufragé peut-il par définition mesurer les risques, ne sachant pas, petit un, qu'il va devenir un naufragé et, petit deux, si ce sera plutôt sur l'île Saint-Louis ou sur l'île de Pâques ?) Il réussit à survivre quatre mois. Le terme *survivre* doit ici être pris au pied de la lettre, la seule préoccupation de mon père, après avoir vu le soleil se lever, étant de le voir se coucher. Pas de temps pour d'éventuelles interrogations métaphysiques au sujet du silence si éternel de ces espaces infinis. Il s'agissait uniquement pour lui de se nourrir de tout ce qui pouvait être comestible, du biscuit à la racine en passant par le foie de mouton (qu'il lui fallait cuisiner fissa avant que la chaleur ne fasse des dégâts). Mouton préalablement passé par les armes, et éventré derechef. Le tout à l'avenant. À lavement, si j'osais sans lui manquer de respect (mais il en aurait souri), vu qu'après quatre mois de ce régime, il avait perdu dix-huit kilos, quelques dents et une poignée d'illusions.

Ce que j'y gagnais, moi, tenait en deux points.

Tous les soirs, fidèle au poste, j'écoutais cette voix sortir du transistor, brouillée, parasitée, lointaine et, l'imagination stimulée comme elle peut si bien l'être par la radio, je frémissais d'orgueil en imaginant cet aventurier en tout point déraisonnable.

Aventurier qui se trouvait être mon père, ce dont je ne manquais de me prévaloir le lendemain, dans la cour de récréation, auprès de mes petits camarades qui devaient se contenter, eux, de pères peut-être plus présents au quotidien mais exerçant des métiers plus prosaïques. Des métiers tout court, du reste, tant j'avais du mal à comprendre en quoi ce que faisait mon daron relevait en quoi que ce fût d'un *métier* au sens où on l'entend traditionnellement. Si Zorro avait eu un fils – hypothèse qui mériterait d'être fouillée au regard de ses relations avec Bernardo, son fidèle et mutique serviteur –, c'est avec le même émerveillement que ce dernier aurait – imprudemment – évoqué son géniteur, après avoir découvert sa double identité.

Il n'empêche, la question reste entière : qu'allait-il faire dans cette galère ? Lui seul le sait, mais si j'en crois ses *Mémoires pudiques* (tellement pudiques qu'il évite soigneusement d'y effleurer quoi que ce soit d'intime… à l'anglaise : *never complain...*, vous connaissez la suite), il semblerait que « faire état de sa solitude sans y ajouter ou en retrancher quoi que ce soit » ait été le but ultime de l'entreprise.

On le rapatria d'urgence, barbu comme Billy Gibbons, abandonnant sur l'île le misérable bric-à-brac qu'il y avait apporté, à l'exception bien sûr de l'émetteur et des œuvres complètes d'Honoré de Balzac. Pour ma part, j'avais quitté un père et je retrouvais un héros. Cyranesque, le héros. Du type de ceux qui savent que c'est bien plus beau lorsque c'est inutile.

Chez Pierrot

Par paresse plus que par calcul, j'ai toujours laissé sa chance au hasard. Certains se rassurent en s'imaginant que la vie les mènera d'un point A à un point B, et qu'en contrôlant leur entrée dans une carrière ils auront toujours la main quand il s'agira d'en sortir. Mais on sait tous d'expérience qu'il en va rarement ainsi. Et à moins d'avoir un plan solidement établi de l'arc dramatique de notre existence, comme c'est le cas quand on écrit une fiction, et d'être déterminé à en maintenir coûte que coûte le cap, la vie se charge généralement de nous réserver des surprises parmi lesquelles – en tout cas dans le genre de métier que j'exerce – il s'agit de repérer les signes qui infléchiront le parcours.

Je vous l'accorde, ce genre de déambulation dans l'existence, si elle permet de sentir le vent de la liberté souffler dans les cheveux – ou le complément capillaire pour les moins chanceux –, n'est pas des plus sécurisantes. On ne sait jamais exactement de quoi demain sera fait, comme on ne sait jamais avec certitude ce qu'on fera le lendemain. C'est la différence entre les saltimbanques et les géomètres. Les projets vont, les projets viennent, les échecs tempèrent les succès et les ivresses les désillusions. Mais elle a le mérite, cette déambulation, de procurer un sentiment, même illusoire, de liberté. Se fier à ses premières impressions lors de rencontres plus ou moins fortuites et suivre son instinct, voilà une des seules règles auxquelles je n'ai jamais dérogé. Comme le disait si bien Henri Jeanson : « La première impression est toujours la bonne, surtout si elle est mauvaise. »

Pierre Lescure fait partie de ces individus dont j'ai toujours su, avant même de les connaître, que si un jour ou l'autre nos routes étaient amenées à se croiser, tout nous inciterait à faire un petit bout de chemin ensemble – sans savoir que, dans le cas de Pierre, ce chemin se transformerait en voie royale.

Pourtant, c'est sur une voie de garage qu'aurait pu déboucher notre toute première rencontre. Je traversais alors une période un peu tendue, professionnellement parlant. Ma première émission de télé, *Chorus*, avait fait long feu. Elle était programmée le dimanche midi entre les deux messes du jour, celle du matin qui était destinée aux catholiques cathodiques, et celle de Jacques Martin, un animateur hors norme capable du meilleur (*Le Petit Rapporteur*, en dépit de la présence de Stéphane Collaro) comme du pire (*L'École des fans*, une émission éprouvante pour les mélomanes célibataires, ceux ayant déjà des enfants faisant quant à eux preuve d'une indulgence solidaire). Après trois ans de bons et loyaux services, *Chorus* avait purement et simplement été supprimé de la grille sans être remplacé par une émission équivalente, par caprice du directeur de l'époque, X. L. (un administrateur issu de l'Ena, et contrairement à ses trompeuses initiales, plutôt étroit d'esprit), qui n'était pas à proprement parler un rocker fanatique et qui avait sans doute toléré notre présence dominicale uniquement parce qu'elle devait correspondre à l'heure de son tennis.

Lui-même fut du reste remercié quelques jours plus tard, quand l'état-major au complet fut invité par le tout nouveau pouvoir socialo-communiste, comme on disait, à aller exercer ailleurs son talent. En attendant de *changer la vie*, Mitterrand commençait, comme c'est l'usage en politique, par remplacer les affidés du pouvoir précédent par les siens. Avec cette nuance, pour ce qui était du domaine télévisuel : nous y gagnions tous au change, puisqu'à la place de Maurice Ulrich, directeur de cabinet de Chirac, et du X. L. précédemment cité, c'est le journaliste Pierre Desgraupes qui venait d'être nommé à la direction générale. Soit un homme de télévision qui s'était toujours battu, quitte à en payer le prix, pour un service public digne de ce nom.

Chorus – j'en informe ceux qui n'ont pas eu le bonheur de connaître cette époque agitée – était une émission de rock, soit un îlot de résistance dans la programmation musicale de la chaîne qui s'appelait alors Antenne 2 et célébrait, avec le kitsch idoine, la crème plus ou moins épaisse de la variété des années 1970. L'émission reposait sur un principe élémentaire : trente-sept minutes de musique *live*. Chaque semaine, deux groupes étaient conviés à venir se produire à l'Empire, un studio de l'avenue de Wagram, et quand on sait la richesse de la scène d'alors, entre Dr. Feelgood, Clash, Police, Dire Straits, Kraftwerk, Tom Petty, Marquis de Sade, Stranglers, Devo, Ian Dury, Téléphone et autres J. Geils Band pour n'en citer qu'une poignée, on peut juger de la mine d'or que nous creusions avec les pelles de notre enthousiasme.

L'émission supprimée, je traversai donc l'un de ces déserts dont je ferais plus ample connaissance dans les années à venir et retournai, je l'espérais provisoirement, à mes piges dans la presse. Quelques mois plus tard, Desgraupes confiait à Pierre Lescure, au *track record* déjà éloquent, la charge de remettre la musique, et plus largement la pop culture, à l'honneur. *Les Enfants du rock* s'apprêtaient donc à voir le jour en janvier 1982, et je pris rendez-vous avec Pierre, que je n'avais jamais croisé jusqu'alors.

Cette longue entrée en matière nous amène à la veille du jour où je devais le rencontrer, et on imagine sans peine l'espoir que je nourrissais de nous découvrir des atomes suffisamment crochus pour s'arrimer l'un à l'autre comme un wagon à sa locomotive.

Pour me détendre un peu, je dînai dans un bistrot du cœur de Paris, qui avait survécu à la destruction des Halles originelles mais conservé le même genre de menu, roboratif et carné à en filer des vapeurs à un végan modéré, le tout arrosé de ces vins du Beaujolais qui délient les langues et font l'humeur joyeuse. Peu de monde en ce soir de semaine, une ambiance tranquille que ma table se chargea d'animer. Y étaient installés Jacky, mon camarade sur *Chorus*, ainsi qu'Agnès, la mère de mon fils aîné, Louis, une femme d'esprit qui faisait feu de tout bois quand ce n'était pas elle qui allumait l'incendie. Nous faisions face à un ami Hell's Angel, le redoutable Joe Hell, un *punchliner* d'anthologie tant pour les *punches* que pour les *lines*, incollable sur Johnny Cash avec qui il partageait un langage cash, justement, et direct, un sens de l'humour à l'épreuve des balles et une franche propension à aller se produire en prison.

Une certaine bonne humeur régnait parmi notre petite assemblée, qui tranchait avec la quiétude du restaurant, et particulièrement celle d'une table occupée à quelques mètres de nous par deux couples. Bonne humeur démultipliée par l'ingestion, sur la recommandation de Joe, d'un petit buvard de la taille d'un timbre sur lequel figurait une reproduction plus naïve que fidèle de la tête de Dingo, le célèbre chien de Disney, réputé pour sa connerie abyssale et son rire idiot. À l'en croire, ledit buvard avait des propriétés euphorisantes propres à dérider un génocidaire serbe souffrant d'une rage de dents, et nous en eûmes rapidement confirmation puisqu'au moindre prétexte, si futile fût-il – comme un verre de vin rouge renversé sur la nappe blanche –, nous explosions de rires en cascades absolument irrépressibles.

Et quand nous eûmes l'idée diabolique de propulser en toute discrétion quelques framboises sur la table proche de la nôtre – tout en feignant d'être totalement étrangers à cette agression aussi gratuite que puérile –, les cascades se transformèrent en torrents potentiels au point que Jacky dut se précipiter aux toilettes pour soulager autant sa vessie que sa conscience. Alors qu'il revenait vers nous, quelques instants plus tard, nous le vîmes faire une halte à la table qui nous avait servi de cible et être pris à partie par l'un des convives, tout en continuant à rire pour un oui et pour un non, nos propres rires rebondissant par un effet boomerang comme une inexplicable crise de démence.

Jacky me fit signe de le rejoindre, et je m'exécutai promptement. « Je te présente Pierre Lescure », dit-il en pouffant, et il me désigna l'un des deux hommes, celui avec un drôle de nez. « Enchanté, répondis-je en lui serrant jovialement la main. Et moi, c'est Simone Garnier[1]. » La plaisanterie eut l'heur de faire sourire

1. Pour mémoire, une blonde figure de la télé des années 1960 et 1970 où elle apparaissait – toujours en binôme aux côtés de Guy Lux ou Léon Zitrone – pour coanimer *Intervilles* et autres *Jeux sans frontières* ; c'est notamment grâce à elle, et non à Beauvoir, que fut relancée l'expression : « En voiture Simone. »

l'intéressé, qui coupa court néanmoins en nous signifiant que l'audience était terminée. Nous regagnâmes nos places en riant toujours d'aussi bon cœur et conclûmes nos agapes par quelques Jacoulot, le *must* des marcs de Bourgogne. Et plus Jacky m'expliquait que c'était bien le vrai Lescure qu'il m'avait présenté, plus nous redoublions d'hilarité.

Enfin, les meilleures choses ayant une faim – si l'on est dans un restaurant –, nous nous retrouvâmes sur le trottoir de la rue Étienne-Marcel pour nous faire nos adieux. Fut-ce à cause de l'air frais ou de l'effet du Dingo qui commençait à se dissiper, toujours est-il que je finis par réaliser que Jacky ne plaisantait pas, et mon humeur changea radicalement. J'avais rendez-vous avec Lescure une dizaine d'heures plus tard pour décider de mon proche avenir, il était littéralement ma planche de salut, et ce n'était pas une balle que je m'étais tirée dans le pied mais un chargeur entier de kalachnikov.

Voilà sans doute la réflexion qu'il devait être en train de se faire au même moment, en essayant de nettoyer devant la glace de sa salle de bains une tache de framboise sur son col de chemise. Bien sûr, me disais-je, il n'a pas cru un instant que j'étais Simone Garnier, et demain matin il se fera un plaisir, s'il consent seulement à m'adresser la parole, à m'expliquer que cette Simone-là n'a pas sa place dans une émission où il sera davantage question de Motörhead que de vachettes.

Autant dire qu'un certain sentiment d'intranquillité m'habita jusqu'au petit jour, et c'est avec l'entrain d'un condamné se dirigeant vers l'échafaud que je pris le chemin de l'avenue Montaigne, le siège d'Antenne 2 (car oui, étrangement c'était encore l'époque où il était possible d'associer Michel de Montaigne à la télévision de service public).

Je n'en menais pas large en patientant dans le bureau de son secrétariat, feignant de m'intéresser comme chez le dentiste à une de ces revues[1] qu'on dirait seulement faites pour ces lieux d'attente. Quand enfin la porte s'ouvrit, c'est bien le même homme qui se tenait face à moi. D'un sourire engageant – préludant, je l'espérais, à un engagement plus formel –, il m'invita à le suivre dans son bureau. Étrangement, il ne fut pas un instant question de l'incident de la veille, et comme il n'en disait mot, je ne brûlais pas moi-même d'impatience d'amener le sujet sur la table.

La conversation tourna principalement autour de la musique, notamment de notre goût commun pour des *outsiders* comme Harry Nilsson ou Van Dyke Parks, ou encore de l'ambition qui était sienne de créer cette unité réunissant autour de la musique tout ce qui constitue la fameuse pop culture, celle dans laquelle notre génération avait grandi, et dont l'influence se faisait sentir chaque jour à travers le cinéma, la littérature, la mode, la bédé, la vidéo ou les arts plastiques. De framboise, en revanche, aucune trace.

Soit cet homme était d'une indulgence qui dépassait l'entendement, soit il avait la mémoire très courte, mais son érudition discrète venait très précisément de me démontrer le contraire. Toujours est-il qu'une heure plus tard, mon avenir venait de reprendre un peu de couleurs puisque nous avions topé sur l'idée d'un magazine bimensuel autour du rock, qui verrait le jour

1. Revue dans laquelle, preuve s'il en était besoin du côté facétieux de la mémoire, il était question à la fois de Georges Brassens qui venait de casser sa pipe (comme l'avait si bien titré *Libération*), et des mésaventures d'un des membres de la famille Grimaldi qui s'était foulé un orteil en pratiquant le ski nautique, compromettant peut-être sa participation au Bal de la rose au mois de mars suivant.

deux mois plus tard et dont le titre *Houba houba*, en même temps qu'il rendait hommage au génial André Franquin et à son Marsupilami, exprimait ma joie de reprendre le collier dans un cadre aussi idéalement posé.

Pierre Lescure devait occuper une place centrale dans ma vie, et se noua alors entre nous une estime que je crois profonde et réciproque, et dont nous aurions plus tard l'opportunité de développer les nuances à Canal Plus. Pendant longtemps, cet épisode inaugural de la soirée au restaurant – qui, signe du destin, avait pour nom Pierrot – resta un non-dit entre nous. Jusqu'au jour où, n'y tenant plus, j'amenai enfin le sujet sur la table, si je puis dire. Il se souvenait évidemment de Simone Garnier et des framboises, mais n'en avait gardé aucune rancune. De fait, il s'ennuyait à périr à sa table et observait depuis le début d'un air envieux la bonne humeur exubérante qui régnait à la nôtre. Il savait pertinemment que nous avions rendez-vous le lendemain matin, et s'amusait par avance de la tête que je ferais en entrant dans son bureau.

Pierrot n'existe plus dans sa forme d'alors, et nous non plus d'ailleurs puisque les *Enfants* de l'époque sont devenus des parents – quand ce n'est pas des grands-parents –, mais ce souvenir-là continue à briller d'un éclat comparable à celui d'une framboise sur une nappe immaculée.

Le rouge est mis

Je ne me destinais certainement pas à causer dans le poste.

D'une timidité qu'il serait toutefois exagéré de qualifier de maladive, je fuyais, au sortir de l'adolescence et les gonades grossièrement centrées, tout ce qui s'apparentait à une prise de parole en public, et pour un oui ou pour un non je me rétractais dans ma coquille comme un escargot de Bourgogne sentant approcher la poule prédatrice si friande d'*Helix pomatia*.

L'inévitable déterminisme familial me permit, à l'époque où je courais mille petits boulots en attendant d'en trouver un grand, de faire de la figuration. Ma première expérience fut dans un film de Robert Bresson, *Le Diable probablement* si mes souvenirs sont bons, où on ne m'avait rien demandé d'autre que de rester planté au milieu de voyageurs circulant dans un bus, du côté de la porte de Saint-Ouen, le regard perdu dans le vague, en m'efforçant de ne rien exprimer, ce qui était tout à fait à ma portée.

Ma deuxième expérience requérait au contraire une participation active de ma part. Sur le plateau de l'émission de Philippe Bouvard, représentant un salon où le caustique nain de jardin évoluait de table en table pour deviser avec ses invités (au nombre desquels, immanquablement, Alice Sapritch), je figurais donc avec quelques individus de mon âge, histoire de rajeunir le plateau à défaut de l'audience. On attendait de moi que je rie spontanément aux saillies de l'hôte, réputé et craint pour son esprit. Mais soit leur subtilité m'échappa, soit je pensais à autre chose – notamment à la raison pour laquelle je me retrouvais dans une situation aussi embarrassante –, le fait est que je restais aussi stoïque que Buster Keaton ou une borne kilométrique. Je fus donc rapidement remercié par la production pour mon manque d'enthousiasme, mettant ainsi un terme prématuré à ma jeune carrière de *silhouette à situation suggérée*. Ce qui bien des années plus tard, alors qu'à mon tour je me retrouvai dans la peau de l'amuseur, me fit toujours considérer avec une extrême bienveillance le public de plateau subissant stoïquement, même si c'est volontaire de sa part, les contraintes d'un enregistrement et l'inconfort des bancs sur lesquels on l'entasse sans ménagement.

Rien ne me destinait donc à me retrouver devant la caméra, *a fortiori* pour m'y exprimer. Mais bien sûr – le lecteur s'en sera sans doute avisé, sauf à avoir sauté par inadvertance le chapitre précédent –, les choses ne se passent jamais tout à fait comme on les avait imaginées, et la vie s'y entend – oui, j'aime bien enfoncer quelques portes ouvertes – pour nous réserver des surprises.

C'est ainsi qu'après avoir fait mes armes d'assistant de production auprès du regretté Michel Parbot (souvenez-vous, une légende du reportage à haut risque qui, de *guerre lasse*, avait choisi de tourner son objectif vers des sujets plus paisibles), Antenne 2 nous avait confié, à Claude Ventura (ex-réalisateur de *Pop 2* et futur réalisateur de *Cinéma, cinémas*) et à moi-même, la case du dimanche midi, un *no man's land* déjà évoqué situé entre l'hostie et la blanquette de veau. Trente-sept minutes d'antenne pour y diffuser un peu de rock, alternative bienvenue à la variétoche de l'époque qui proliférait sur les ondes comme, quelques siècles plus tôt, la vérole sur le bas clergé.

Il fallait bien quelqu'un pour annoncer le programme de *Chorus* et faire les enchaînements, et après une tentative peu concluante avec Shitty Telaouine (ex-bassiste d'Au bonheur des dames et interprète de l'indémodable « Que je m'aime »), la chaîne me demanda d'avoir recours aux services d'un homme d'expérience. Un nom s'imposait : celui de Patrice Blanc-Francard, ex-voix d'Inter et animateur de feu *Pop 2*[1] qui, entre 1969 et 1973, avait déjà réussi à ouvrir une – excellente – lucarne sur le rock. Je n'avais jamais goûté son terrifiant esprit de sérieux qui lui faisait commenter la sortie d'un album des Specials avec le même entrain que s'il détaillait le calcul de l'imposition des prestations compensatoires. Il n'empêche, tout allait pour le mieux dans le meilleur des mondes quand, trois mois plus tard, Blanc-Francard vint m'informer que présenter ne lui suffisait pas et que s'il ne devenait pas coproducteur, il préférait reprendre sa liberté. J'exauçai aussitôt son vœu en lui indiquant le chemin de la sortie. J'aime par-dessus tout l'idée du partage, mais j'ai horreur qu'on me l'impose. (Je ne m'en fis pas un allié, mais nos routes devaient se recroiser quelques années plus tard, notamment quand il se retrouva à la tête des *Enfants du rock* après le départ de Lescure. Oui, la vie est farceuse, parfois.)

L'urgence était donc de trouver l'oiseau rare capable de remplacer PBF, et d'en profiter au passage pour

1. Émission dont, soit dit en passant, le monteur (elle était tournée en 16 millimètres) n'était autre qu'un certain Alain De Greef, futur chef d'atelier des *Enfants du rock*, et bien sûr historique directeur des programmes de Canal Plus.

tenter de redonner un peu de flamme et de tonicité à la présentation de *Chorus*. Je passai en revue, à l'occasion d'un casting, tout ce que la place de Paris comptait de fines plumes de la presse rock, mais comme je m'en rendis rapidement compte, les meilleurs à l'écrit ne faisaient pas forcément des étincelles à l'oral, et beaucoup se croyaient obligés de jouer un personnage de *rock critic* fantasmé, une sorte de *mashup* entre Philip Marlowe – l'investigateur – et Joey Ramone – le re-eu-belle. Perfecto, lunettes noires, teint hâve et décavé du noctambule électrique, le tout clignotant à la fois comme une posture et un cliché – le même, mais inversé, que celui des animateurs de jeu qui s'obligent à surjouer le dynamisme, la bonne humeur et l'excitation de poser des questions exaltantes. (Comme de deviner par exemple quel empereur romain a donné son nom, sans le vouloir – ni se douter que c'est ainsi, aussi, qu'il passerait à la postérité – à une sauce de salade.)

Pour avoir grandi dans une famille de télévision, j'avais au moins appris à discerner l'artifice de l'authentique, et rien ne me semblait plus important, dans ce domaine, que de rester le plus naturel possible. De toute façon, l'autre option que j'adopterais par la suite, celle de composer un personnage devant une caméra, que ce soit pour présenter une émission ou jouer la comédie, était techniquement – et mentalement – hors de ma portée. De la même manière que nous tournions la musique *live* dans des conditions proches de celles d'un concert, j'attachais de l'importance à la sobriété de la présentation de *Chorus*. « Tu n'as qu'à la présenter, ton émission, me suggéra Paul Peyre, alors directeur des programmes. Tu es le mieux placé pour la défendre. Tu connais le sujet et tu la programmes. » Mon entourage immédiat, ma petite équipe, tout le monde me poussa à franchir le pas, mais la perspective de me retrouver devant l'objectif me tétanisait.

Il se trouve que nous recevions alors régulièrement la visite, dans nos bureaux du théâtre de l'Empire, d'un attaché de presse, Jacky Jakubowicz, qui avait ceci de particulier qu'il oubliait toujours de nous apporter les disques (le seul support existant pour écouter les nouveautés) et qu'il devait passer plus de temps à mon bureau qu'au sien, tant nous prenions plaisir à parler de tout et de rien – et énormément de musique. Il s'occupait de Blondie et Gainsbourg et, bien sûr, aucun des deux ne mit jamais les pieds sur le plateau de *Chorus*.

(Pour ce qui est de Gainsbourg, nous nous rattrapâmes largement quelques années plus tard avec *Les Enfants du rock*, le jour où je lui fis faire connaissance d'une de ses idoles : Screaming Jay Hawkins, cultissime baryton auteur, notamment, d'« I Put a Spell on You », et de ce « Constipation Blues » qu'ils reprirent à deux pianos dans une version si longue que je ne saurais trop la conseiller à ceux qui souffrent de ce genre de tracas.)

Toujours est-il que Jacky était là le jour où je dus, pour la première fois, me retrouver seul face caméra, sur le toit de l'Empire. (Je me rends compte aujourd'hui, en écrivant ces mots, qu'ils résonnent étrangement, considérant l'intérêt forcené que je porterais quelques années plus tard à Napoléon Bonaparte.) Il m'accompagna même sur l'étroite passerelle qui surplombait le théâtre pour me donner du courage, et très naturellement je lui demandai de rester dans le cadre près de moi, en arrière-plan, sans rien faire d'autre que de fixer la caméra. J'étais rassuré par sa présence comme un alpiniste peut l'être par la corde qui le relie à ses compagnons d'ascension.

Ce dispositif étrange n'avait à mes yeux que des avantages : il distrayait l'attention du téléspectateur, qui se demandait qui était cet individu muet à mes côtés ainsi que la raison de sa présence, et au moins, pendant ce temps-là, ne se focalisait-il pas sur ma maladresse. Rapidement l'idée de décliner cette situation étrange s'imposa. Tout ce qui pouvait faire diversion et permettre d'oublier, le temps du lancement, l'amateurisme embarrassant du présentateur était bon à prendre. C'est pourquoi nous abandonnâmes rapidement nos tenues de ville (blouson, jeans, creepers, etc.) pour revêtir, comme si de rien n'était, des armures médiévales, des déguisements de cow-boys ou autres tenues de motards.

L'idée se révéla bonne : en même temps qu'elle me soulageait, elle devenait de semaine en semaine un *gimmick* derrière lequel je me réfugiais pour m'initier à cette nouvelle fonction. *Gimmick* qui nous permettait par ailleurs de prendre nos distances avec ce ton sérieux et professoral que je redoutais tant, sans pour autant – autre écueil – vouloir faire les malins en cherchant à être drôles coûte que coûte, ce qui produit toujours l'effet inverse. Tout bénef.

C'est donc là que je fis mes premières armes, et que j'ouvrais les chakras d'un futur rôle que je tiens encore, quelques décennies plus tard, avec un peu moins d'inquiétude assurément, mais sans m'être jamais tout à fait affranchi de ce léger sentiment d'imposture qui, selon les jours, me réjouit ou me désole.

La morale de cette histoire, si le terme n'est pas trop fort, c'est, comme on dit au Sénégal : « Le criquet tient dans le creux de la main, mais on l'entend dans toute la prairie. » De petites causes peuvent produire de grands effets, et il faut se laisser porter par les rencontres et les circonstances, ne jamais hésiter à bifurquer et à tenter de nouvelles expériences, si éloignées soient-elles de l'axe initial que l'on s'était tracé. C'est une règle d'or, et l'une des seules auxquelles je me sois jamais soumis volontiers.

Elvis, l'autre

La première fois que j'ai rencontré Elvis Costello, je n'en menais pas large. J'avais été l'un des rares à sympathiser avec son manager, Jake Riviera, qui s'était fait une réputation de terreur dans l'univers discographique (Dr. Feelgood, The Damned, etc.) en corrigeant physiquement tous ceux qui commettaient l'imprudence de lui mettre des bâtons dans les roues, développant un interprétation toute personnelle – dévoyée, selon les victimes – du christianisme en distribuant volontiers des pains sans pour autant annoncer juste avant un quelconque miracle… Riviera et sa mythique *punchline* à son label français : « Pour nous, Anglais, Barclay, c'est une banque, et vous allez ouvrir vos putains de coffres. » En revanche, je me méfiais d'Elvis, l'imaginant aussi impulsif et incontrôlable que son *chargé d'affaires*.

Il faut dire qu'à l'époque l'homme, tout en tension nerveuse, électricité et venin textuel, serré dans des costumes trop étroits, slim avant l'heure, sa cravate ficelle, ses lunettes de programmeur informatique (son premier métier), hypermétrope, sans parler de son attitude bravache et explosive, tenait naturellement à l'écart tous ceux qui auraient été tentés de l'approcher, y compris pour lui faire des compliments. Même si je m'étais battu comme un chien pour pouvoir le faire venir sur le plateau de *Chorus* avec The Attractions en 1979, j'avais senti qu'il était raisonnable d'observer avec lui une distance de sécurité à laquelle, hormis les formules de politesse d'usage, je m'étais tenu.

Et pourtant quel flamboyant concert que celui de l'Empire ! Quelle évidente démonstration de son génie et de sa puissance de feu ! Quelle claque, comme aurait dit Riviera. Mais voilà, Costello maintenait la distance et ne se laissait pas approcher comme ça, et le jeune et réservé producteur que j'étais, à l'anglais déjà fluctuant, s'était contenté de tourner le concert de son invité, des étoiles dans les yeux et le cœur battant comme un petit ado mal débourré découvrant Godzilla dans son salon, ou Gorillaz dans son oreille.

Pendant que son manager mettait tout le monde K-O, Elvis, lui, mettait tout le monde d'accord. Sa virtuosité tant d'auteur que de compositeur, la tension de ses performances, la perfection de son petit combo énervé, The Attractions, son inspiration débordante (sa trilogie en trois ans : *This Year's Model*, *Armed Forces* et *Get Happy !!*) toujours pas prête, quarante ans plus tard, à se tarir, suscitaient auprès de tous, sur cette scène post-punk ayant fait place nette de tout ce qui encombrait la table (désormais ouverte, comme il serait le premier à le démontrer, à tous les développements possibles), une admiration inconditionnelle.

Je pense à lui aujourd'hui, à l'occasion de la parution d'un coffret vinyle (Elvis refuse la réductrice adaptation CD de ce qui fut conçu, y compris visuellement, pour être un LP), disons enrichi (neuf albums !), de ce fameux *Armed Forces* littéralement anthologique. Il ne s'agit pas d'un de ces coffrets lancés à la mer par l'industrie phonographique subclaquante comme autant de bouées censées l'aider à échapper au naufrage, et qui réunissent aussi bien le meilleur que le pire, ou le très dispensable. Au contraire, c'est un vrai assemblage, réfléchi et ordonné par Elvis lui-même, de prises alternatives à l'album original, assorti d'inédits ou de faces B obscures, de versions *live* et éventuellement de carnets de notes plus ou moins richement illustrés – soit un fantasme de costellien acharné, amateur par définition de madeleines proustiennes, celles qu'on apprécie d'autant plus quand arrive ce moment de la vie où on prend un peu le temps de s'attarder, de creuser, et de mettre en perspective (comme ce livre essaie maladroitement de le faire). Ce coffret fut l'occasion surtout de reparler à Elvis, désormais établi à Vancouver, loin du Londres qui le vit éclore.

Ce ne sont pas les occasions qui manquèrent au fil des ans. Je me souviens d'un entretien croisé avec Boris Bergman dans son refuge montmartrois encombré de boîtes de films 35 millimètres, westerns et films noirs de préférence, dont il régalait ses proches la nuit venue. Ce devait être au début des années 1980 et déjà Elvis s'était adouci, comme un tigre qui s'habitue à la présence de l'homme. Il avait été question de l'acidité, qui va parfois jusqu'à la cruauté, des textes dont il joue avec la dextérité d'un circassien. J'avais été surpris par cette rapide métamorphose, rassuré aussi de voir qu'il dépassait, et de très loin, ce qui aurait pu être pris pour une posture.

Bergman était alors le parolier attitré d'Alain Bashung, et Bashung adorant Costello, nous nous retrouvâmes naturellement un soir dans un studio londonien tous ensemble, alors qu'Elvis produisait le chef-d'œuvre des Pogues : *Rhum, Sodomy and the Lash.* Cette fois-ci nous étions devenus de vieilles connaissances, et nous fûmes accueillis comme les *amis français.* Alain, qui était fort impressionné de se retrouver au cœur de ce mythique aréopage, se donna du courage en trinquant avec Shane MacGowan qui avait pour particularité de trinquer du matin au soir, et ils partirent tous à l'assaut d'une version très arrosée de « Dirty Old Town » dont nous gardâmes la trace pour une édition des *Enfants du rock*.

Les années passèrent, je suivais fidèlement Elvis de disque en disque, y compris dans ses recherches les plus exotiques et dans un registre plus ouvert que le golfe du Mexique : Burt Bacharach, le Brodsky Quartet, les Roots, Bill Frisell, Allen Toussaint ou la chanteuse d'opéra Anne Sofie von Otter, sans parler de son goût pour la *country music* – même s'il revenait toujours à son cœur de métier, ce rock tendu, mélodique, et sophistiqué. (Il n'est pas anodin d'ailleurs que McCartney ait collaboré avec lui à plusieurs reprises entre 1987 et 1995, comme si travailler avec Elvis lui renvoyait pour la première fois, depuis la fin de son histoire avec Lennon, la possibilité d'un compagnonnage musical au moins aussi fructueux.)

Bien plus tard, je lui proposai de composer la musique de *Désaccord parfait* que je m'apprêtais à tourner à Londres, mais son emploi du temps lui rendait la chose impossible. Il était alors en pleine écriture d'un opéra (!) qu'il s'apprêtait à faire représenter dans je ne sais plus quel pays nordique, et me donna l'excellent conseil de travailler avec Steve Nieve, le pianiste historique de The Attractions. Cette heureuse initiative donna naissance à une collaboration exquise avec cet artiste inspiré et poétique, parfaitement profilé pour tricoter cette partition où deux époques, les années 1960 et les années 2000, se répondent en écho.

C'est d'ailleurs à l'occasion d'un autre opéra, écrit cette fois-ci par Steve et présenté au Châtelet (où, chaque fois que j'y remets les pieds, les fantômes de

Luis Mariano, de Grand Funk Railroad (!) de Georges Guétary, des César ou de Jean-Paul Gaultier se rappellent à mon bon souvenir), que je recroisai Elvis en 2008, sur scène et en compagnie de Sting, tous deux se frottant – tout à fait honorablement – à des chanteurs lyriques de métier.

Mais surtout, et c'est là que je voulais en venir, mon corps se souvient encore, huit ans plus tard, de ce test de résistance à l'effort auquel me soumit Napoléon Dynamite (car tel était, rappelons-le, son surnom). Il se produisait sur la scène de l'Olympia pour le Spectacular Spinning Songbook Tour, accompagné par The Imposters, groupe qui succéda à la dissolution finale de The Attractions. Une immense roue, du type de celle de la Fortune, sur laquelle figuraient une cinquantaine des titres d'Elvis choisis parmi les quatre cents (!) déjà composés à l'époque, était installée sur scène, et l'idée du *show* consistait à faire tourner la roue de manière aléatoire, par Elvis lui-même ou par un spectateur consentant, pour jouer dans la foulée le morceau désigné par le hasard. Pour les plus volontaires, une cage de *go-go dancer* était proposée pour accompagner le morceau choisi d'une chorégraphie spontanée.

Le côté music-hall à l'ancienne seyait parfaitement à Elvis, bien évidemment pour des raisons ataviques – son père et son grand-père étaient eux-mêmes musiciens (music-hall et jazz) – mais aussi parce qu'il remplissait avec talent et humour le rôle du maître de cérémonie (comme il le prouva par exemple en animant son remarquable *show* télévisé *Spectacle* pendant deux ans sur Channel Four). L'humour, il en fit preuve une fois de plus en me conviant à monter sur scène à mon tour pour faire ma Sophie Favier et actionner la fameuse roue. Le sort voulut qu'elle s'arrêtât sur

« (I Don't Want To Go To) Chelsea »[1], cuvée 1978, extraite de son deuxième album, *This Year's Model.*

Je me dirigeai avec joie devant la barre de *pole dance* mais n'eus pas le temps de m'y coller lascivement ainsi que je l'avais vu faire dans le film de Paul Verhoeven *Showgirls*, vu que la chanson venait de démarrer sans crier gare – il est rare cela dit qu'une chanson crie *gare* en démarrant –, menée par le tempo enlevé de la batterie. Nonobstant, je laissai le démon de la danse s'emparer de moi, et à défaut d'une souplesse qui m'a toujours manqué, notamment dans la région de la ceinture pelvienne, j'y allai avec toute l'énergie d'un jeune danseur fougueux découvrant simultanément l'aérobic et les amphétamines, sous le sourire malicieux d'Elvis.

Soit que j'y misse une énergie disproportionnée, soit que le morceau s'étirât dans une version beaucoup plus longue que l'originale qui, croyais-je me souvenir, durait trois minutes dix, toujours est-il qu'assez rapidement mon organisme m'envoya quelques signaux d'alerte pour me rappeler que j'avais négligé l'échauffement nécessaire avant ce lâcher de chiens improvisé (et de manière générale toute forme d'activité sportive brutale).

Le souffle court, littéralement en apnée, le cœur emballé comme un cheval dans le même état, je me mis à prier pour qu'ils ne me fassent pas le coup – facétieux, j'en conviens – de l'enfilage de solos : guitare, claviers, basse, et pourquoi pas batterie. J'essayais de faire bonne figure sans laisser transparaître le degré d'épuisement qui me gagnait peu à peu, prêt à y laisser mon cœur plutôt que ma dignité – celle-ci, aux

---

1. Morceau qu'il avait interprété avec fougue sur la scène de l'Empire, trente-cinq ans plus tôt, et revoilà la circularité malicieuse de la roue.

yeux d'un danseur de métier, s'étant de tout manière évaporée depuis longtemps.

Quand le morceau s'acheva enfin, je sortis de ma cage, moins oiseau libre enfin de voler que marathonien en pleine crise d'hypoglycémie. Un couteau prêt à rendre lame.

Le groupe au complet était hilare en me voyant traverser la scène en titubant – même si, en vieux routier du spectacle, je sur-jouai légèrement l'état d'épuisement – pour regagner ma place au milieu de mes semblables costellophiles.

C'est ce souvenir que nous évoquâmes quelques années plus tard au téléphone, durant cette période de sinistre mémoire que nous commencions à traverser, alors qu'il était confiné à résidence avec femme et enfants, contraint et forcé comme tout un chacun à l'inactivité. L'inactivité, au sens costellien du terme, avait cependant consisté à sortir un trente et unième album, enregistré juste avant le bouclage des frontières entre Helsinki et Paris, à superviser la sortie du coffret *Armed Forces*, à finir d'écrire une série radiophonique et une comédie musicale pour Broadway, tout en cuisinant sans doute une de ces célèbres poutines qui ont tant fait pour la réputation gastronomique du Canada.

« *Elvis has just left the building* », avait annoncé le manager de l'autre Elvis, en 1956, histoire de calmer les fans en fusion. Le nôtre n'a pas encore visité tous les étages du sien.

Cuvée Cyrano

Je me souviens de Guillaume Depardieu. Ses parents occupaient une grande et belle maison dans la campagne trouvillaise, à quelques centaines de mètres de la mienne, dont il se murmurait qu'elle avait servi de bordel aux officiers allemands pendant l'Occupation. Guillaume, qui en pinçait pour ma fille Emma, débarquait à l'improviste sous les prétextes les plus futiles.

L'un d'eux était sa passion pour la musique, avec un penchant certain pour la batterie dont je possédais un exemplaire (une Capelle Jazz) sur lequel je tapotais moi-même de temps à autre, dans le seul but de vérifier que je n'avais toujours fait aucun progrès depuis ma lointaine adolescence. J'avais transformé la salle de séjour en salon de musique et la batterie trônait au centre, entourée de deux amplis pour basse et guitare, de retours bains de pieds, d'un micro pour le chant et d'une minuscule table de mixage. La base. Je cultivais le doux fantasme que parmi les nombreux musiciens que je fréquentais alors, il s'en trouverait bien quelques-uns dont les routes se croiseraient un jour ou l'autre en ce lieu prédestiné où nous pourrions jammer, à la manière des Stones dans le dispensable, avec le recul, album *Jamming with Edward!* (une véritable curiosité dans le monde du rock, puisqu'il est constitué d'une jam entre Jagger, Charlie Watts, Bill Wyman, Nicky Hopkins et Ry Cooder, en attendant non pas Godot mais Keith, qui traînait encore on ne sait où).

Le problème que j'identifiai assez rapidement, c'est qu'il arrivait rarement à Ry Cooder, et encore moins à Mick Jagger, de faire un détour par Trouville-sur-Mer pour venir taper le bœuf comme on dit chez nous, quand bien même la Normandie est réputée pour ses vaches laitières. Et donc, en attendant la visite hypothétique de telles pointures, il était plus fréquent que mes deux amis Bruno Gaston et Laurent Chalumeau s'essaient, le temps d'une poignée de mesures, à partager quelques frissons binaires auxquels nous renoncions rapidement pour aller ouvrir une bouteille de vin blanc.

Guillaume venait donc régulièrement travailler son indépendance sur la petite batterie, n'hésitant pas à se désaltérer entre deux échauffements, ce qui lui faisait gagner en vélocité ce qu'il perdait en précision. Ce n'est trahir aucun secret que de rappeler que ce garçon charmant, vibrant de talent, était d'un naturel tourmenté, et que mille démons le pourchassaient. Il faisait tout avec excès et vivait avec une intensité hors du commun, comme animé d'une flamme rimbaldienne.

Au point qu'un jour, alors qu'il avait eu la main particulièrement lourde sur le houblon, je jugeai plus prudent de demander à son père de venir le chercher au lieu de le laisser repartir sans être certain qu'on le voie arriver.

Gérard déboula quelques instants plus tard au guidon de sa pétrolette, dans un état voisin de celui de son fils. Il n'arrivait pas les mains vides, ayant calé entre ses cuisses une caisse de vin du château de Tigné, dont il était devenu quelques années plus tôt l'heureux propriétaire et l'enthousiaste viticulteur. Une des cuvées était fièrement baptisée « Cuvée Cyrano » en mémoire du film homonyme de Jean-Paul Rappeneau sorti quelques années plus tôt, si magistralement interprété par le Grand Gérard – qui voulait démontrer ainsi que le vin méritait lui aussi l'hommage d'un *tel nez*.

Il s'était fait le VRP de luxe de ladite cuvée, un VRP auquel personne n'avait le courage d'avouer son avis sur ce qu'un restaurateur trouvillais, spécialisé dans les poissons et crustacés, avait qualifié d'« encre de seiche ». Et c'est vrai que ce Cyrano-là avait du coffre, de la cuisse, de la substance ou je ne sais quelle métaphore alambiquée dont raffolent les œnologues, seules nuances malheureusement perceptibles par mon palais inversé qui fait peu de différence entre un vin bouchonné ou pas.

Je le remerciai de son attention et m'apprêtai à remiser le présent dans le local à gnôle quand Gérard s'interposa pour suggérer de le goûter sans attendre. Proposition qu'il était illusoire de vouloir décliner. Que fait le capitaine quand il voit surgir la vague scélérate ? Lui fait-il front ? Non, il l'accompagne, bien sûr. Et ce n'est pas une, ni deux, mais trois bouteilles qui rendirent l'âme sous mon regard impuissant. Le problème, c'est que je n'avais plus personne à appeler pour venir exfiltrer les deux générations de soiffards, et qu'il me fallut attendre qu'ils décident de leur propre chef de plier les gaules pour retrouver un peu de cette sérénité dont Trouville est pour moi synonyme.

Il y avait quelque chose de pathétique, bien sûr, dans le spectacle de ce père et de ce fils beurrés comme des petits Lu – surtout connaissant le roman familial de Gérard, et son paternel poivrot dont il n'avait jamais fait mystère –, mais également de profondément comique et touchant. Pour ma part, je n'ai jamais été le témoin de beuveries familiales qui auraient dépassé un petit moment de gaieté un peu appuyée. Mon grand-père trouvillais seul devenait tout rouge après sa rituelle coupe de champ dominicale, et il se mettait à rire pour un oui ou pour un non, mais je ne l'ai jamais vu rouler sous la table, comme on dit. Quant à mes parents, ils ont toujours fait preuve d'une grande tempérance naturelle dont, sans mérite, je n'ai eu qu'à m'inspirer, à la franche satisfaction de mon foie.

À une exception près. Dans les années 1980, j'étais allé retrouver mon père dans sa maison près de Loudun, avec pour projet une escapade improvisée sur les conseils avisés (et avinés) de Jean-Pierre « c'est de la merde » Coffe que je croisais alors quotidiennement à Canal Plus, où il officiait aux côtés de Denisot puis de Delarue. Coffe, qui avait eu la bonté de me faire introniser compagnon de la Confrérie du fromage de tête, une préparation dont l'intitulé suffisait à me faire venir le cœur au bord des lèvres, mais qui avait le mérite de m'amener à croiser épisodiquement des hommes aussi remarquables que Jean Carmet, Jean-Claude Carrière et bien sûr Gérard Depardieu. On imaginera aisément que la réunion de ces fines gueules était prétexte à plantureuses ripailles largement arrosées et que, comme des grognards au bivouac à la veille de la bataille, elles donnaient lieu à l'évocation de hauts faits d'armes ayant en commun l'ivrognerie.

Je n'ai par exemple jamais oublié l'histoire de ce délicieux Carmet, qu'on attendait au petit jour sur le plateau de je ne sais plus quel film alors qu'il s'était endormi, ivre mort, à même le sol de sa chambre d'hôtel, à jamais sourd aux tambourinements du malheureux assistant venu pour le *pick-up*. Celui-ci, craignant un malheur, avait dû demander à la réception qu'on lui ouvrît la porte. Carmet cuvait là, comme un bienheureux, à même la moquette de l'hôtel qui avait ceci de particulier qu'elle avait pour motif, tous les vingt centimètres, le S de Sofitel. Et que la lettre était en relief. Le pauvre Carmet s'était donc littéralement incrusté dans la peau, à même la joue (contrairement à Milady de Winter, marquée elle aussi du fer rouge de l'infamie, mais sur l'épaule), le S majuscule, et cela si profondément qu'il fallut attendre encore quelques heures pour que la maquilleuse parvienne à le dissimuler, contraignant le réalisateur à privilégier le profil opposé…

Mais j'en reviens à cette visite à mon père. Puisque nous étions à quelques kilomètres de Bourgueil, Coffe m'avait vivement conseillé d'aller rendre visite à un jeune vigneron installé là depuis quelques années, au sujet duquel il ne tarissait pas d'éloges. C'est peu dire que je n'avais pas été élevé dans la culture du vin par des parents dont je rappelais à l'instant la tempérance. Ma mère, joyeuse par nature, redoublait de gaieté après quelques bulles, et mon père savait faire preuve d'esprit sans avoir nécessairement recours à celui du vin. Sa maison possédait toutefois une cave, aussi profonde qu'effrayante, où il entreposait une piquette à bon prix qu'il se faisait régulièrement expédier du bordelais, et où il avait largement la place de stocker quelques caisses dans des conditions hygrométriques idéales.

La visite au vigneron fut donc plus l'occasion pour nous de trouver un but à une sortie dans les environs enchanteurs de Chinon qu'une véritable expédition œnologique. Nous fûmes accueillis par un homme charmant qui ignorait qu'il avait face à lui deux fins connaisseurs au palais exigeant, et il décida de nous présenter sa gamme de vins et de cépages, en dégustation d'abord *horizontale* puis *verticale*, ce qui, nous apprit-il, consiste à goûter les différents cépages de l'année puis à remonter dans le temps – remonter dans le temps alors qu'on est descendu à la cave étant l'une des nombreuses et paradoxales prouesses de la culture vinicole.

À ce point de l'histoire, il me faut rappeler que mon père souffrait de deux affections peut-être bénignes, mais dont l'association pouvait s'avérer dommageable : un esprit de contradiction systématique (qui le rendait, au fond, facilement manipulable) et l'orgueil de l'homme d'expérience à qui on ne la fait pas.

Aussi, quand le vigneron nous proposa de goûter à sa production, ne fus-je qu'à moitié surpris, après avoir vu mon père engloutir le contenu de son verre au lieu de le recracher, de m'entendre répondre, alors que je venais de le mettre en garde, que ce n'était quand même pas sa première dégustation, et pas le rôle d'un fils – même âgé de trente-cinq ans – d'apprendre à son père l'art du vin, auquel, rappelons-le, nous étions tous les deux farouchement étrangers…

Cette déclaration intempestive et préliminaire avait un désavantage dont il était trop tard pour lui de convenir, même sous la torture : il se devait maintenant de terminer tous les verres que le vigneron allait nous proposer pour nous faire apprécier les nuances entre les différents millésimes et cépages.

(En ce qui me concerne, je le reconnais humblement, passé deux vins ils se ressemblent tous, et à moins de faire se succéder un rosé et un vin algérien un peu compact, je perçois à peu près les mêmes nuances qu'entre deux cannettes de Coca.)

Mon père – quand bien même je savais pertinemment qu'il disait n'importe quoi – s'extasiait à chaque verre avec un volume sonore et une volubilité allant *crescendo*. Si bien qu'après une douzaine, il était rond comme une queue de pelle mais toujours digne, sa griserie ne se manifestant qu'à travers des gestes ayant perdu en précision et une bonne humeur trop poussée pour ne pas être suspecte.

Ce spectacle avait l'air de réjouir au plus haut point le jeune vigneron, d'autant plus que mon père, soudain dispendieux alors qu'il dépensait toujours avec mesure en homme de la terre qu'il était fondamentalement, faisait charger dans le coffre une demi-douzaine de caisses de ces vins dont il vantait maintenant les qualités avec un lyrisme quasi hugolien.

Évidemment, il était absolument hors de question qu'il reprenne le volant et, peut-être pour la première fois de ma vie, je me retrouvai à le conduire. En lieu et place de ce père souvent mutique auquel je m'étais habitué, faute de mieux, me voilà accompagné d'un chanteur de bel canto en free-style plus concerné par l'intensité dramatique mise à chanter que par la technicité nécessaire pour rendre hommage à l'œuvre – celle-ci étant bien entendu le *Don Juan* de Mozart, et plus précisément l'air vengeur du Commandeur, « Don Giovanni, tu m'as invité à souper, et je suis venu » (un air qui exigeait pourtant une tessiture basse quand il s'imaginait ténor, alors qu'il était en fait plutôt baryton).

Je n'avais jamais vu et ne reverrai jamais mon père, qui avait largué ses défenses pourtant fortifiées comme les bateaux leurs amarres, dans cet état-là. Je l'observai à la dérobée, joyeux, insouciant, léger comme le jeune homme qu'il avait dû être juste avant que la guerre ne vienne fracasser l'innocence de sa génération. Et je pris le temps, comme pour faire durer plus longtemps ce moment suspendu, de rouler doucement, toutes vitres ouvertes, pour laisser la voix de mon père s'envoler dans les forêts que nous traversions afin qu'y subsiste quelque écho.

Je n'ai jamais pris la peine d'aller vérifier ce qu'il en est, mais il n'est pas exclu que l'esprit des bois en ait gardé la trace.

Il me faudra aller vérifier ça.

Un de ces jours.

La Corse, le retour

Le meilleur ami de mon père, le docteur Vincenti, était corse, médecin, et ne quittait jamais son Beretta 70 au prétexte qu'il « valait toujours mieux anticiper » (« Si on te donne un coup de pied au cul, tu vas donner l'heure ? » étant sa principale justification). Il s'occupait de toute la famille, et lorsqu'il nous rendait visite, il vérifiait les niveaux de tout le monde, livrait quelques plaisanteries rendues pittoresques par son accent et acceptait rituellement un petit whisky qu'il dégustait en fumant sa Gitane sans filtre. Nous partagions une grande complicité tous les deux. Bien entendu, il n'était jamais dupe de mes pathétiques tentatives pour me faire porter pâle et du sur-jeu, il est vrai un peu appuyé, afin de le persuader que j'étais à l'article de la mort et qu'il m'était impossible d'aller à l'école dans cet état-là, quand je ne me trahissais pas moi-même en faisant exploser le thermomètre à mercure après l'avoir laissé trop longtemps posé sur l'ampoule brûlante.

De toute façon, à ses yeux, je n'étais jamais malade et il m'encourageait à prendre sur moi, et malgré mon jeune âge, à me comporter *comme un homme* – c'est-à-dire comme un Corse.

Avec un petit sourire tout en virilité méditerranéenne, il me faisait bien comprendre qu'il ne croyait à aucune de mes simagrées, niant avec obstination la réalité, parfois, de la pathologie dont je me plaignais, et m'assurant tout au moins que le pronostic vital n'était pas engagé. C'est lui, quelques années plus tard, qui me recousit le genou que je m'étais profondément entaillé en faisant le couillon sur des rochers du côté du cap Corse. À la fortune du pot, à la lumière d'une lampe à huile, il rafistola le tout en m'encourageant à serrer les dents, n'ayant pas de produits anesthésiques sous la main. Moment désagréable dont je garde pourtant un bon souvenir, revivant la scène comme si j'avais été Jim Hawkins et lui le bon docteur Livesey, entourés de pirates menaçants sur l'île au trésor.

La fréquentation de son ami permettait à mon père de faire la preuve, à la première occasion, de sa maîtrise de la langue corse, même si celle-ci se résumait à un *pace è salute* qu'il servait à toutes les sauces, en entrant dans un bar ou en réglant ses achats à la caisse d'une supérette. Tout comme sa pratique du basque – il avait un ami basque – se limitait à un mystérieux *minechker annitche* dont je n'ai jamais compris le sens, et qu'il lançait à la cantonade en poussant la porte de ce petit restaurant rue Malar, L'Ami Jean, tenu par l'ami en question, Jean-Baptiste Sédès, et son épouse exophtalmique, Maïté. Mon père tirait une grande fierté de ses accointances corso-basquaises, deux peuples fiers et ombrageux avec qui il partageait un goût marqué pour l'indépendance, et rien ne touchait plus sa vanité que d'avoir une photo de lui, porté en triomphe par une foule enthousiaste à l'issue d'une rencontre de chistera, exposée sur le mur juste à l'entrée du restaurant.

Pour entretenir le feu de ces deux solides amitiés, mon père m'embarquait tous les étés dans un périple dont la première étape était un petit village perché au milieu des Pyrénées-Atlantiques, Larrau, où il avait coutume de venir adopter ses chiens, et où la seule occupation pour un enfant de mon âge consistait à aller taper la balle sur le fronton, avec l'idée qu'elle revienne vers moi pour que je puisse la renvoyer de nouveau, et cela jusqu'à épuisement des forces en présence.

La deuxième étape avait plus d'attraits, puisque nous rejoignions alors la Corse en montant à bord du célèbre *Napoléon*, qui assurait la liaison Nice-Bastia ou Ajaccio le temps d'une nuit passée à bord, ayant pour principal mérite de nous offrir le spectacle toujours bouleversant d'une île apparaissant dans les paisibles et frémissantes lumières de l'aube. C'était comme si nous étions les premiers à l'approcher, fiers conquérants d'un monde nouveau, alors que nous n'étions rien d'autre qu'une horde de touristes harassés par une année professionnelle ou scolaire, impatients d'aller redonner quelques couleurs à notre épiderme en manque de vitamine D.

Le périple corse paternel était toujours organisé selon le même rituel. Nous traversions l'île d'est en ouest, passant quelques jours à L'Île-Rousse dans un hôtel lui aussi nommé Napoléon, avant de rejoindre le cap Corse où se trouvait un autre hôtel, baptisé Le Caribou. Ce nom m'étonna toujours, étant donné qu'il y a aussi peu de chances de croiser en Corse un caribou – mammifère habitué aux rudes conditions climatiques circumpolaires – qu'un merle noir – et pas seulement sous forme de pâté – du côté de l'Alaska. C'est là une question intéressante qu'hélas je n'ai jamais songé à poser, trop excité que je l'étais à l'idée d'aller me jeter dans la mer pour vérifier, par pur acquit de conscience, si j'avais bien intégré le principe d'Archimède selon lequel tout corps plongé dans un fluide subit une poussée verticale dirigée de bas en haut égale au poids du volume de fluide déplacé, principe dont, je ne sais pourquoi, le seul énoncé a toujours suffi à éveiller en moi un trouble profondément sensuel.

Je repense à Archimède à cause de cette folle aventure qui m'arriva là-bas, alors que j'avais douze ans (soit six ans de moins à l'époque que celui requis pour espérer taper dans l'œil – si je puis dire, en raison du troublant strabisme divergent dont elle souffrait – de Dalida). Je me passionnais alors pour la pêche avec un enthousiasme inversement proportionnel au nombre de pièces (d'origine animale, s'entend) que j'arrivais à sortir de l'eau. Mais la perspective de rapporter un rouget (de l'île) frétillant à mon père, et de lire dans son regard la fierté d'avoir un fils chasseur-cueilleur plutôt qu'un tranquille agriculteur type beauceron, suffisait à garder ma motivation intacte.

La pêche côtière s'avérant totalement infructueuse, j'eus un matin l'idée de m'éloigner du rivage dans une petite barque type annexe appartenant à l'hôtel, et sans rien dire à personne, de bon matin, à « l'heure où les premiers rayons du soleil font frémir le monde assoupi » – comme je l'écrivais si joliment dans mon premier (et dernier) recueil de poèmes intitulé *Mon premier recueil de poèmes* –, je me mis à souquer fermement pour m'éloigner du rivage. Après une dizaine de minutes, je relâchai mon effort pour goûter au silence et au spectacle de cette solitude méritée. À n'en pas douter, certain d'avoir trouvé d'instinct le spot poissonneux (alors que je m'y connaissais autant en pêche qu'en mécanique ondulatoire), je préparai ma ligne, légèrement dégoûté d'avoir à empaler des vers non consentants sur mes hameçons, et mis le tout à l'eau.

Le tableau était idyllique. Seul au large, avec cette lumière magique, une mer d'huile (ne me restait plus qu'à attraper des sardines), pas un souffle de vent, le silence total. Même le pré-adolescent que j'étais, et dont les premiers tourments commençaient à agiter la conscience pure de l'enfant que je ne serai bientôt plus (grosse source d'inspiration pour le recueil de poésie précédemment cité), était forcé d'en convenir : le moment était simplement magique.

J'étais donc là, à jouir de l'instant tout en attendant qu'un loup vienne gober mon appât, quand un bruit étrange et inattendu se fit entendre dans mon dos. On eût dit un souffle monstrueux de la puissance d'un réacteur d'avion de ligne, venu de nulle part ou plus exactement des abysses, et suivi d'une immense gerbe d'eau qui me retomba dessus comme une douche géante. Je ne sais plus ce qui l'emporta de l'effroi ou de la panique, mais la surprise me pétrifia littéralement, telle la femme de Loth pour avoir jeté un dernier coup d'œil à Sodome, et pendant que mon cœur s'emballait, je restai en suspens sans oser me retourner, imaginant découvrir une figure monstrueuse et grimaçante n'attendant que ce signal pour me gober tout cru.

Les quelques secondes qui suivirent s'étirèrent en un soupçon d'éternité. Le silence soudain, la mer qui retrouvait son calme, tout cela était au moins aussi inquiétant. Je risquai un coup d'œil latéral et mon sang se glaça quand je découvris la forme sombre et monumentale d'une *chose de taille colossale* se déplaçant sous l'eau avec lenteur et s'apprêtant à passer sous mon frêle esquif. Une baleine, me dis-je *in petto* alors que je n'avais pas encore lu *Moby Dick* et encore moins écouté le morceau homonyme de Led Zeppelin, qui ne serait de toute façon enregistré que trois ans plus tard.

Une baleine ! Un cétacé (c'est assez, dit la baleine…) en train de passer sous mon canot, sans doute pour mieux resurgir à l'improviste et m'envoyer valser dans les airs avant de me dévorer dans les mers… J'ignorais à l'époque que les baleines ne se nourrissent pas d'êtres humains, ou alors vraiment accidentellement et encore faut-il s'appeler Jonas, Gepetto ou Pinocchio. Mais la raison n'avait à cet instant pas voix au chapitre, et la terreur qui s'était emparée de moi venait d'un autre âge, d'une partie archaïque de mon cerveau, celle où clignote en priorité le sentiment d'être redevenu une proie à la merci d'un prédateur monstrueux, sans doute d'une de ces *baleines tueuses* évoquées dans la littérature maritime.

J'observai donc pétrifié cette *chose* de la taille d'un petit immeuble glisser lentement sous moi, jusqu'à ce que sa forme se fonde dans le grand bleu. Je m'attendais bien sûr à la voir changer d'avis et revenir sur ses pas, même si l'expression demande un peu d'imagination en ce qui concerne une baleine. Peut-être même prenait-elle un peu d'élan, comme si son premier passage, certainement d'observation, ne lui avait servi qu'à vérifier si j'étais un possible descendant du capitaine Achab. Pendant un temps qui me sembla une éternité, je restai aussi immobile qu'un morceau de bois flotté, les mains tétanisées sur mes petites rames, priant pour que mes pathétiques appâts, toujours sous l'eau, ne viennent éveiller l'appétit du monstre.

Rien ne se passa. Tous sens aux aguets, évitant même de respirer trop bruyamment, je m'attendais à une nouvelle émersion de la baleine, ne fût-ce que pour souffler et me faire le coup du jet d'eau du lac de Genève, mais de toute évidence le géant avait mis les bouts, sans doute en quête d'une autre barque avec un enfant innocent à effrayer.

Je regagnai le bord millimètre par millimètre, à coups de rames si délicats qu'ils ne troublaient même pas la surface de l'eau, et continuai à retenir mon souffle, m'attendant comme dans tous les bons *slashers* à une visite surprise.

Enfin je touchai le rivage, et tombai à genoux sur le sable pour louer saint Pierre – le prince des apôtres et patron sanctifié des pêcheurs, pas le poisson – d'avoir épargné ma vie. Non que je fusse particulièrement religieux, loin de là, mais il me fallait bien remercier quelqu'un ou quelque chose pour m'avoir permis d'échapper à un sort funeste.

Je jetai un dernier coup d'œil à la mer, qui était redevenue aussi paisible qu'un lac suisse pendant les vacances scolaires. La Bête avait regagné les abysses, je regagnai l'hôtel.

Mon père, qui était un lève-tôt, était déjà attablé devant son petit déjeuner à lire compulsivement les quotidiens comme il en avait l'habitude, et s'intéressait au récit de la première explosion nucléaire dans le Pacifique – activité, on en conviendra, paradoxale, au moins dans l'intitulé.

Penaud, je m'attendais à me faire sermonner pour être parti à l'aventure de si bon matin sans prévenir personne, mais j'avais affaire à un aventurier chevronné qui, au contraire, me félicita de mon précoce souci d'indépendance.

Tout au plus, précisa-t-il avec son légendaire esprit de contradiction, s'agissait-il plus vraisemblablement d'un cachalot, qu'on reconnaît à sa rangée de dents – que je n'avais heureusement pas vues –, que d'une baleine ou d'un rorqual commun.

Et il m'invita à aller me brosser les miennes.

Vivons heureux en attendant de retrouver Desproges

C'est pour Pierre Desproges que j'ai mis les pieds pour la première fois au musée Grévin. Non pas pour le voir figé pour l'éternité (?) sous la forme de son avatar cireux, entre deux autres divinités de l'humour comme Kev Adams ou Anne Roumanoff, mais en chair et en os puisque c'est là, dans le petit théâtre attenant du même nom, qu'il avait choisi de faire escale deux ans après ses débuts sur les planches, et quatre ans avant de se retrouver dessous. Un théâtre discret, sur les Grands Boulevards, à quelques centaines de mètres du Gymnase où Coluche avait triomphé des mois durant quelques années plus tôt. Ironiquement, Pierre remontait sur scène alors que Michel venait de la quitter, et la vieille querelle d'époque de savoir qui de l'un ou de l'autre… cessait donc, faute de combattants.

Une guerre picrocholine de plus – spécialité hexagonale s'il en est –, une bonne vingtaine d'années après celle qui nous avait sommés de choisir notre camp entre Stones et Beatles. Du reste, en y réfléchissant un peu, le parallèle entre les deux polémiques n'était pas si absurde que ça.

À ma gauche : Coluche. Origines : la rue. Diplômes ? « plômes »… Sports : aucun. Inspirations : le rock, la langue de la rue. Humeur : libertaire. Hobbies : substances psychotropes. Supports média : Europe 1, RFM, Canal, *Charlie Hebdo*, *Hara-Kiri*.

À ma droite : Desproges. Origines : petite bourgeoisie. Diplômes : aucun. Sports : aucun. Inspirations : Alexandre Vialatte et la littérature. Humeur : noire. Hobbies : caviste. Supports média : *L'Aurore*, Antenne 2, France 3, France Inter, *Charlie Hebdo*.

Énumération de laquelle il appert que Coluche serait donc plus naturellement du côté des Stones et Desproges de celui des Beatles, n'était-ce une détestation toute générationnelle de ce dernier pour tout ce qui pouvait ressembler de près ou de loin à du rock, avec acharnement particulier sur le groupe Indochine. Détestation qui nous valait des discussions vives dans un premier temps, mais dont le tranchant s'émoussait au fil des différents cépages qui défilaient sur la table.

Le bon vin pouvait l'aider à tempérer sa radicalité, mais pas la cigarette. Quand je lui avais annoncé qu'un consortium tabagique m'avait commandé une collection d'émissions de radio sur la musique ricaine, il avait sursauté en me demandant si je n'étais pas malade de promouvoir cette industrie d'empoisonneurs. Je lui avais rétorqué qu'étant moi-même fumeur, je n'y voyais pas d'insurmontable contradiction. Et il m'avait répondu, agacé, d'un irréfutable : « Moi je chie tous les jours. Pas pour ça que je fais de la pub pour de la merde ! »

Donc, Coluche *et* Desproges. Desproges *et* Coluche[1]. Pour le reste, tout était question d'humeur. Entre la

---

1. Pierre avait soldé la question une bonne fois pour toutes en rendant visite à Michel au domicile de ce dernier – l'adresse la plus courue du tout-Paris noctambule de l'époque, le célèbre 11 rue Gazan. Il en avait conçu une de ses chroniques au titre sans équivoque, « La Cour », où il vilipendait la veulerie morale de tous ces courtisans agglutinés aux pieds du roi Rigolo XIV, le dévisageant,

gouaille et la faconde bruyantes de l'un et la réserve et les jongleries rhétoriques de l'autre, un monde les séparait. Le rire cependant les réunissait, un rire façon lance-flammes qui reposait dans les deux cas sur l'idée qu'on peut rire de tout (mais pas avec n'importe qui, ou n'importe comment, précision desprogienne devenue la patate chaude que se renvoient tous les humoristes comme ceux qui ne le sont pas mais en profitent comme d'un paravent qui leur permet d'expédier leurs petites boules de pus soi-disant mal-pensantes).

On ajoutera que ce qui les différenciait se résumait à ce qui sépare un optimiste contrarié, gardant encore quelque confiance dans l'homme (Coluche, né en 1944), d'un pessimiste chafouin, sans illusions sur le genre humain (Desproges, né en 1939, qui n'avait pas plus d'illusions sur la jeunesse : « L'humanité est un cafard. La jeunesse est son ver blanc »).

S'aimaient-ils pour autant, ces deux-là ? On peut en douter. Dans ses *Chroniques de la haine ordinaire* de 1986, Pierre s'était déjà moqué, avec une violence rare, de la charité ostentatoire en général et des Restos du cœur en particulier, adressant au passage un tacle à la « monomanie lacrymale » qui s'était emparée, selon lui, de la France, estimant pour résumer que ce n'était pas aux saltimbanques plus ou moins sincèrement altruistes de faire le boulot des politiques. Autant dire que tout le *charity business* de l'époque, Band-Aid, Live Aid et compagnie, avait tendance à révulser notre atrabilaire misanthrope, et ce fut un sujet de dissension supplémentaire entre nous, persuadé comme je l'étais – et le suis toujours – qu'il vaut mieux faire bouger les choses que d'y renoncer. De toute façon, Pierre prenait

lui, comme s'il était le nouveau favori, et donc une menace pour la situation qu'ils rêvaient tous de transformer en rente.

un malin plaisir à cultiver son odieux personnage, ce qui lui permettait de passer à la sulfateuse tout ce qui se présentait sous sa plume acide, et éprouvait même un bonheur certain à jongler avec le sacrilège et les idées reçues.

Résumons-nous : une estime réciproque, mais deux mondes n'ayant rien en commun. Le lecteur perspicace m'objectera que s'il est clair, pour qui sait lire entre les lignes, que ma préférence va à Pierre plutôt qu'à Michel, c'est pourtant à ce dernier que j'ai consacré un long-métrage au titre sans équivoque : *Coluche, l'histoire d'un mec.* C'est que Coluche, au sommet de sa gloire, s'était trouvé embarqué sans très bien savoir où il mettait les pieds dans cette folle histoire de candidature à la présidentielle de 1981. Ce qui avait commencé comme une plaisanterie de fin de soirée cessa rapidement de l'être quand il s'avéra que Coluche fédérait 16 % des intentions de vote. Du jour au lendemain le ton changea, les menaces commencèrent à pleuvoir, son régisseur à être assassiné et, surtout, la tête de Coluche, le bouffon, se mit à tourner comme si la blague devenait mission. Il n'avait aucune chance de devenir roi, mais il pesait dans l'élection. On le prenait *au sérieux*, le paradoxe le plus fatal à un clown. Voilà où je trouvais matière à film, et manière de m'approcher d'un personnage bien plus complexe que ce qu'a voulu en faire la béatification post-« Putain de camion ».

Et puis cela me donna l'occasion de recroiser la route de ceux qui avaient bien connu Coluche, comme par exemple son délicieux ex-manager Paul Lederman, alors en délicatesse avec les héritiers comme il l'était avec les Inconnus. Refusant de lire le scénario (auparavant soumis à Véronique Colucci) et de voir le film fini au prétexte que lui seul était habilité à raconter Coluche, Paul tenta même d'en faire interdire la sortie en prétendant que le titre lui appartenait – ce qui était faux, s'il faut en croire la décision de justice rendue la veille de la sortie. Il se répandit sur les ondes en disant que ce projet était une escroquerie, accusation que je pris avec autant de philosophie que si Marc Dutroux m'avait accusé d'être propriétaire de six caves.

Revenons à Pierre, le seul, le vrai… Le courant passa si bien lors de notre première rencontre loin des *sunlights*, dans le confort d'un dîner parisien initié par une connaissance en commun, que nous intégrâmes d'office, la mère de mon fils aîné et moi-même, l'étrange salon de lecture qu'il avait institué dans un bureau de Radio France. C'est là qu'il soumettait à quelques heureux élus les textes des *Chroniques* avant de les enregistrer (mention spéciale pour ce prémonitoire « Pangolin », évoqué bien longtemps avant qu'il fasse un carton planétaire). Leur drôlerie, leur méchanceté, leur intransigeance et leur mauvaise foi nous ravissaient tous, et nous prenions comme un privilège celui d'avoir la primeur de ces billets de la bouche même du cheval.

J'étais particulièrement sensible à sa manière de lire, comme à sa manière de délivrer les textes sur scène. Pierre n'essayait jamais de jouer ou d'interpréter : il lisait droit, sans appuyer, avec cette jubilation potache du môme qui sait qu'il va parfois trop loin sans pouvoir s'en empêcher ou feint de s'excuser du goût discutable de sa plaisanterie.

Avec Hélène, ils formaient un couple exquis, toujours sur la même longueur d'onde, vif et spirituel, se complétant à la perfection. Pendant le petit quart de siècle où elle lui survécut, elle entretint avec une intelligence mordante – et mordeuse pour qui voulait y attenter – la mémoire de son inestimable disparu, avant d'aller le rejoindre au Père-Lachaise où ils sont assis tous deux pour l'éternité.

Après ses exploits journalistiques (*L'Aurore*, *Charlie Hebdo*), télévisuels (*Le Petit Rapporteur*, *Monsieur Cyclopède*), radiophoniques (*Le Tribunal des flagrants délires*, les *Chroniques*) ou scéniques (ses deux spectacles), Pierre publia en 1985 un premier roman, *Des femmes qui tombent*, où l'on sentait l'écrivain poindre sous le billettiste comme avait dû le ressentir Bernadette Soubirous[1]. Un court roman qui confirma à tous ceux qui le pressentaient – et en informa les autres – que l'on tenait là un de ces auteurs trop rares qu'on lit en souriant, sous le charme de leur esprit comme du regard décalé et poétique qu'ils portent sur le monde, dans la droite lignée des Jules Renard et autres Alexandre Vialatte.

Sa disparition, un sale matin d'avril 1988, nous plongea dans une profonde et inconsolable affliction. Pierre avait avoué avoir pleuré à chaudes larmes à l'annonce de la mort de Brassens (et repris des moules à celle de Tino Rossi), je fis de même en apprenant la sienne. En guise de *De profundis*, je rédigeai quelques années plus tard une notice biographique qui s'achevait sur ces mots (paraphrasant Pierre, qui commentait la disparition de Jacques Lacan) : « Pierre Desproges nous a quitté. Trop tôt sans doute par rapport à l'immensité des conneries qu'il avait à nous dire. »

1. Plaisanterie librement adaptée d'un standard desprogien.

Le chapeau à Maurice

Je n'avais jamais lu les aventures d'Arsène Lupin et je n'en connaissais, comme tout le monde, que la réputation quand la télévision du début des années 1970 diffusa la série avec Georges Descrières dans le rôle-titre. Et je dois avouer – paix à l'âme de ce malheureux – que nonobstant la chanson de Dutronc, j'en fus traumatisé au point de mettre des années à pouvoir ouvrir l'un des livres de Maurice Leblanc.

C'était donc ça le fameux Lupin, un monte-en-l'air de la Belle Époque à chapeau haut de forme et à la moue avantageuse, acharné à délester les jeunes héritières de leurs rivières de diamants avant de les séduire et de les convaincre de lui ouvrir leur lit (les héritières, pas les rivières) ? Cette légende de la métamorphose et du travestissement se résumait à ces trois pauvres prothèses faciales maquillées à la truelle, à ces déguisements de bal costumé ? Et la haute voltige à quatre cabrioles exécutées par un malheureux cascadeur atteint prématurément par l'arthrose ? Non vraiment, j'avais des choses plus urgentes à lire, Sherlock Holmes par exemple, l'ennemi juré d'Arsène.

Hélas, que de temps perdu, qui comme chacun sait ne se rattrape guère, voire ne se rattrape plus. Une fois le mauvais souvenir dissipé, ma curiosité me persuada de chercher à comprendre pourquoi Lupin, *avant même la série*, avait accédé à ce statut de mythe, et cela du vivant de Leblanc, qu'il avait réussi à éclipser comme plus tard San-Antonio occulterait Frédéric Dard.

Les aventures de Lupin, à une ou deux exceptions près – d'une outrance cocardière seulement justifiée par la Grande Guerre et l'antagonisme de fond qui nous opposait à nos voisins à casque à pointe – ont un charme qui a vite fait de se transformer en sortilège. En dépit d'un style parfois désuet et de quelques effets mélodramatiques, elles fascinent à la fois par l'habileté de leur mécanique (l'art consommé de Leblanc pour brouiller les pistes), et par la personnalité d'Arsène lui-même, génial stratège, imposteur ultime, mystificateur de génie, anarchiste mondain, et par-dessus le reste doté d'un double sens de l'humour et de la tragédie qui lui permet de rire de tout et de pleurer d'un rien[1].

Lupin était un voisin (le pays de Caux, sa base de repli, est frontalière du Calvados, où j'ai mes habitudes), et j'eus l'occasion de le vérifier d'une manière tout à fait originale.

Il y a quelques années, un soir où je profitais d'un moment de répit dans ma petite maison perdue dans la campagne trouvillaise, j'eus la surprise, en fermant les portes pour la nuit, de constater qu'une des clés du trousseau manquait, le double de celle de la porte d'entrée. Je ne pus non plus remettre la main sur mon téléphone portable, pas plus que sur ma montre que j'aurais pourtant juré avoir laissée sur la table de la salle à manger.

1. Ce rien pouvant être la perte de la femme qu'il aime passionnément au moment où le monde et la liberté s'offrent à lui, comme dans *L'Aiguille creuse*, à mes yeux le plus beau de tous ses romans.

Étant à la fois d'un naturel distrait et insouciant, et donc porté à la procrastination, je reportai au lendemain la résolution de ce mystère domestique et montai me coucher sans autre forme d'inquiétude. La nuit me porta peut-être conseil, mais elle ne rapporta pas les objets mystérieusement volatilisés.

Il se trouve qu'à l'époque je travaillai consciencieusement la clarinette – instrument exigeant s'il en est – pour les besoins d'un rôle au cinéma. À Paris, un coach endurait stoïquement mes gammes poussives et l'application que je mettais à flinguer les pourtant sublimes mélodies du klezmer. À Trouville, j'avais fait la connaissance d'un curieux personnage, un flic répondant au nom surprenant de Lebon, qui était devenu inspecteur après avoir renoncé à une carrière de clarinettiste classique. Sorti en tête du Conservatoire, il comprit un jour qu'il n'atteindrait jamais le niveau de son professeur et mentor Jacques Lancelot – considéré comme le maître de la clarinette française du XXe siècle – et avait bifurqué, par humanisme assurait-il, vers la police, devenant donc le descendant, par la main gauche, d'un des plus farouches adversaires de Lupin : le célèbre inspecteur Ganimard.

Je profitais du cours de clarinette qu'il avait accepté de me donner pour lui soumettre la question qui me turlupinait, si je puis dire. De toute évidence, quelqu'un s'était introduit dans la maison alors que je m'y trouvais, sans doute la veille au soir – alors je m'extasiais pour la énième fois devant un film de Blake Edwards – pour y dérober divers objets aussi personnels que peu encombrants.

« Je sais qui c'est », m'interrompit par une paronomase ce fin limier. Depuis des mois, il était sur la trace d'un mystérieux monte-en-l'air dont il avait fini par découvrir l'identité, et qui se faisait précisément une spécialité de visiter les maisons des environs en présence de leurs occupants. Il avait jusqu'alors échappé à tous les filets de la maréchaussée. Difficile de le surprendre en flagrant délit puisqu'il avait la discrétion du chat et la rapidité du courant d'air. Surtout, il ne refourguait pas son trésor amassé, le gardant en quelque endroit secret : le profil d'un amateur de sensations fortes mâtiné sans doute d'un soupçon de fétichisme. Mais mon bon Lebon était sur la piste et ne désespérait pas de lui mettre prochainement le grappin dessus.

Après l'avoir écouté silencieusement, je lui proposai de partager avec moi les informations en sa possession. S'il acceptait de me révéler l'identité du suspect, je m'engageais à approcher discrètement l'individu, garantissant que je ne lui enverrais aucun membre des diverses communautés avec lesquelles j'ai quelques accointances (bikers, Corses, Gitans, etc.) et qui se sont – peut-être à la légère – engagées par le passé à venir me filer un coup de main, au sens littéral du terme, en cas de besoin. Comme nous étions au cœur de la région des haras, mon interlocuteur en profita pour monter sur ses grands chevaux. Il estimait ma demande outrageante, pour lui comme pour l'administration qui l'employait, et tout à fait contraire aux principes sur lesquels il était aussi très à cheval.

Il me fallut déployer des trésors de persuasion pour l'amadouer un peu. Non sans mal, je finis par obtenir une vague adresse, après avoir une nouvelle fois fait le serment de ne pas me substituer à la police, et encore moins à la justice, et m'être bien entendu engagé à garder pour moi le secret de mes sources. Promesse que je piétine donc ici, aussi allègrement qu'un candidat d'un quelconque parti politique ayant finalement remporté son élection.

Je rédigeai une lettre ainsi libellée : *Bonjour, il s'est passé chez moi des événements étranges dont vous pourriez peut-être avoir l'explication. Si tel est le cas, je vous serais reconnaissant de bien vouloir vous mettre en contact avec moi... Bien à vous, etc.* Je glissai l'enveloppe dans la boîte aux lettres indiquée par mon informateur, et vingt-quatre heures plus tard n'y pensais plus.

Il se trouve qu'on m'avait offert à l'époque l'affiche originale du film d'Yves Robert *Signé Arsène Lupin* (1959), avec Robert Lamoureux[1] dans le rôle-titre. J'étais seul dans la maison de Trouville, à me démener avec l'imposante (cent vingt centimètres par cent soixante) autant que lourde (douze kilos) affiche encadrée, m'efforçant de la fixer au mur avec un escabeau branlant, une perceuse et des chevilles, ustensiles avec lesquels je fais preuve d'une habileté équivalente à celle d'un bonobo essayant d'assembler un puzzle de dix mille pièces de la prise de la smala d'Abd el-Kader par les troupes du duc d'Aumale.

On sonna à la porte du jardin. Maugréant, je reposai tout mon matériel et allai ouvrir. Un homme d'environ trente-cinq ans, de taille moyenne, au physique sans trait particulier notable, vêtu de sombre, m'attendait là, un sac plastique à la main. Après m'avoir brièvement salué, il me tendit nerveusement ledit sac en m'apprenant qu'il contenait des objets m'appartenant. C'était donc mon visiteur mystère, et je fus tellement soufflé

1. Lamoureux, comme les concerts du même nom dont Jacques Lancelot avait longtemps été le clarinettiste soliste – eh oui, bien sûr, tout se recoupe. Robert Lamoureux, par ailleurs, composa un Lupin tout à fait acceptable, tout de gouaille et d'esprit, aérien et sportif, et cela à deux reprises (l'ayant déjà interprété pour Jacques Becker, deux ans plus tôt).

de cette nouvelle preuve d'audace que je l'invitai naturellement à venir prendre une tasse de café.

Je profitai de cette aide inespérée pour mener à bien ma délicate opération d'accrochage. L'ironie de la situation ne lui échappa pas, et c'est autour d'un arabica fumant que nous fîmes plus ample connaissance.

Il fut mis en confiance par mon accueil, et après quelques généralités urbaines, j'attaquai le vif du sujet en soulignant les similitudes entre son *modus operandi* et celui de Lupin, dont la légende était bien sûr parvenue à ses oreilles – fâcheusement par voie télévisuelle.

À l'en croire, il n'y avait rien de malsain dans son hobby : aucun voyeurisme ne guidait ses pas et seuls l'animaient l'amour du risque (comme Jonathan et Jennifer) et le goût du larcin ciblé. Car bien sûr, il n'était pas exclu de tomber sur un occupant aux réactions imprévisibles (au choix : un boxeur averti ou un chasseur sachant chasser sans son chien). Mais cela faisait partie du frisson et, disait-il, il n'avait retrouvé nulle part l'intensité de ces sensations. Quant à son butin, il ne lui attribuait aucune valeur vénale et se contentait de le stocker, comme un écureuil prévoyant.

Il aimait bien, ajouta-t-il, revenir sur le lieu de ses méfaits, et le nombre d'objets que je retrouvai dans le sac en était la preuve directe. Tels statuette, stylo ou autre colifichet disparus depuis longtemps refirent miraculeusement surface à cette occasion sans que j'eusse à invoquer mon saint protecteur, dit de Padoue, qui a la réputation de retrouver du ciel ce que nous égarons sur la terre.

Pour situer le personnage, il prétendait même s'être infiltré dans la demeure d'un notable de la région un soir de réception, et avoir réussi, en dépit d'une surveillance musclée, à atteindre la chambre du propriétaire pour dénicher le coffre-fort que celui-ci avait eu la négligence ou la désinvolture de ne pas verrouiller. Ledit coffre rempli de liasses bien empilées que mon visiteur disait avoir dédaignées. « Trop facile », avait-il commenté, ce qui le différenciait par là même d'un Lupin qui, lui, aurait embarqué le trésor en échange de sa carte de visite.

Sans parler de la fois où, pénétrant nuitamment dans la maison d'un célèbre antiquaire de la région, il avait surpris celui-ci, défilant au pas de l'oie dans l'intimité de son living-room en uniforme SS au son d'une de ces marches galvanisantes et légères dont avaient le secret les compositeurs du Reich millénaire. Rien de tel chez moi, on l'aura deviné. Ni magot ni *Obersturmführer* en folie, juste une modeste notoriété médiatique qui avait piqué sa curiosité.

Nous sympathisâmes donc, quoique pas au point de mêler nos sangs, et nous quittâmes dans les meilleurs termes, m'engageant de mon côté à ne rien révéler de tout cela à quiconque susceptible de lui nuire.

Il se trouve qu'à l'époque à Étretat, à quelques dizaines de kilomètres de là, s'ouvrait au public le Clos Lupin. Un manoir classiquement normand, acquis par Maurice Leblanc lui-même en 1919, et où, jusqu'à sa mort, il avait coutume d'établir ses quartiers d'été. Étretat où se trouve la célèbre aiguille creuse dont je suis encore convaincu, comme Valère Catogan, le subtil avocat général lupinien, qu'elle fut réellement le repaire d'Arsène, et que ceux qui savent décrypter les codes secrets peuvent en percer le mystère. Mais c'est une autre histoire…

Longtemps après la disparition de Leblanc, le Clos Lupin était donc devenu un musée qui venait d'ouvrir ses portes. (Je m'étais évidemment fait la promesse de m'y rendre à la première occasion – promesse toujours non tenue à cette heure.) Quelques jours après la rencontre avec mon visiteur domiciliaire, on sonna à nouveau à ma porte. C'était lui, un sac à la main.

En l'apercevant, je me souviens m'être dit qu'il avait peut-être retrouvé inopinément dans son repaire d'autres objets m'appartenant, ou bien qu'il était revenu à mon insu m'en dérober de nouveaux, auquel cas nous démarrions là une étrange et sensiblement déviante partie de cache-cache. Un certain penchant pour le non-sens me fit même un instant imaginer que, par un capricieux et radical changement de stratégie, il allait désormais déposer ses propres objets dans les maisons, en présence de leurs propriétaires. Une option, avouons-le, encore moins rassurante.

« C'est un cadeau pour vous », se contenta-t-il de dire en me tendant le sac. Je l'ouvris avec un mélange de curiosité et d'appréhension, et y découvris un chapeau melon, le célèbre *bowler hat* popularisé par Laurel et Hardy, Chaplin ou Patrick Macnee, un modèle qu'affectionnait particulièrement… Maurice Leblanc.

« Non, lui dis-je, vous n'êtes quand même pas allé… »

Si, il y était allé, faisant donc une entorse à sa ligne de conduite puisqu'il avait peu de chances de tomber sur l'illustre écrivain, disparu dans les années 1940. Je fus bluffé tant par l'audace que par l'imagination de ce garçon, mais bien sûr, déclinai – à contrecœur – un présent aussi empoisonné. L'accepter, c'eût été me rendre complice du forfait, et de recel, et il était hors de question que je mette en péril une réputation acquise par ma seule force morale, après avoir résisté toute ma vie à tant de tentations dont la seule évocation suffirait à m'envoyer à l'ombre pour quelque temps.

La mort dans l'âme, mais l'esprit réjoui par l'aventure, je refusai donc le chapeau. Pourtant, je voyais déjà la place d'honneur qu'il aurait pu occuper dans mon bureau, et la source d'inspiration, tel un graal littéraire, qu'il aurait pu devenir, me permettant par sa seule présence médiumnique de convoquer à loisir l'esprit de Maurice – et donc celui d'Arsène, les deux ne faisant qu'un pour autant que le premier ait réellement existé, bien entendu.

Rencontre avec un saint laïc

Je me suis longtemps réfugié derrière un statut semi-journalistique pour ne pas rendre public le fond de ma pensée – pour autant qu'elle ait un fond, ou qu'il y ait même plus simplement pensée – en matière politique. Pour la double raison que tous ceux que j'interviewe peuvent faire l'économie de mes convictions personnelles, et qu'il est clair que le simple fait de m'intéresser aux autres et à leurs histoires me fait plus pencher en faveur d'un humanisme classique que des certitudes d'un national-socialisme.

Après c'est affaire de nuances, et de convictions personnelles que je ne crois pas nécessaire de partager ni de faire supporter à un monde déjà surchargé d'opinions en tout genre. C'est pourquoi, jusqu'au milieu des années 1980, j'avais réussi à me tenir soigneusement à l'écart de toute forme d'encartement, le pic de mon militantisme s'étant exprimé dans les années 1970 au sein de l'association Les Amis de la Terre, et dans la rédaction d'articles pour le trimestriel écologique *Le Sauvage* (tellement en avance sur son temps qu'il fit malencontreusement long feu alors qu'il annonçait toutes les calamités environnementales qui nous sont depuis tombées sur le dos, et n'ont pas fini de le faire).

Et puis arriva le Sida, la première épidémie à frapper notre génération de boomers qui profitait grassement de l'existence, en s'imaginant avec un certain angélisme que ce monde de l'après-guerre, de la reconstruction et des Trente Glorieuses serait la nouvelle norme. De fait, c'est au cœur de ce que l'on baptisa les Vingt Piteuses, à la suite du premier choc pétrolier, qu'apparut le virus maudit, qui frappa si durement dans un premier temps la communauté homosexuelle que quelques illuminés s'empressèrent d'invoquer un châtiment divin, une version contemporaine et pimpée du Sodome et Gomorrhe biblique.

Tous n'étaient pas frappés mais tous mouraient, et le virus, dont il était clair qu'il se préoccupait peu des histoires de sexualité, de genre ou de race, s'étendit. Près de quarante ans plus tard, on estime à trente-trois millions le nombre de victimes, et toujours pas un vaccin en vue.

En 1993 (soit douze ans après l'apparition du premier cas), un certain Luc Barruet, qui venait de créer l'association Solidarité Sida, se fit précéder d'un magnifique bouquet de fleurs à mon bureau de Canal Plus, habile subterfuge pour obtenir un rendez-vous dans une de ces journées à l'emploi du temps millimétré de l'époque. Sa requête était simple : il avait besoin d'une tête de gondole pour son association, une personne identifiable par la jeunesse d'alors et dont la notoriété donnerait un visage à l'entreprise en même temps qu'elle faciliterait quelques rendez-vous avec des *décideurs* institutionnels ou privés.

J'étais bien sûr flatté de sa proposition, d'autant plus qu'elle était augmentée du titre ronflant de Président d'honneur, et que c'était la première (et sans doute) dernière fois de ma vie que l'on me faisait l'honneur, précisément, d'une quelconque présidence. Mais surtout

Luc, dont le talent naturel lui permettrait de vendre des réfrigérateurs à des Esquimaux, sut se montrer si convaincant qu'il ne me laissait pas vraiment le choix de décliner l'offre.

Toutes les préventions énumérées ci-dessus relatives à ma confortable *neutralité* n'avaient plus de raison d'être face aux raisons d'y aller. La lutte contre le Sida n'était pas un combat comme les autres. Il s'agissait d'un fléau au carrefour de toutes les problématiques : des relations humaines, de la sexualité, de la culture, de l'économie, de la santé, des relations Nord/Sud, et bien sûr de la politique au sens large. Et si, en remuant le petit doigt, je pouvais ne serait-ce que participer à l'effort de guerre, et les aider d'une manière ou d'une autre à développer leur noble et belle mission, aucune hésitation n'était possible.

Je pensais leur apporter quelque chose, mais c'est en fait eux qui m'apprirent à développer ce sens élémentaire de l'entraide que nos égoïsmes de citadins privilégiés nous font oublier avec tant de désinvolture. (J'en gardais pour ma part un lointain souvenir, très youkaïdi-youkaïda, hérité de quelques années de scoutisme dont on retrouverait l'écho dans les complaintes du malheureux Ouin-Ouin, comme si les manifestations de l'altruisme devaient nécessairement repasser par le filtre d'une charité à l'ancienne, se manifester à travers un *esprit d'équipe* auquel je trouvais mille qualités sur le papier, mais beaucoup moins sur le terrain.)

L'idée générale de l'entreprise était d'organiser des événements à la fois festifs et informatifs dans le triple but d'alerter les consciences des nouvelles générations en tirant la sonnette d'alarme, de faire du prosélytisme actif en faveur de la prévention, et de collecter des fonds destinés aux associations s'occupant directement des malades. L'un des premiers fut la vente aux enchères d'objets ayant appartenu à des personnalités ou artistes, comme le chapeau de François Mitterrand – lui qui avait tant l'habitude de le faire porter aux autres –, et réussit à réunir plus d'un million de francs.

L'année suivante, ce fut une centaine d'œuvres du plasticien Klaus Guingand – des ombres d'artistes ayant prêté leur profil, de Gainsbourg à Depardieu en passant par Iggy Pop ou Steven Spielberg – qui furent mises à l'encan[1], et je réussis à acquérir de justesse celle de Frédéric Dard tendant la main à qui voudra bien la prendre, avec pour légende cette phrase écrite de sa plume : *Quand tous les gars du monde voudront bien se donner la main*... Autant dire que depuis son ombre me suit comme la mienne.

Quelques mois plus tard, c'est une autre opération qui connut un grand succès dans tout le pays : la Nuit du *Zapping*. Le programme déclinait pendant huit heures un assemblage des séquences du *Zapping* de Canal Plus supervisé par Patrick Meney, mélangeant allègrement émissions de variétés, documentaires, *news*, sports, divertissements et humour en un cocktail explosif révélateur de l'impact émotionnel et idéologique du petit écran. Celui-ci était ainsi décrypté, saupoudré de messages de prévention venant des quatre coins du monde, certains – les anglo-saxons et ceux des pays nordiques principalement – frappant par leur radicalité (comme le ferait plus tard la campagne de prévention routière réalisée par Raymond Depardon).

1. Les deux parrains de la vente aux enchères étaient Carla Bruni, top-modèle international, et Peter Gabriel, musicien sensible plus que nul autre aux musiques du monde qu'il enregistrait méthodiquement pour son label Real World dans ses studios de Bath, et en particulier aux musiques africaines dont le continent commençait à payer un lourd tribut à l'épidémie (il avait notamment enregistré deux cartons planétaires avec Youssou N'Dour, « In Your Eyes » et « Biko »).

L'ambiance de la Nuit du *Zapping* était partout la même : joyeuse, bordélique, discrètement pédagogique et typique des événements organisés par la suite par l'association. L'idée était de convaincre les jeunes générations de venir passer un bon moment en notre compagnie, et faire un petit tour de *rollercoaster* émotionnel pour en ressortir pas tout à fait indemne, mais avec l'envie d'accomplir quelque chose à son tour.

C'est en 1999, après la première mission de Solidarité Sida en Afrique, que fut lancée la première édition de Solidays à l'hippodrome de Longchamp. Dès le départ, l'entreprise (qui ne durait alors que deux jours, avant de passer à trois en 2004) s'avéra enthousiasmante, y compris pour un agoraphobe comme moi à qui une file d'attente au supermarché peut provoquer des palpitations. Sous l'impulsion de Luc et du bureau historique de l'association, nous parvînmes à monter d'un cran par rapport à notre terrain de jeu habituel (à savoir le réseau des Zénith) : il nous fallut mettre en place rien de moins qu'une usine à gaz éphémère, un *popup village* avec de la musique, des stands, des associations, des partenaires publics ou privés, et toute la logistique (sécurité, organisation, installation) liée à des événements de cette taille.

Comme tous ceux qui rendirent un jour visite au festival, j'en garde un souvenir ébloui. Je fus frappé d'abord par l'ardeur et la disponibilité des bénévoles (certains consacrant jusqu'à trois semaines de leur temps libre) qui montent les structures et participent à l'animation du site ; par celle aussi des artistes et des associations venues présenter leur travail. Une bonne humeur générale émanait des mini conférences tenues par des philosophes, médecins, créateurs, chercheurs, etc., et des attractions particulières comme Sex in the City qui expliquait simplement, sans jugement ni pudeur mal placée, les différentes approches de la sexualité. Je me rappelle l'ambiance créée par les attractions de fête foraine ou les stands de ravitaillement, et bien entendu l'intensité des divers concerts proposés, à la programmation éclectique : de Arcade Fire à Patti Smith en passant par Feu ! Chatterton, Stromae, FFF, Suprême NTM, Ibrahim Maalouf… Iggy Pop et son concert dantesque de 2001, sous une pluie battante et des vents bretons, Iggy à moitié à poil comme toujours, affrontant sans ciller les intempéries et l'adversité météorologique, incarnation électrique de l'esprit de toute cette aventure.

L'histoire du festival mériterait à elle seule un ouvrage tant il est au croisement de récits multiples et de rencontres, animé par cette énergie positive et tolérante, décidée à ne pas laisser le monde en l'état mais à participer, même modestement et ponctuellement, au soulagement de quelques-unes des peines qui l'accablent.

Chaque édition nous laissait tous, Luc le premier, heureux et comblés de la mission accomplie. En ce qui me concerne, j'étais réconcilié pour un temps avec l'humanité – moi qui, comme W. C. Fields, ai naturellement tendance à « n'avoir aucun préjugé sur les personnes, les détestant toutes de manière uniforme » –, ayant côtoyé trois jours durant tout ce qu'elle a de meilleur à offrir.

Avant qu'une nouvelle pandémie vienne mettre entre parenthèses l'existence du festival, nous eûmes droit en 2019 à un épisode révélateur – et cocasse – du poids qu'avait pris cette petite association restée toujours indépendante. Comme tous les ans, nous avions invité les politiques qui en éprouvaient le désir à venir nous rendre visite. Après tout, estimions-nous, si un Bill Gates accepte de venir prendre la parole au sein du festival, il n'y a aucune raison pour qu'un Bernard Laporte (un exemple au hasard, uniquement choisi ici en vue de cette plaisanterie fine, Gates/Laporte…), un temps secrétaire d'État chargé des sports, refuse d'en faire autant. Nombre d'entre eux nous rendirent visite au fil des ans : députés, présidents de conseils régionaux, ministres et jusqu'au président – période Hollande – lui-même. C'était le gage, selon nous, du nécessaire soutien œcuménique et transpartis dont doit bénéficier une manifestation œuvrant dans l'intérêt général.

Tous étaient bienvenus, tous ne se montrèrent pas, ce qui me soulagea à titre personnel, puisque cela m'évitait de me retrouver dans la délicate position d'avoir à faire des risettes diplomatiques à des extrémistes dont les positions idéologiques auraient fait frémir la moustache d'Adolf. En effet, une partie de mes occupations pendant le festival consistait à arpenter le site en tous sens afin de permettre à nos visiteurs politiques ou potentiels investisseurs d'en découvrir les multiples facettes et l'indispensable pérennité.

Pour cette édition 2019, nous avions, comme chaque année depuis la naissance du festival, convié le président de la République en exercice à venir y faire un tour. Mais il se trouve que l'agenda présidentiel, en ce 21 juin, était particulièrement chargé. Fête de la Musique à lancer officiellement dans la cour de l'Élysée, remise de la Légion d'honneur à Sir Elton John, acte XXX des Gilets jaunes, etc. Et donc, comme Lagardère ne pouvait venir à nous, il nous fut proposé d'aller à lui, en son palais (dont Michel Simon avait déclaré pour tout commentaire, en sortant d'un déjeuner organisé en son honneur par Valéry Giscard d'Estaing : « L'Élysée ? C'est bien… C'est central »).

Et nous voici donc, une poignée de représentants du bureau de Solidarité Sida, accompagnés de six militants africains venus témoigner au festival, à débouler sous les ors de la République au milieu d'une assistance majoritairement anglo-saxonne (le personnel de l'ambassade de Grande-Bretagne située à quelques dizaines de *yards* de là accompagnant le légendaire Rocket Man, devenu pour l'occasion Rosette Man), venue voir décorer celui qui croule à juste titre sous les décorations, ce qui lui permettra de substantielles économies au moment des fêtes de Noël.

(Bonaparte, qui créa l'ordre de la Légion d'honneur en 1802 afin de récompenser la bravoure de ses soldats sur le terrain, aurait-il accueilli avec philosophie la nouvelle de cette distinction accordée plus de deux siècles plus tard à un représentant de ce peuple qui lui donnait tant de tracas sur terre et sur mer ? La question ne fut pas posée, même s'il est raisonnable de considérer qu'Elton John, outre les bienfaits de sa musique sur plusieurs générations, pouvait largement prétendre à la distinction pour son action méritoire menée depuis les années 1990 avec sa fondation contre le Sida.)

Le mélange de tous les individus présents était hautement improbable, d'autant plus qu'après avoir accolé Elton, le président entreprit de serrer la louche à tous les nouveaux arrivants, encore couverts de la poussière de l'hippodrome comme des cow-boys du Far West. Je félicitai Elton John pour sa médaille, il m'avoua s'être parfois amusé en tombant sur *Eurotrash*, et toute la compagnie se salua de ce ton compassé et protocolaire qu'exige la solennité de ce genre d'établissement.

Nous délivrâmes avec Luc notre message au président, dont je découvris à cette occasion la vigoureuse poignée de main et l'étrange fixité du regard, concentré à l'extrême, comme si la requête que nous lui soumettions était la chose la plus importante du monde – ce qu'elle était pour nous à ce moment précis. Elle lui sembla en tout cas suffisamment légitime pour qu'il nous déclare qu'il ferait sensiblement augmenter la contribution française à la prochaine réunion du Fonds mondial de la lutte contre le Sida.

Nous en prîmes acte et fûmes plus rassurés encore quand il fit de cette promesse privée une déclaration publique devant la foule qui attendait dans la cour du palais, devant une scène sur laquelle trônait un piano Steinway, l'ouverture officielle de la fête de la Musique. (Situation d'autant plus étrange que nos voisins d'outre-Manche, réfractaires par nature, n'ont jamais compris cette idée française de vouloir célébrer la musique un jour particulier de l'année plutôt que tous les autres, et ironisent parfois en y trouvant les raisons de notre étrange et si particulière musicalité nationale.)

Sagement alignés en fond de scène comme des suricates aux aguets, nous écoutâmes l'allocution présidentielle suivie d'un compliment à Sir Elton puis des remerciements de l'intéressé. Tout le monde espéra une petite chanson – toutes les conditions étant réunies : un public, une scène, l'émotion et un piano, à queue de surcroît. Mais Elton n'était pas en voix, ou simplement pas dans l'humeur, et nous dûmes nous en passer. Chacun retourna donc vaquer à ses occupations.

Luc rayonnait. Le festival, cette année-là encore, faisait carton plein et la campagne qu'il animait depuis des mois pour la fameuse contribution française venait d'être officiellement approuvée.

Une étape de plus sur le long chemin de cette petite association pas comme les autres, capable aussi bien de coups d'éclat que d'un discret et tenace travail de fond au quotidien, et aux côtés de laquelle je ne regrette décidément pas, après toutes ces années, de m'être engagé.

Grâce à un simple bouquet de fleurs.

A rat !

J'ai longtemps été poursuivi par l'histoire du rat. Je l'ai racontée mille fois, j'ai même tenté de la glisser dans un long-métrage – sans succès, son rythme particulier cassant celui de la scène –, et je profite donc aujourd'hui des pages de ce livre pour lui donner l'ampleur et, je l'espère, la résonance qu'elle mérite. Ce n'est même plus une histoire du reste, plutôt une allégorie – de l'esprit anglais, bien sûr –, ou plus encore une attitude, une manière d'être… j'irai jusqu'à dire, au risque de la pompposité : une philosophie existentielle.

Je la tiens de Bernard Chapuis, journaliste, romancier et acteur occasionnel dans deux films de Pascal Thomas, grâce à qui nous nous étions croisés il y a quelques années. Un jour, à Londres, il avait rendez-vous avec une amie dans un salon de thé des environs de Piccadilly. Un de ces salons comme il n'en existe pratiquement plus malheureusement, à la fois élégant et confortable, mais n'ayant plus depuis longtemps les moyens de ses ambitions. Le velours des fauteuils avait vu tant de séants qu'il commençait à demander grâce, les papiers muraux avaient eux aussi perdu de leur fraîcheur, et les motifs des rideaux s'estompaient doucement, l'abstrait prenant le pas sur le figuratif. Le service en revanche était irréprochable. Chariots de *scones* et autres sandwichs au concombre, argenterie et porcelaine impeccables, personnel affable et empressé, atmosphère discrète, on avait là affaire à un salon de thé londonien à l'ancienne, véritable parenthèse spatio-temporelle dans un Londres en pleine période New Wave.

Le protocole du lieu exigeait une certaine tenue, et quand le héros de cette histoire se présenta à la porte l'accès lui fut refusé, poliment mais fermement, par le maître d'hôtel au prétexte qu'il ne portait pas de cravate, un interdit formulé avec cette concision qu'autorise la langue anglaise : « *Terribly sorry, sir, no tie no tea.* » Version plus raffinée, on notera au passage, que notre traditionnel « Ça va pas être possib' », un air connu de tant de *nightclubbers* refoulés.

Marri, il tourna donc les talons de ses Weston – car notre homme était par ailleurs célèbre pour son élégance, tant morale que vestimentaire – et partit à la recherche de la première cravate venue, qu'il trouva sans peine.

Profitant de l'occasion pour s'offrir également une modeste revanche, il choisit la plus laide et la plus flashy des cravates, celle qui détonnerait le mieux dans ce palais défraîchi du raffinement britton. C'est d'un pas conquérant qu'il put cette fois pénétrer les lieux sous l'œil pourtant réprobateur du même maître d'hôtel, chagriné par la violence visuelle de l'accessoire choisi. Ce dernier guida son hôte jusqu'à une table où l'attendait son rendez-vous, et la cérémonie du thé put enfin commencer.

Une quinzaine de minutes s'écoulèrent quand l'attention de Bernard fut attirée par *quelque chose* qui se déplaçait furtivement le long des murs entre les rideaux. À y regarder de plus près, il eut la surprise de découvrir qu'il s'agissait d'un rat d'une taille respectable, l'équivalent anglais de Rémy, le héros de *Ratatouille.* Il profita de l'occasion pour faire venir à sa table le maître d'hôtel hautain qui l'avait accueilli et l'informa le plus sobrement du monde (en soulignant toutefois au passage que les clients réglementairement cravatés étaient en droit d'attendre d'un lieu d'une telle distinction une hygiène sanitaire irréprochable) de la présence du rongeur. Sans se démonter autrement que par un imperceptible sursaut de sourcil, l'employé répliqua d'un mythique : « *A rat? Really?* »

Permettez-moi d'insister un instant sur les multiples couches de connotations contenues dans ce seul petit adverbe, dont la traduction littérale (*vraiment ?* ou *réellement ?*) ne donne qu'un très lointain aperçu. On y trouve en vrac, au choix, un mépris de classe à l'ancienne perceptible dans la seule manière de faire glisser l'accent tonique sur la première syllabe afin de la rendre condescendante jusqu'à l'insupportable, la manifestation d'un soupçon d'incrédulité devant l'énoncé d'une proposition inhabituelle (« J'ai refusé, mourir d'amour enchaîné ») ou d'une manière plus générale, si l'interlocuteur est d'origine française – comme c'était le cas ici –, le refus même de prendre en considération sa remarque, induisant une incommunicabilité insoluble, source de tant de conflits par le passé, et ne demandant qu'à faire vaciller sur son socle la fragile Entente cordiale.

Mais le maître d'hôtel n'avait pas encore sorti l'arme fatale, le clou final du cercueil qui se formula en cette repartie lapidaire : « *A rat? Really? I hope he had a tie.* »

La magie de Jamie

Faut-il pousser l'anglophilie jusqu'à accorder la main de sa fille à un sujet de Sa Gracieuse Majesté ? J'ai répondu positivement à la question alors que, bien entendu, ce n'est pas dans ces termes qu'elle m'avait été formulée, et que la main n'était plus qu'une formalité puisque le cœur était déjà pris. Mais quand même, je fus sensible à cette attention autant qu'à ce formalisme à l'ancienne, d'autant plus qu'ils venaient d'un ressortissant du royaume auquel on reprocha longtemps sa perfidie et d'un homme qui, étant né en 1968, était peut-être un peu jeune pour se retrouver dans l'œil du cyclone punk, mais n'en éprouva pas moins intimement l'onde de choc.

C'est donc à cette occasion que je fis connaissance de celui qui allait devenir mon gendre. Des deux côtés de la Manche, la subtile permutation de lettres entre *gendre* et *gender* (le *genre*) est une constante source de plaisanterie pour les amateurs de sémantique d'un autre âge, notamment quand les beaux-pères ne trouvent pas l'élu à leur goût – autrement dit qu'il n'est pas leur genre, bien qu'il soit destiné à devenir leur gendre.

Rien de tout cela avec Jamie qui représentait tout au contraire le genre de beauté dont j'aurais pu rêver pour ma fille : anglais jusqu'au bout des ongles (eux-mêmes irréprochables), par conséquent naturellement mélomane, un humour prêt à dégainer en toutes circonstances, un talent pour le dessin universellement reconnu, un tempérament enjoué et un charme qui le firent adouber en moins de temps qu'il ne faut pour le dire par le reste de la famille – il est vrai majoritairement féminin.

Le seul reproche qui pouvait lui être fait se résumait à une ignorance totale du français – ce qui contraignait toute la smala à s'exprimer dans une langue que tout le monde ne maîtrisait pas avec le même bonheur –, et un irrésistible attrait pour le tatouage de signes plus ou moins cabalistiques sur son épiderme d'Angle, peuplade dont il convient de ne jamais oublier qu'elle compta dans ses rangs un certain Beowulf.

Il s'avéra rapidement que Jamie comprenait sinon la lettre, du moins l'esprit des propos chauffés au vin rouge que nous tenions lors de ces épisodiques regroupements familiaux, étant entendu que les frères et sœurs que nous étions, issus de trois lits différents, en venaient rapidement à convoquer en termes contrastés la mémoire de notre géniteur commun.

Je me souviens en particulier de cette occasion où nous évoquions, une fois de plus, l'idée qui l'avait toqué de se faire enfermer de son plein gré dans un zoo, dans l'enclos habituellement réservé aux macaques. (But de la manœuvre : mieux comprendre la sensation de la captivité animale, ressentie du point de vue d'un primate capable d'en faire le récit à ses contemporains assis sur la même branche de l'évolution que lui.) Nous étions tous d'accord pour en parler avec une certaine fierté tandis que Jamie essayait de se raccrocher, lui, aux branches linguistiques, convoquant les ritournelles enfantines d'apprentissage du français – notamment celle où il est question du *monkey on the tree*, ou du *cat under the chair*.

Évidemment, comme nous évoquions ces souvenirs en riant à gorge déployée, il ne pouvait s'empêcher de se demander, connaissant le penchant retors et moqueur du Français – sans parler du caractère particulier de notre famille qui se vantait d'aller jeter des cacahuètes à son père au zoo le dimanche –, si par le plus grand des hasards nous ne faisions pas indirectement allusion, via l'espèce simiesque, à Gorillaz, le groupe qu'il avait cofondé avec Damon Albarn. C'est à l'occasion de la sortie de *Plastic Beach*, leur troisième album, qu'Emma et lui avaient fait connaissance sur le plateau de *La Musicale*, la dernière émission de musique à l'ADN 100 % rock de Canal Plus, et de la télévision française tout court. Sous influence hip-hop et derrière un concept de *cartoon pop* (les musiciens n'existaient qu'au travers de leurs avatars graphiques créés par Jamie), Gorillaz est à ce jour le projet le plus excitant de la pop anglaise, une fois tournée la flamboyante page Blur.

(Au passage, on aurait eu bien de la peine à enfermer ce Gorillaz-là dans une cage, ou plus simplement dans l'un des tiroirs où l'on aime tant ranger et étiqueter les différents genres – musicaux – dans notre pays. Je me souviens de ce temps pas si lointain où il fallait choisir son camp entre hard-rock, pop, punk, fusion, funk, rhythm'n'blues, soul, rockab', etc., au risque d'être ostracisé par telle ou telle chapelle. Comme le rappelle très justement Jean-Baptiste Mondino, on n'est pas le pays des fromages pour rien.)

Quoi qu'il en soit, Jamie fut aussitôt adopté par le clan bruyant, chaleureux et raisonnablement névrosé de la famille reconstituée dont il représentait l'idéale pièce manquante. Un rapprochement naturel s'opéra entre les deux tribus, celle des de Caunes – famille agitée mais mélomane – et celle des Hewlett, à laquelle s'agrégeaient des artistes s'étalant sur nos deux générations (cet authentique génie de Damon Albarn côté junior, et les Mick Jones, Paul Simonon ou Tony Allen côté senior) dans une sorte de paix des braves et d'épiphanie musico-familiale. Jamie représentait à lui seul le meilleur des deux mondes : punk, post punk, afrobeat, britpop et ses dérivés, au gré de croisements les plus improbables qui survenaient selon les humeurs de Damon.

S'il m'était déjà arrivé de m'être amicalement rapproché de musiciens initialement rencontrés pour des raisons professionnelles, c'était la première fois que l'affaire se présentait sous un caractère aussi familial.

Cet accès privilégié – *all access*, pourrait-on dire – me fournit l'occasion de fréquenter d'un peu plus près, dans des coulisses, des pubs, clubs et autres vernissages (celui de l'expo rétrospective de Jamie à la Saatchi Gallery de Londres en 2015) la petite bande active, survitaminée et inlassablement créative – dans laquelle se croisent et se recroisent, au sein d'un clan sans arrêt enrichi, de nouveaux *guests* – de Gorillaz, de The Good, the Bad and the Queen, et parfois de Blur. (Une drôle et édifiante histoire que celle de ces deux artistes, Jamie et Damon, qui mirent des années à se renifler, le premier fort du succès de sa bande dessinée mythique *Tank Girl*, le second à la tête de Blur donc, le groupe qui s'était partagé avec Oasis – mais qu'esse tu bois doudou, dis donc ? – la couronne de la britpop des années 1990.)

Une bande exemplaire, dont la joie de jouer est si communicative qu'elle réussit à faire de chaque concert un événement, où se dissolvent les ego les plus marqués au sein d'une cause collective.

Voilà à quoi ressemble donc mon gendre, artiste puissant et créatif, sensible au point d'avoir accepté de signer – de son plein gré – le portrait qui orne la couverture de ce livre.

Pour cela, et surtout pour tout le reste, grâce te soit rendue, cher Jamie.

Le vétéran aux Vapeurs

J'en savais tellement sur le lieu que j'avais le sentiment de le connaître par cœur. Ces fameuses *plages du débarquement*, à une petite heure de route de mes bases trouvillaises, m'étaient, sans que je m'en sois jamais vraiment approché, familières au sens le plus littéral du terme – littoral même. Les rares photos de Robert Capa (celles prises dans le feu de l'action, à Omaha Beach, le 6 juin à l'aube), les scènes des documentaires consacrés au D-Day et à la bataille de Normandie ou les images, fictionnelles, du *Jour le plus long* avaient accompagné mon enfance et mon adolescence, et les blockhaus détruits et désertés de la Côte fleurie, miraculeusement épargnée par les bombardements qui avaient ravagé Le Havre au nord et Caen au sud, nous avaient servi de terrain de jeu à cet âge où l'on pense que la guerre en est encore un.

Bien entendu, la querelle commençait sur le sable, et avant de nous tirer dessus pour de faux, nous devions tirer la courte paille pour savoir qui s'y collerait pour jouer le rôle des vilains – à savoir les nazis, appellation générique regroupant aussi bien les soldats de la Wehrmacht que les SS les plus fanatiques.

Nous étions jeunes, mais nous savions déjà que la meilleure défense c'est l'attaque, et qu'il est mille fois plus excitant d'être les libérateurs que les oppresseurs. Les reliefs qui subsistaient de l'imposant mur de l'Atlantique, érigé le long de la côte occidentale de l'Europe et courant de la Norvège à la frontière espagnole, n'impressionnaient plus grand monde depuis l'effondrement du Reich millénaire. Ils n'avaient plus d'autre utilité que de servir de perchoir aux goélands et de terrain de jeu aux gamins que nous étions, même si vingt ans après le déluge de feu, les adultes continuaient à nous mettre en garde contre la présence d'explosifs encore enfouis, ce qui bien entendu ajoutait un soupçon de danger bienvenu à nos escapades.

Mon grand-père Marcel, précédemment cité dans ce livre, me détaillait la fonction précise de ces *nids de mouette* – ainsi que je les avais rebaptisés, après qu'il m'eut appris qu'Hitler désignait sa résidence alpine de Kehlsteinhaus comme son *nid d'aigle*. Chaque blockhaus, fondu dans le paysage, avait pour mission de surveiller une partie de l'horizon en prévision d'un débarquement allié qui, immanquablement, finirait par se produire quelque part en Normandie. Et malgré la présence rassurante de mon grand-père, je me souviens que je n'en menais pas large, en avançant prudemment dans les galeries souterraines sombres et humides des batteries du mont Canisy dont, une vingtaine d'années plus tôt, lui et ses camarades de réseau avaient dégagé les occupants.

J'imaginais sans peine la bravoure dont ces hommes avaient dû faire preuve pour épauler les troupes de la brigade Piron qui avaient nettoyé le terrain entre Ouistreham et Honfleur, et avec mes copains nous tentions, le cœur battant, d'en retrouver l'émotion à l'aide de nos armes imaginaires et inoffensives.

Mais le fait est que même si mon grand-père m'en avait fait mille fois le récit, il ne m'avait jamais emmené visiter les fameuses plages. Le mémorial de Caen n'existait pas encore, pas plus que les musées d'Arromanches ou de Utah Beach, et nous nous étions contentés des images existantes et d'une projection du *Jour le plus long* au cinéma du Casino.

En 1994, lorsqu'on célébra en grande pompe le cinquantième anniversaire du débarquement, la région tout entière se mit aux couleurs alliées. Des centaines de vétérans débarquèrent à nouveau en Normandie, non plus sous le feu allemand mais sous celui, moins meurtrier quoi qu'on en dise, des médias.

Ce qui me permit d'assister à une scène bouleversante dont je garde aujourd'hui encore le souvenir ému.

Nous étions attablés avec ma mère et mon grand-père pour l'un de ces rituels repas aux Vapeurs, à Trouville, immanquablement à la table 14, et comme toujours, la brasserie était bondée d'amateurs de moules, soles et autres crevettes grises. Le joyeux bordel sonore habituel roulait sous le plafond de l'institution trouvillaise (qui n'avait pas été repeint depuis les Années folles), ponctué des classiques « Une marinière pour la 8 » et autres « Un turbot béarnaise pour la 19… chaud… » lancés par des garçons empressés et virevoltants en *full dress code* bistrot, quand soudain le volume sonore chuta d'une cinquantaine de décibels. Venait de pénétrer dans le restaurant un petit groupe encadrant un homme d'un certain âge, bardé de décorations, et de toute évidence de nationalité américaine. C'était un de ces vétérans venus participer aux cérémonies du D-Day.

Le silence se fit naturellement, sans que personne n'eût à l'imposer, et une salve d'applaudissements – préférable, on ne le dira jamais assez, à une salve d'artillerie – se déclencha, allant rapidement *crescendo*, tandis que l'ancien combattant traversait le restaurant dans toute sa longueur pour se rendre jusqu'à l'escalier le menant à un salon réservé à l'étage. L'homme était ému aux larmes devant un hommage si spontané, comme nous l'étions tous, jeunes et moins jeunes, les seconds communiquant leur ferveur aux premiers. Après tout, cet homme-là, un parmi des milliers d'autres, avait débarqué ce jour-là, un demi-siècle plus tôt, jouant sa vie à l'autre bout du monde pour libérer l'Europe de la barbarie nazie.

Sacrifice suprême, comme le veut l'expression, grâce auquel tous les présents étaient libres de goûter paisiblement des moules-frites plutôt que de marcher au pas de l'oie en reprenant en chœur ces entraînantes marches militaires rééditées à l'époque par la Serp, la maison d'édition sonore de Jean-Marie Le Pen.

Non, cinquante ans plus tard, aux Vapeurs, l'oie n'était plus présente que sous forme de confit et l'Allemand sous celle de choucroute, et les préoccupations gastronomiques des clients avaient elles aussi, le temps de ce salut fervent, suspendu leur vol.

Voilà donc quel avait été mon contact le plus direct avec cet événement considérable dont nous fêtions le cinquantième anniversaire, soit la plus vaste opération militaire de tous les temps, et cela – sans qu'il puisse être établi de relation formelle entre les deux – une petite dizaine d'années avant ma venue au monde dans une France provisoirement pacifiée.

Et c'est le hasard de mes pérégrinations télévisuelles qui m'amena, au cours d'une année 2020 de sinistre mémoire, à venir fouler le sol de ces lieux devenus sacrés. Le prétexte en était une rencontre du côté de Utah Beach avec une troupe de jeunes Normands qui s'autodéfinissaient comme des *reconstitueurs*, nuance sémantique destinée sans doute à les différencier des *reconstituants* de l'Empire, les deux ayant en commun de se vêtir – qui en soldat de la Grande Armée, qui en uniforme des différents corps des forces alliées – et d'évoquer, en les reconstituant donc mais pour de faux, ces affrontements militaires d'anthologie que furent par exemple Waterloo, morne plaine, ou le D-Day, mornes plages.

Ces jeunes gens, élevés dans le souvenir de ce choc titanesque, s'étaient fixé pour mission de rejouer, de la manière la plus réaliste possible, des fragments de l'action *reconstituée* pour les mélanger ensuite aux véritables images d'archives. Étrange *mashup* dont le but était d'éveiller l'intérêt des nouvelles générations à cette page d'histoire, et de perpétuer ainsi l'indispensable *devoir de mémoire*.

Pour les besoins du tournage, je m'étais glissé dans la défroque – à défaut, heureusement pour moi, de la peau – d'un de ces valeureux GI, et j'avais ressenti un léger trouble teinté d'un fort sentiment d'imposture à me retrouver ainsi déguisé, sur les lieux mêmes de l'action, pour faire semblant et jouer à cette guerre dont, un demi-siècle plus tard, nous ne percevions plus que les Vapeurs.

Jipi

Me voici à nouveau en smoking dans les coulisses du Châtelet, attendant qu'on me fasse signe d'entrer en scène. La seule différence, c'est que je porte des talons de huit centimètres et un ravissant chapeau rond Spirou *style*, mais noir pailleté. La sensation de déjà-vu tient évidemment à cette cérémonie des César où, dans ce souci permanent de détendre l'atmosphère en essayant de l'animer (voire de la réanimer), je m'étais mis à expliquer que celle qui régnait dans les coulisses était inversement proportionnelle, question fun, à celle de la salle, principalement occupée comme toujours par des membres de la corporation venus soit pour gagner, soit pour regarder les autres perdre. À l'appui de mes propos, des images qui permettaient de découvrir par un habile et subtil raccord invisible à l'œil du profane ce qui était censé se passer de l'autre côté du rideau. On tombait alors sur une scène fellinienne où des circassiens en plein échauffement croisaient des animaux étranges, des cantatrices, des pompiers, des buveurs de champagne, Godzilla enfant, des photographes surexcités, une marchande des quatre-saisons, un boucher charcutier ou le sosie de Valéry Giscard d'Estaing, que sais-je encore, au son d'une fanfare désaccordée.

Sensation de déjà-vu, donc, puisque ce que j'avais sous les yeux pulvérisait, en termes de fantaisie et d'abracadabrance, la cérémonie des César. Une foule s'agitait en contrebas d'un escalier menant à une scène gigantesque, se préparant plus ou moins fébrilement à y monter pour défiler à l'occasion du cinquantième anniversaire de carrière de Jean-Paul Gaultier, et conjointement – puisqu'il venait de l'annoncer officiellement quelques jours plus tôt – de ses *adieux au music-hall*. Ce défilé était son dernier et chacun, chacune et les autres aussi, avait le sentiment de participer à un moment de pure légende.

Imaginez une douzaine de portants d'une longueur de dix mètres chacun auxquels étaient accrochées les tenues les plus extravagantes, autour desquels s'affairaient dans une calme précipitation un escadron d'habilleurs et d'habilleuses, tous vêtus d'une salopette bleu mécano, cent cinquante mannequins de toutes générations et de tout genre – de ceux ayant travaillé pour JPG à ses débuts jusqu'aux plus récents –, une poignée de drag-queens hautes comme des basketteurs, des danseurs, des régisseurs tentant de garder un peu d'ordre dans la cohue, des maquilleuses, des coiffeurs, des vigiles de sécurité, quelques photographes et autres cadreurs de la télévision, et pour finir, les figures emblématiques de son univers au nombre desquelles Mylène Farmer, Rossy de Palma, Catherine Ringer, Béatrice Dalle, Estelle Lefébure, Dita von Teese, Kiddy Smile, Noémie Lenoir, Amanda Lear ou Boy George pour ne citer qu'eux, vêtus pour la circonstance en autant de tenues sexy d'une ravageuse beauté.

Pour ce qui est des ravageuses beautés, le lecteur aura au passage une pensée attendrie pour votre serviteur, contraint de se faufiler entre les top-modèles

les plus spectaculaires de la planète en feignant une indifférence toute professionnelle.

Côté salle, un Châtelet rempli à craquer, le tout-Paris de la mode (jusqu'au vénérable Pierre Cardin) et des aficionados de Gaultier ayant réussi à décrocher le sésame magique de la soirée la plus attendue de cette Fashion Week 2020. Et contrairement à l'ambiance des défilés classiques où l'on applaudit avec son portable, la salle était surchauffée, impatiente, demandant une fois encore – et sachant que ce serait la dernière – à être étonnée, émue, transportée par la magie du Jipi national comme elle l'avait été pendant un demi-siècle.

Ce fut une soirée magique, hors du temps, une déferlante d'amour et d'affection pour un créateur hors norme dont la modestie légendaire eut à résister à une *standing ovation* finale, scène et salle, d'une dizaine de minutes. Une soirée qui fit venir les larmes aux yeux des plus indifférents, y compris des farouches et impassibles vigiles de sécurité. Ce n'était pas un enterrement bien sûr – même si Jean-Paul s'était amusé à ouvrir la fête par un tableau de veuves attendant l'arrivée d'un cercueil hérissé de deux cônes madonniens, décoré d'une gigantesque couronne sur laquelle on pouvait lire « La mode pour la vie » –, et Jipi était plus vivant que jamais, mais cette page que l'on tournait ce soir-là me fit revenir en mémoire tous ces moments incroyables que nous avions pu partager depuis une quarantaine d'années, passées aussi vite qu'un battement de cils.

Je ne me souviens pas précisément de notre première rencontre. Il me reste plutôt des images de toutes ces fois où nous nous croisions dans l'insouciant et festif Paris des années 1970-1980, à l'époque où, tout comme Jean-Baptiste Mondino, nous mettions le pied à l'étrier. Notamment ces images stroboscopiques du

Palace alors dirigé par le charismatique Fabrice Emaer, organisateur de folles soirées où se retrouvait la faune noctambule que rejoignaient discrètement des Grace Jones ou autres Mick Jagger, sous l'œil las et la mèche tombante d'un chroniqueur mondain déjanté, le doux Alain Pacadis.

Ou encore quelques rencontres furtives sur des plateaux télé, ou lors de reportages, qui me laissaient quand même le temps d'apprécier chez lui une fraîcheur, une modestie et un enthousiasme qui n'étaient pas – et ne le sont pas davantage aujourd'hui – les valeurs cardinales du monde de la mode.

Mais il fallut attendre la fin des années 1980 pour que se tisse – Jipi est couturier – entre nous ce lien devenu aujourd'hui indéfectible. J'officiais alors parallèlement, en Angleterre, sur *Rapido.* Il se trouve que l'émission avait rencontré son public, sans doute amusé par la bizarrerie de l'objet et mon accent à couper le fromage. C'est pourquoi après la quatrième saison, quand se posa la question de savoir si nous avions un projet pour lui succéder, Peter Stuart, dont il est question ailleurs dans ce livre, proposa sans hésiter celui d'un magazine destiné à réconcilier les insulaires anglais avec l'inquiétant continent européen (qu'ils n'avaient fini par rejoindre, à reculons, qu'en 1973), en leur montrant qu'il était peuplé d'excentriques qui pouvaient rivaliser sans rougir avec les leurs.

Et comme nous étions parvenus en quatre ans à imposer l'idée qu'après Sacha Distel et son *Sacha Show* un Français, voire deux, avait encore sa place dans les téléviseurs brittons, nous profitâmes de la brèche ouverte dans la forteresse pour en faire entrer un troisième, et pas n'importe lequel : Jean-Paul Gaultier.

L'idée était originale à plusieurs titres : Jean-Paul n'avait jamais fait de télévision de sa vie, et ne parlait pas anglais. Enfin si, je force un peu le trait. Disons qu'il le parlait comme un Maurice Chevalier se remettant doucement d'un AVC massif. Mais comme le disait si bien ce cher Napoléon : « L'impossible est le refuge des poltrons. » Jipi a sans doute des défauts – que je serais d'ailleurs bien incapable de citer ici –, mais il n'a peur de rien, et certainement pas d'un dialecte lui-même issu du concassage de quatre autres patois : l'angle, le saxon, le jute et le frison, si vous voyez ce que je veux dire. Après quelques tâtonnements et autres répétitions face à un prompteur rédigé en phonétique, comme on l'eût fait pour un enfant à problèmes, tout le monde put constater, à commencer par l'intéressé, que l'affaire était dans le sac, *the case was in the bag!*

Ce fut le début de deux saisons de bonheur où, chaque semaine, nous venions enregistrer dans le petit studio de Malakoff sous la direction de Peter, dans ce décor en carton-pâte et aux couleurs acidulées conçu par Gilles Cenazandotti. Sur le plateau, nous retrouvions les différents membres de la petite tribu *Eurotrash* au nombre desquels M. Pingouin, un vieux cheminot belge à la retraite passionné d'alcidés – au point de s'être convaincu qu'il pouvait reproduire leur langage rudimentaire et se vêtir comme eux, poussé par une obsession du mimétisme à laquelle, après un temps d'adaptation, tout le monde avait fini par s'habituer (en particulier dans la brasserie de son quartier bruxellois). M. Pingouin venait donc répondre à mes questions – certes sommaires – en pingouin, vêtu de même, et je l'en remerciais en lui faisant gober des sardines crues (pourtant d'une fraîcheur relative après avoir séjourné quelques heures sous les projecteurs) dont il était friand. Sardines qu'il faisait passer à l'aide de quelques gorgées de bière, le mélange des deux lui conférant une haleine proche, j'imagine, de celle des rôdeurs de *The Walking Dead*.

On trouvait également dans la petite famille *Eurotrash* Lolo Ferrari, une jeune femme à la poitrine exagérément opulente dont le volume était comparable à celui d'une roue de semi-remorque. Son attrait pour la lumière l'avait poussée à transformer son corps au point de devenir un sujet tant d'étonnement que de moquerie. Mais Lolo était une douce créature, fragile et tendre, d'une gentillesse déconcertante, et nous avions tous pour elle une affection sincère. Sa disparition, à l'âge de trente-sept ans, fit verser bien des larmes au sein de l'équipe.

Le reste de la tribu *Eurotrash* qui nous rejoignait chaque semaine, comme il est de tradition autour du poulet dominical (nous étions les poulets, ils étaient la garniture), se composait d'autres *caractères* du même tonneau. Il y avait Eddy Wally, un crooner flamand sans âge à complément capillaire capricieux et costume lamé qui se produisait un peu partout sur terre, notamment dans tous les pays équipés d'Ehpad. Il possédait comme autre particularité de chanter sans cesse, y compris dans le taxi qui l'amenait de la gare du Nord au studio – ce qui justifia des arrêts maladie pour quelques chauffeurs – et ponctuait ses phrases d'un mystérieux « Wow ! » dont personne ne réussit jamais à déterminer le sens.

N'oublions pas les Roméo Cleaners, deux frères berlinois et moustachus au physique, disons, désavantageux – l'un des deux souffrant d'une scoliose idiopathique – et qui, moyennant salaire, se rendaient chez des ménagères teutonnes surmenées pour faire le nettoyage à leur place en string léopard. Ou encore cet acteur porno polonais, plus gâté encore par mère Nature qu'un certain candidat à la mairie de Paris, qui traversait nonchalamment le plateau pendant nos présentations en faisant l'hélicoptère avec sa bite.

Ajoutons à tout ça la visite régulière de tous les top-modèles de l'époque pour la séquence *Sit on me* qui consistait pour elles et eux à s'asseoir quelques instants sur nos genoux pour répondre à une série de questions totalement superflues, et cette collection de reportages sur toutes les bizarreries de l'époque – et elles ne manquaient pas.

Je citerai pour mémoire : l'ouverture de Disneyland Paris, que nous avions célébrée à notre manière en y introduisant discrètement un Schtroumpf qui signa moult autographes en posant pour des enfants ravis, jusqu'à ce qu'il se fasse sortir *manu militari* du site, ses petits pieds battant désespérément l'air. Mr Méthane, un pétomane anglais déguisé en super-héros, venu interpréter en *live* la chanson écrite par Elton John en mémoire de Lady Di, « Candle in the Wind ». Ou ce festival finlandais d'extermination de moustiques, qui consistait à larguer sur une île infestée de ces insectes assoiffés de sang des concurrents ayant pour défi d'en buter un maximum à la main, le nombre de cadavres écrasés sur l'épiderme désignant le vainqueur.

Voilà l'étrange ménagerie sortie de l'imagination bizarre de Peter Stuart dont nous prenions si grand plaisir à jouer les Monsieur Loyal, d'autant plus qu'on accueillait sur le plateau des invités aussi incroyables qu'Helmut Berger, Michel Gondry, Lars von Trier, Monica Bellucci ou Pedro Almodóvar. Ces deux années à nous côtoyer cimentèrent entre Jipi et moi une camaraderie qui n'aurait demandé qu'à se transformer en amitié si nous avions eu suffisamment de temps à y consacrer. Mais il s'envola pour se dédier à la haute couture, pendant que je partais faire des films de mon côté. Comme chacun sait, la vie sépare ceux qui s'aiment.

Pas tout à fait cependant, puisque de multiples occasions nous furent fournies de nous amuser à nouveau, par exemple en ce mois de juin 2016, quand Channel Four eut l'idée de commander un *Eurotrash* spécial Brexit destiné à être diffusé quelques jours avant le référendum. Nous mîmes le paquet, si l'on peut dire, pour un feu d'artifice dont nous n'imaginions pas qu'il serait aussi notre bouquet final. Si notre intention première avait été de rappeler à nos amis anglais quelles ressources insoupçonnées il leur restait encore à découvrir sur le vieux continent européen, et de les décider donc à y rester attachés plutôt que de s'en séparer, notre démonstration n'eut pas l'effet escompté.

Mais le fait est que le spectacle de notre duo grimé en prince Charles et Camilla Parker Bowles, et le défilé devant les caméras de Pricasso (un peintre qui excelle dans les portraits peints à l'aide de son pénis), d'un homme métamorphosé en licorne broutant paisiblement sa luzerne, d'un voyant espagnol prédisant l'avenir en lisant dans les choux-fleurs ou les aubergines (qui annonça la victoire indiscutable du non) et d'une pop star ukrainienne interprétant son hit « Verekvi » à moitié nue (et ayant, pour cette raison seulement, laissé un excellent souvenir…) ne suffirent visiblement pas à faire pencher la balance du bon côté. Sans oser nous l'avouer, nous nous sentîmes presque fautifs de ne pas avoir été assez convaincants.

Cela n'altéra en rien l'attachement que Jipi et moi portons à nos amis anglais, comme il le prouva deux ans plus tard avec son Fashion Freak Show, une revue qui remporta le succès que l'on sait et qui dévoilait, par-delà le strass et les plumes, la nature profonde de Jipi : un garçon sensible, ayant survécu à une profonde blessure d'amour, et ayant toujours épargné aux autres le poids de ses tourments en créant du spectacle, de la folie et de la joie.

Voilà donc toutes les images qui défilent alors que j'attends dans les coulisses du Châtelet que l'assistant me donne le top départ, la seule difficulté de l'exercice étant de réussir à descendre l'escalier qui mène au proscenium chaussé de boots à talons d'une dizaine de centimètres – malicieusement rebaptisées les sarkozettes – sans me vautrer devant ce public survolté. Jipi était là, bien sûr, veillant aux ultimes détails, souriant et rassurant, à la fois détendu et follement concentré comme toujours, enchanté de la bonne tournure que prenait l'événement, aussi risqué qu'un numéro de haute voltige.

Et quelques minutes avant qu'il reçoive cette ovation pharaonique pour l'ensemble de ses créations, une chose demeurait sûre et certaine : une page était peut-être en train de se tourner, mais certainement pas de celles qui précèdent le mot *fin*.

Considérations sur la race chevaline

Depuis toujours, enfin disons longtemps, la question de savoir qui, du chien ou du cheval, est le meilleur ami de l'homme divise les amateurs de canidés et d'équidés, laissant indifférents ceux qui leur préfèrent les chats, eux-mêmes maîtres en matière de balekitude. Mon père, qui passa plus de temps dans sa vie en compagnie de ses inséparables bergers basques qu'avec celle des êtres humains, avait clairement choisi la première option. Pour d'autres, c'est donc le cheval qui mérite d'occuper la première place du podium au regard de tous les services rendus, de gré ou de force, depuis sa domestication.

Voilà pourtant une question que je ne me posais pas lorsqu'on me fit monter – de force aussi – pour la première fois sur le dos de *la plus noble conquête de l'homme.* D'instinct, je ne me sentis pas à l'aise, posé en équilibre précaire sur cette masse musculeuse et frémissante, plus ou moins fantasque, quand bien même le moniteur m'expliquait que ma monture, Madison, était l'une des plus placides du centre équestre.

Deux tours de manège suffirent à nous prouver le contraire. Fut-ce un geste malheureux de ma part ou l'envol surprise d'une hirondelle nidifiant sous la charpente, toujours est-il que Madison fit un écart brutal, comme inspirée par la chorégraphie dont elle portait le nom. Mon équilibre précaire n'y résista pas, et j'allai littéralement *mordre la poussière*, expression qui jusqu'alors m'avait toujours réjoui dans les westerns, mais me laissa un goût autrement amer dans la vraie vie – d'autant plus que Madison, sitôt débarrassée de son jeune cavalier, se retournait brusquement pour se cabrer au-dessus de lui, c'est-à-dire moi.

On m'encouragea à remonter aussitôt en selle, comme il est d'usage, et je terminai la séance tétanisé, m'attendant à chaque instant à retourner goûter la même poussière. J'en serais volontiers resté là mais un sursaut d'orgueil, et le désir d'échapper aux quolibets railleurs de mes petits camarades, me poussa à renouveler l'expérience quelques jours plus tard.

Cette fois-ci, la scène se passait à Fontainebleau. Il s'agissait d'une promenade *tranquillou* – selon le moniteur – dans les somptueuses et paisibles allées cavalières de la forêt domaniale. Tranquillou, elle le fut effectivement un bon moment – au point que je commençais à retrouver confiance en moi, me considérant presque comme un possible et prépubère égal de d'Artagnan. Mais fut-ce un geste malheureux de ma part ou l'envol surprise d'une hirondelle nidifiant sous les frondaisons (la même, peut-être), toujours est-il que soudainement Madison sembla prise de panique et détala ventre à terre, oreilles baissées, comme pour le final du Grand Prix de l'Arc de Triomphe. Jetant ma dignité aux orties, je m'accrochai désespérément à son encolure dans un état de panique sans doute comparable au sien, la différence étant que je m'agrippai au cheval façon ventouse, alors que lui-même envisageait une séparation dans les plus brefs délais. Heureusement mon moniteur nous rattrapa rapidement, et parvint à maîtriser l'animal.

Je mis pied à terre en état de choc, jurant mais un peu tard qu'on ne m'y reprendrait plus, et fis le chemin du retour en partageant la selle du moniteur, heureusement plus hippophile que pédophile.

Aucun cheval, autre que fiscal ou vapeur, n'entendit plus parler de moi pendant une bonne trentaine d'années. Je me réjouissais de leur spectacle, je me rassasiais de leurs exploits dans les romans, je devenais même ami avec un homme ayant obtenu son premier degré – alors qu'il contrôlait naturellement le second – et contemplais avec émotion le spectacle de Robert Redford murmurant à leur oreille.

Jusqu'au jour où, au tout début des années 2000, Bernie Bonvoisin me proposa de jouer dans son troisième long-métrage, aux côtés d'une pléiade d'acteurs aussi emballants que Jean Rochefort, Carole Bouquet, José Garcia – dans le rôle de Louis XIV, pour donner une idée de la licence que s'autorisait Bernie –, Gérard Depardieu, Lou Doillon et Roschdy Zem. Le film, qui avait pour titre *Blanche*, était un western historique avec plein de morceaux de cape et d'épée dedans.

L'alignement des planètes était tellement idéal que j'acceptai avec enthousiasme le rôle du sinistre KKK (prononcez Kékéké), capitaine des gardes de Mazarin et responsable de ses escadrons de la mort – une pourriture cosmique –, en dépit du fait que ledit KKK passait sa vie, entre deux exactions, sur le dos d'un cheval. La proposition était trop belle : un film de genre jouant le mélange, un casting lunaire, une histoire de vengeance, une patte *bonvoisienne* mêlant argot contemporain et préciosité grand siècle, des *punchlines* en rafale (KKK expliquant pourquoi lui et ses hommes vont devoir violer tout le monde : « On vient de Marseille. Nos soutes sont pleines, on est comme les Canadair : si on ne se vide pas, on prend des risques »), et le plaisir enfantin de jouer les méchants cow-boys dans un film d'époque, les armes blanches remplaçant les *guns* traditionnels.

Il ne me restait donc plus qu'à remonter à cheval et à suivre une formation auprès d'un maître d'escrime, KKK étant bien sûr un redoutable bretteur. Pour la première partie de la tâche, la production – à qui je n'avais bien entendu pas avoué ma quasi-hippophobie – m'envoya suivre un entraînement intensif pendant trois mois auprès de Mario Luraschi, prince des dresseurs de chevaux de cinéma et lui-même époustouflant cascadeur équestre, dont le royaume est établi en pleine forêt d'Ermenonville, dans l'ancienne ferme de l'abbaye de Chaalis – un lieu lui-même hors du temps où les chevaux sont choyés comme les clients d'une pension cinq étoiles.

Je fis part à Mario de mon inexpérience totale comme de mes expériences malheureuses, et il me présenta donc avec un grand sourire malicieux le cheval qui allait devenir mon partenaire pour les six mois à venir : un bel andalou de six cent cinquante kilos, un mètre soixante-quinze au garrot, d'origine espagnole, répondant au nom paisible et méditatif de Tornado. Le Bernardo en moi resta muet de stupeur au souvenir des exploits équestres du cheval de Zorro, qui portait le même nom.

Tornado avait connu une existence romanesque avant de croiser la mienne. Il avait officié dans moult corridas de *rejón*, qui ont pour particularité d'opposer le taureau à un cavalier – le *rejoneador* – et sa monture, et avait fait preuve en ces circonstances d'une immense bravoure, s'étant fait charger des dizaines de fois par des ruminants furibards. Récupéré par Mario, il menait sa nouvelle vie, son courage et son endurance toujours mis à l'épreuve, notamment lorsqu'il s'agissait de supporter en selle des tocards de mon acabit.

L'adulte que j'étais devenu depuis mes mésaventures bellifontaines avait appris à prendre sur lui et à faire semblant, ce qui constituait une partie non négligeable du métier de comédien. Mario était à la manœuvre, contrôlant de la longe mes premiers tours de piste, et même si je me sentais tel un moustique sur le dos d'un alligator, il parvint – heure après heure, jour après jour – à me donner suffisamment confiance en moi pour ne pas éprouver l'envie, sitôt monté en selle, d'en descendre.

Il faut dire que Tornado se prêtait lui-même de bonne grâce à l'initiation de son novice cavalier, même s'il ne pouvait parfois s'empêcher, nature oblige, quelques déstabilisants et inattendus pas de côté, auxquels je m'habituai peu à peu. Bien sûr, je faisais tout pour m'attirer ses bonnes grâce, lui apportant pommes et carottes pour le remercier de sa bonne volonté, lui racontant quelques fines plaisanteries dont il n'accusait jamais réception, apprenant à le desseller, l'étriller, le brosser et le panser à la fin des séances, cherchant à créer une forme d'intimité entre nous malgré son indifférence manifeste – toutefois dénuée d'hostilité.

Bien entendu, sentimental de nature, je me pris d'affection pour lui, et la joie de plus en plus manifeste que j'avais à le retrouver trois fois par semaine n'était tempérée que par une sourde inquiétude que je ne parvenais jamais à dissiper tout à fait.

Enfin, le tournage démarra.

Les scènes de carnage se déroulèrent sans problème. J'avais été formé au maniement des armes par l'excellent Michel Carliez, et comme mon personnage était un sacré fils de pute, je n'attendais jamais la fin de l'envoi pour toucher et sabrai dans le vif avec la détermination d'un équarisseur cocaïné. Chaque fois que je devais enfourcher Tornado, je me jetais en selle, animé d'une fougue qui aurait fait pâlir de jalousie le Jean Marais du *Capitan*.

Il me faut ici préciser qu'il existe un moment particulier sur un plateau de cinéma, dont la magie est depuis toujours éprouvée par tous, qu'ils soient techniciens, stagiaires ou comédiens : c'est l'intervalle entre les mots « Action » et « Coupez ». On entre alors dans un temps suspendu, une faille spatiotemporelle en concentré, où *tout se joue*, et qui correspond, à un degré divers, à la prise de direct en télévision ou au lever de rideau du théâtre.

J'en avais fait l'expérience une des premières fois qu'on m'avait laissé jouer la comédie devant une caméra. Il se trouve qu'au nombre de mes infirmités, je souffre de vertige. Éloignez-moi de quelques mètres du sol et je me transforme en Kim Novak. Or, le scénario du film en question exigeait qu'une scène se déroulât sur des échafaudages découverts au cinquième étage d'un immeuble en ravalement. Mon personnage devait surgir d'une fenêtre, courir quelques mètres le long de la façade et plonger par la fenêtre opportunément ouverte d'un autre appartement. Je repérai le trajet, encadré par deux assistants compréhensifs, le cœur au bord des lèvres, et on m'installa en position de départ en attendant que retentisse le mot « Action ! ». Un prisonnier de centrale surpris par le faisceau d'un projecteur de mirador au cours d'une tentative d'évasion n'aurait pas été plus détendu. Mais il se trouve qu'au fatidique feu vert, je me ruai *sans plus y penser* et jouai l'action avec la même énergie que si je m'étais trouvé sur le trottoir. En revanche, dès que j'entendis « Coupez ! », je m'immobilisai instantanément, comme victime d'un arrêt sur image, et les deux assistants toujours aussi compréhensifs durent me détacher les mains des tubulures auxquelles je m'étais agrippé avec la délicatesse que l'on met à décoller un ormeau de son rocher. Le mystère de ce *lâcher-prise* (comme on dit dans les livres de développement personnel) m'avait révélé toute la beauté de ce métier où l'on s'oublie pour mieux faire exister cet autre qu'on est censé jouer.

Et c'est exactement ce que j'éprouvais en enfourchant ma monture pour la faire détaler au galop, si possible avec moi sur son dos. (Bien entendu, en bon cheval de cinéma, Tornado avait auparavant repéré les lieux et le trajet sous les indications de son véritable cavalier.) Toute appréhension s'était subitement évanouie par la grâce du mot magique « Action ! », au risque pour moi de légèrement surjouer la scène, à présent que j'étais porté par cette aisance retrouvée. Heureusement Bernie veillait au grain et ne laissa pas, si je puis dire, le cabot en faire des caisses sur le cheval.

Cette aisance illusoire trouva son acmé lorsque nous en vînmes à tourner la scène dite de l'attaque de la diligence, en vue de laquelle j'avais suivi ma longue et minutieuse formation. Le décor en était l'aéroport local – vide, dois-je le préciser – d'Alès-Deaux, en plein cœur des Cévennes, réservé ce jour-là pour le tournage sans que cela portât préjudice au discret trafic privé qui en avait l'usage.

Le dispositif était le suivant : devant nous s'étendait sur des centaines de mètres un terrain plat dominé par une petite colline. Un doux soleil de septembre baignait le plateau – un vrai été indien pour de faux cow-boys. En tête de sa garde rapprochée composée de six cavaliers, KKK ouvrait le chemin à une diligence contenant la fameuse *poudre du diable* dont le sulfureux cardinal avait organisé le trafic avec le cartel de Medellín, en même temps que celui d'enfants en bas âge (on notera au passage que bien évidemment, au XVIIe siècle, l'une de ces deux activités était totalement anachronique au sein de l'Église). Diligence tractée par quatre autres chevaux, ce qui faisait donc un total de dix quadrupèdes lancés à vive allure derrière ce bon capitaine KKK, auxquels vinrent s'ajouter les montures de huit assaillants déchaînés et décidés à mettre la main – et le nez – sur ladite poudre.

Conséquemment, le rythme de croisière s'accéléra brutalement, passant d'un galop soutenu à un triple galop, et c'est donc à la tête de dix-huit cavaliers – et une diligence – que je menais le train de l'air farouche d'un enculé de sa mère prêt à vendre chèrement sa peau et sa précieuse cargaison.

Pour filmer le tout – puisque, après tout, nous tournions un film –, deux caméras installées sur une voiture *travelling* nous accompagnaient en parallèle. Elles avaient pour consigne, à un moment donné, de croiser la route devant nous pour donner aux plans une nécessaire dynamique.

Là encore les chevaux opérèrent le repérage du trajet, menés par les assistants de Mario. Ce jour-là, tout le monde fit preuve d'une concentration inhabituelle, en dépit de la musique d'AC/DC et de Jimi Hendrix jouée à tue-tête sur le plateau à la demande de Bernie pour se mettre dans l'ambiance, et cela sans avoir consulté au préalable les chevaux sur leurs propres goûts musicaux (ces derniers ayant, c'est de notoriété publique, une préférence pour la musique de Francis Poulenc).

Toute la troupe dans les starting-blocks, le terrain dégagé, nous attendîmes le rituel « Moteur ! » annonciateur du sésame « Action ! », et quand celui-ci fut donné, tout l'équipage s'élança comme un seul homme – ou un seul centaure, si l'on préfère. Toute l'appréhension – légitime – que j'avais pu ressentir jusqu'à ce moment-là s'envola d'un seul coup, et j'en oubliai l'escorte lancée à vive allure derrière moi, et le fait qu'il était préférable de rester en selle plutôt que d'aller rouler sous les roues massives de l'attelage et les sabots des chevaux qui le tractaient.

Je dois avouer que j'y pris même rapidement un certain plaisir. Après tout, existe-t-il sensation plus forte ou même comparable à celle d'être poursuivi en plein XVIIe siècle par une meute de justiciers décidés à vous éviscérer avant de vous démembrer s'ils parviennent à mettre la main sur vous ? La poussière, le son infernal de la diligence, le grondement d'une vingtaine de sabots martelant le sol, l'urgence à aller toujours plus vite, le danger, fictionnel autant que réel : il y avait là de quoi faire grimper l'adrénaline de tout être normalement constitué, y compris d'un bouddhiste sous Tranxène.

Lorsque, au plus fort de l'action, nous atteignîmes le triple galop, j'eus cette sensation euphorisante de me trouver sur un tapis volant. Je n'étais plus en train de faire du cinéma, *j'étais à la fois* acteur et spectateur du moment exaltant que j'étais en train de vivre, et la réalité ne se rappela à mon bon souvenir que lorsque la voiture *travelling*, surchargée de son capharnaüm technique et de ses techniciens, croisa un peu près à notre goût, à Tornado et moi-même, notre trajectoire effrénée.

C'était le signal convenu pour le *cut* et nous coupâmes notre élan comme la voiture nous avait coupé la route.

Je descendis de selle soulagé comme avait dû l'être, toutes proportions gardées, Charlton Heston à l'issue de la course de chars dans *Ben Hur*. Réconcilié pour un temps avec la gent chevaline, sans pour autant envisager une reconversion dans le sport équestre, je remerciai longuement Tornado de m'avoir stoïquement supporté sur son dos, et le ciel de m'être venu en aide.

À sa sortie en salles, le film se fit sauvagement défoncer par la critique, et force est d'admettre qu'il n'était pas exempt de tout reproche. Pour ma part, je regrettai un montage au hachoir ayant eu, entre autres effets malheureux, de gommer toute la musicalité des dialogues de Bernie et de laminer l'action avec la délicatesse de mon personnage. Des années plus tard, Bernie révéla que Luc Besson (qui était le distributeur du film), sans rien demander à personne – à commencer par le producteur, parti souffler deux mois à la Barbade –, avait procédé à mille deux cents coupes dans le montage original, le réduisant de treize minutes sans autre forme de procès.

Je ne sais pas si le remède s'était avéré pire que le mal. Le tournage ayant été lui-même disons baroque, et assez free-style, nous nous attendions tous à un film pas comme les autres, et fûmes généreusement servis.

C'est là que devait s'achever ma jeune carrière de cavalier. Même si je dus remonter en selle pour un ou deux tournages, je ne retrouvai plus jamais cette folle intensité. En revanche, cette brève expérience m'ouvrit les portes d'un univers sensoriel par le filtre duquel toutes les histoires de chevalerie, de hussards, de cow-boys et d'Indiens – et même, disons-le, de PMU – s'éclairèrent d'un jour nouveau.

Un roi sans camelots

C'est un chevalier d'une quinzaine de centimètres, monture comprise. Engoncé dans son armure, il se tient raide comme la justice (la justice est rarement souple), visière du heaume baissée, lance tendue à hauteur de l'encolure, tandis que son cheval semble s'étirer dans un peu vraisemblable triple galop.

Sans doute parce que plusieurs générations de gamins lui ont fait livrer d'imaginaires batailles, il émane de lui une poésie aussi folle que les années où il a vu le jour (la figurine dont je parle date de la décennie 1920).

Lorsque mon dealer de soldats de plomb et autres Fixies l'a sorti du tiroir poussiéreux où il se remettait de tous ses tournois passés, j'ai su que j'avais enfin trouvé le cadeau idéal pour Alexandre Astier. Idéal de mon point de vue bien entendu, autrement dit symboliquement idéal au regard de cette longue aventure *Kaamelott*, dont une nouvelle page se tournait avec la sortie sur grand écran du premier volet.

Pas facile de faire un cadeau à un homme qui a déjà tous les dons dont on peut rêver dans nos métiers, aussi à l'aise avec les mots qu'avec les images, avec l'humour qu'avec l'épopée, avec la musique qu'avec les silences. On se sent même tout drôle, condamné à barboter dans son petit couloir de nage quand Son Altesse a l'océan à sa disposition. J'en connais qui s'empresseraient de crier à l'injustice, à l'inégalité des chances, aux caprices de la sélection naturelle, et c'est vrai que le jour de la distribution des prix, certains sont repartis avec une brouette un peu mieux garnie.

J'ai croisé des gens admirablement doués. Des Alain Chabat, des Édouard Baer, des Jérôme Deschamps, des Blanche Gardin, pour s'en tenir à la francophonie, tous animés de talents multiples, impressionnants par leur nombre de facettes, mais notre bon roi Arthur joue encore dans une autre catégorie.

Je crois que ce qui me stupéfie le plus chez lui, c'est sa *normalitude* comme dirait une autre Royal. Pour un mec qui passe sa vie à chercher le Graal dans la fiction, et le touche à chacune de ses entreprises, il serait naturel de céder au plaisir de faire la roue comme un vulgaire paon bleu mâle paradant pour épater madame. Pour bien moins que ça, j'en ai vu se rengorger et déambuler dans la basse-cour en saluant d'un air de triomphe modeste.

Pas Alexandre, qui pourrait de surcroît se réjouir que ses parents l'aient baptisé du prénom d'un des conquérants les plus allumés que la Terre ait jamais connus, alors qu'ils auraient aussi bien pu l'appeler 236984, du nom de l'ast(i)éroïde qui porte son nom depuis 2008, et qui pourrait un jour – comme le fait très justement remarquer l'intéressé –, nos trajectoires viendraient-elles à se croiser, être « responsable de l'extinction de l'humanité ».

Non. Nous avons affaire ici à un modèle d'humilité qui mériterait de devenir une mesure étalon à Sèvres. Quand on souligne ses mérites, il accuse réception du compliment, mais c'est pour mieux attendre la question qui va suivre le petit cirage de pompes préliminaire.

Et là, on voit tout de suite que le gars a réfléchi à la question, qu'il l'a retournée dans tous les sens avant de l'étaler sur la tartine dans laquelle il va mordre à belles dents. C'est précis, c'est clair, c'est net, c'est inspiré, et ça peut concerner des sujets aussi divers que l'évocation de Josef Zawinul, les mérites comparés du burger avec oignon et sans, le contrepoint lourdement familial de la vie de Jean-Sébastien Bach, la place du héros dans le cycle arthurien, la raison pour laquelle on a choisi Kelvin plutôt que Celsius ou Fahrenheit comme unité de température thermodynamique, le fait que les Ardéchois aient tous le cœur fidèle, les différences de sensation entre une contrebasse et une basse fretless, les mérites du système optique Leica, l'avantage du clavier ergonomique bépo sur l'azerty classique ou, plus sérieusement, l'analyse du jeu de Louis de Funès dans, au hasard, telle scène de *Pouic-Pouic*.

Liste, on l'aura compris, tellement loin d'être exhaustive qu'il faudrait que le télescope Hubble fasse un gros effort de concentration pour espérer en apercevoir la fin.

Pour couronner le tout, comme disait mon dentiste, Alexandre est aussi drôle qu'il est sérieux et méthodique dans sa manière de faire les choses. On peut même aller jusqu'à dire que ce n'est pas le dernier pour la déconne, même si vous avez peu de chances de le voir en fin de soirée à califourchon sur une chaise, encastré dans une chenille de joyeux convives, une cravate nouée autour du front, faisant tourner sa serviette de table au rythme d'une bonne vieille chanson à boire.

Déjà, parce qu'il ne boit pas, et que donc son sens du *fun* ne passe pas par là, sans pour autant, on l'aura tous remarqué, que cela le transforme en austère janséniste pascalien.

On peut certes, comme disait l'autre, être effrayé par le silence éternel de ces espaces infinis. On peut aussi être effrayé par plein d'autres choses, comme le fossé entre l'envolée épique et la bêtise à front plat du quotidien, et les questionner sans cesser de sourire.

Comme le dit si justement Perceval : « C'est pas faux. »

Tabagie musicale

La vie de saltimbanque, c'est un peu comme le belouze que chantait Johnny. On y met ses joies, on y met ses peines, et surtout le boulot y est par essence instable, puisqu'il dépend pour beaucoup du désir des décideurs de vous en proposer, et de celui du public de s'y intéresser. Parfois les planètes s'alignent, parfois une éclipse – qu'on souhaite évidemment passagère – vient mettre le dawa.

En ce début 1985, j'en observe personnellement une d'anthologie. La première grille de Canal, où figure *Surtout l'après-midi*, vient de passer à la trappe des suites de la libéralisation des ondes décidée par Mitterrand. Les effets se font immédiatement sentir : interruption brutale des abonnements, gel de la grille, mise en place de programmes moins expérimentaux, salut Antoine, salut Gilles, on se rappelle on se fait une bouffe.

Nous voilà donc sur le carreau, le Belge et moi, notre carton de magnums de Jack Daniel's sous le bras (puisque c'était le sponsor officiel de l'émission). Notre foi dans le métier vient d'en prendre un coup, nos foies s'apprêtent donc à en pâtir.

On se console comme on peut. Les nuits parisiennes du milieu des années 1980 offrent quelques possibilités musicales et psychotropes qui vont changer les idées des jeunes trentenaires déboussolés que nous sommes. Le moral est bas, mais l'époque a de l'énergie, et on garde espoir de remonter en selle sur l'un des chevaux de notre petite écurie, entre presse, radio ou télé, *Les Enfants du rock* ayant conservé leur case. Sans Lescure, bon, mais comme disent les Turcs : « À cheval donné, on ne regarde pas la monture. »

C'est à cette époque que je reçois un coup de fil étrange d'un certain Jean-Michel Steward – individu jovial, légère pointe d'accent sudiste – pour me proposer non pas un plateau-repas (comme son nom pourrait le laisser croire) mais un repas servi sur un plateau avec les responsables de la com de Philip Morris. Après une brillante carrière dans la discomobile à ambiancer les clubs les plus interlopes de l'Hexagone, Jean-Michel m'explique qu'il a ajouté une corde à son arc en devenant chasseur de têtes pour des marques à la recherche d'idées-marketing-innovantes-pour-diversifier-leur-approche-clientèle. Je n'entends rien à ce volapük beigbederien. Tout ce que je retiens, c'est qu'ils ont un budget, qu'ils veulent parler de musique, en faire des émissions de radio, et qu'ils aimeraient que je sois leur tête de gondole.

(Il semblerait donc que j'attire le vice, comme Mère Teresa la vertu. Après la gnôle, voilà la fumée qui tue. Manque plus que quelques stupéfiants et je pourrai postuler à un sous-secrétariat quelconque du ministère de la Défonce.)

L'idée est suffisamment étrange pour que j'accepte le rendez-vous sans plus d'illusions que nécessaire, discernant mal les éventuels points communs entre le cow-boy de la marque, son bitos, son regard acier posé sur la ligne bleue du Grand Canyon, son mustang frémissant et son rasage au cordeau, et le petit Parigot tête de veau que je suis. L'amour du bétail, peut-être ?

Mais après tout, me dis-je sans le moindre état d'âme, je suis moi-même fumeur, d'anglaises (Benson & Hedges) ou de sud-africaines (Rothmans), et si le foin américain a le moindre intérêt, c'est qu'il connecte directement à l'Americana qui me fascine tant à cette époque-là, puisque j'écoute essentiellement du Bruce, du Dylan, du Band, du Neil Young, du Tom Petty, du Willy DeVille, du Ry Cooder ou du J. J. Cale, sans oublier Nile Rodgers, Al Green, Prince et autres Johnny Guitar Watson, ayant pour le moment tourné la page d'une pop anglaise devenue trop mécanique et maniérée (je m'autorise cependant quelques exceptions comme Bowie, XTC ou Costello).

Tout ça pour dire que si, pour quelques dollars de plus, il ne s'agit que d'en vanter les mérites sans pour autant jouer l'homme-sandwich le samedi sur les Grands Boulevards, on peut toujours causer.

C'est pourtant sans grande conviction, et après une nuit de discussion vive et passionnée avec un camarade expert en mécanique et en baston de rue – au sujet des mérites comparés de Willie Nelson, Waylon Jennings, Johnny Cash et Kris Kristofferson, qui viennent tout juste de fonder The Highway Men, soit le *super-groupe* réunissant quatre des plus remarquables *outlaws* de la *country music* –, que je déboule au rendez-vous, frais comme un gardon pêché l'avant-veille et qu'on aurait oublié de mettre au frigo.

Le Jean-Michel Steward en question est aussi jovial dans la vie qu'au téléphone. C'est un de ces individus au contact facile, à la faconde méridionale, amateur de plaisanteries raffinées qu'il fait volontiers circuler comme d'autres distribuent du grain à la volaille, brushing dallasien orné d'une mini mèche frontale décolorée, ayant adopté le total look à l'aise mais soigné : pantalon moule-burnes, chemisette sans manches, pendentifs, gourmette et mocassins en cuir de veau élevé sous la mère. En un mot comme en mille : mon genre de beauté. Il me présente à Roger P., qui dirige la marqueterie Philip Morris et en particulier le vaisseau amiral du groupe : les mythiques Marlboro, clopes exclusives de Dick Rivers – à condition qu'elles soient *light*, en paquet souple, et qu'elles viennent du pays d'origine, les uèsses, ou « chez-nous-là-bas » comme il disait.

Roger m'explique que l'autorisation de la publicité ayant été accordée quelques mois plus tôt dans l'univers éminemment sympathique et foutraque des radios libres, c'est l'occasion pour une marque comme la leur de convaincre les jeunes que fumer c'est chouette en parrainant des bons programmes de musique, comme ils le font avec la F1. En résumé : ils sont prêts à financer une émission de radio qu'ils offriront, clé en main, à un réseau de diffuseurs (sur le modèle des syndications ricaines), un petit potentiel de cent cinquante radios locales à travers la France.

Ma mission, si je l'accepte ? Non, je suis con, pas fumer une cartouche par émission : aller enregistrer des interviews d'une liste de musiciens dont ils achèteront les droits de concerts enregistrés ici et là. Elton John, McCartney, Police, Blondie, Lou Reed… *a priori* du beau linge. Classique, facile, pas le genre de boulot où le burn-out – sauf celui des poumons – menace, bien payé, alors, qu'est-ce qu'il en dit le petit jeune qui-n'en-veut tout fraîchement remis sur le marché du travail ?

Jean-Michel et Roger attendent avec gourmandise ma réaction forcément enthousiaste et reconnaissante. Qui ne vient pas. Je leur avoue même franchement que question originalité, on se trouve au-dessous du niveau de la mer Morte. Un morceau *gold*, puis l'auteur qui répond à deux, trois questions, puis qui rejoue, ôtez-moi un doute, ça n'a pas comme un petit goût de réchauffé ? Sérieusement, une marque aussi prestigieuse, synonyme de grands espaces, de dernière frontière, de vie au grand air à dos de mustang, à cornaquer des bovins tout en s'enfumant les bronches, on peut faire mieux, les gars, non ?

Je les sens désarçonnés, comme je le suis moi-même. Ils pensaient me faire la propale du siècle, résultat j'imagine de moult études qualitatives, réunions entre marketeux et consultations auprès de consultants en consulting. Et voilà que je leur conseille de rentrer chez eux pour retravailler la copie, comme un examinateur de brevet agacé par la désinvolture d'un des concurrents.

Ils échangent un regard gêné, où se mêlent dépit et questionnement de fond. On se serait donc trompé de cheval ? Peut-être que j'ai quelque chose de mieux à proposer ? me relance Roger, puisque je suis si malin, et titulaire d'une formation de géographe qui me permet de déterminer avec tant de précision le niveau de la mer, vivante ou pas.

Je sens bien à l'air soudainement plus dense que je n'ai qu'une cartouche – si je puis dire – dans mon barillet, et j'improvise dans le free-style le plus spontané le raisonnement (?) suivant. C'est quoi l'image de Marlboro ? Cent pour cent ricain, on est bien d'accord ? Ils opinent. Un fantasme, une mythologie qu'on a tous – un jour ou l'autre – envie d'approcher ? Ils opinent. L'Amérique, c'est la musique qu'on aime, celle qui vient de là, non ? Ils opinent. Tiens, Joe Dassin, le fils de Jules, oui, « Tagada, tagada, voilà les Dalton », vous saviez qu'il avait fait des collabs avec Tony Joe White ? Ils n'opinent pas. « L'Amérique, l'Amérique, si c'est un rêve, je le saurai », qu'il chantait, Joe. Ils opinent à nouveau. Eh bien on va faire comme Joe. On va aller voir. Enfin, écouter, puisque c'est de la radio. On va emmener les auditeurs faire une balade. Ils opinent.

La musique ricaine, c'est *open space*. Celle de New York, ce n'est pas celle de Chicago ou de La Nouvelle-Orléans, même s'il y a un tronc commun, on est d'accord ? Ils opinent. Chaque ville a un son, chaque émission essaiera de le trouver. Le son de la rue, des bars, des radios, des interviews, ce qu'on écoute là-bas… Ce sera comme autant de… (je tente une formule) *cartes postales musicales et sonores*.

Un ange passe. Et Roger se remet à opiner, avec un peu plus d'enthousiasme.

Oui, mais…, interrompt pertinemment Jean-Michel. Il faut aller enregistrer les sons sur place, ce qui ne le chauffe qu'à moitié étant donné qu'en dépit de son patronyme trompeur, il maîtrise aussi bien l'anglais que moi le tamoul.

C'est tout l'intérêt, insisté-je. De la radio de terrain, de reportage, du vécu, du vrai son, des vraies voix, des exclus, pas du pousse-disque de feignasse. Roger s'emballe. Prêt à toper.

J'affine le trait. Évidemment, c'est un travail de titan. Il faut préparer le terrain, prendre les rendez-vous, obtenir les accords, parler aux managers, l'usine à gaz habituelle, quoi. Il faut un correspondant sur place, journaliste, spécialisé, qui connaisse la musique, donc. L'oiseau rare. Ze rare bird. Ça ne se trouve pas sous le sabot d'un cheval, comme disait le cow-boy de la marque (décédé entre-temps d'un cancer du poumon). Roger approuve, ayant suffisamment opiné pour la journée.

Ça tombe bien, je l'ai, annoncé-je avant même d'avoir demandé son avis à l'intéressé, l'incandescent Laurent

Chalumeau. La plume la plus affûtée de la *rock critic* hexagonale, exilé à New York, Paris est trop petit pour un si grand amour du rock. Il y est correspondant pour *Rock'n'Folk*, et grâce à un passage remarqué en khâgne, il parvient sans peine à réserver des avions, des bagnoles et des chambres d'hôtel. Bref c'est le partenaire idéal. S'il faut le payer ? Oui, je crois, et correctement en plus. Si j'ai bien compris, ou alors on m'aura caché quelque chose, ce n'est pas une ONG qui nous mandate ?

Ces formalités évacuées, on met sur pied la première session d'enregistrements. New York, New Jersey, Philadelphie, Washington DC, et nous voilà partis, Jean-Michel Steward (rapidement surnommé Steward/ard/ard… à cause de son goût marqué pour l'écho qui, il est vrai, donne un certain relief au son, surtout en discothèque quand les cravates remontent s'enrouler autour des fronts), un copain à lui en porte-matos (mais surtout en *backup* pour les éventuelles *after*) et le Chalumeau que nous récupérons au passage dans sa ville d'adoption.

Il faut un temps d'adaptation pour que ce petit monde se renifle et fasse connaissance, pour que s'opère une connexion entre les deux jeunes rockers, tellement convaincus d'avoir le bon goût et la culture idoine de leur côté, et le roi du kazatchok, grâce auquel il met les *dancefloors* en fusion. Mais l'attelage, pour branlant qu'il soit, tient la route, même si on réalise rapidement, Laurent et ma pomme, qu'on a en fait besoin de personne pour enregistrer des sons et des interviews, et que le nombre nuit à la mobilité.

Le nombre, et l'absence totale de maîtrise de la langue.

Prenons New York, par exemple. Nous y rencontrons Tom Waits, Steven Van Zandt et Nile Rodgers – oui, la barre est tout de suite placée assez haut – pour qu'ils nous commentent le son de la ville tel que perçu par leurs expertes oreilles. Au terme de l'entretien avec le toujours brillant Tom Waits, Jean-Michel réduit en un lapidaire « Il est shooté, votre gars » la teneur des propos de cet artiste que Laurent et moi tenons tous deux pour majeur, et dont il n'a pas compris un traître mot (même s'il est vrai que Waits a toujours eu une élocution hasardeuse). Un peu comme s'il résumait Gainsbourg à un poivrot de comptoir commentant l'arrivée du quinté.

Le sacrilège nous fait dresser les cheveux sur la tête, mais Jean-Michel possède une bonhomie dénuée de toute forme de jugement, moral ou pas, et évolue dans un univers mental tellement parallèle au nôtre que la situation en devient cocasse. Au final, il se contentera d'attendre dans son studio de Champigny-sur-Marne mon retour des différents périples, les bras chargés d'enregistrements et de vinyles pour que nous finalisions les émissions. À ces occasions, Jean-Michel fait la démonstration de sa science du mix et de sa passion pour tout ce qui touche au travail du son. Excellence qui mérite d'être ici rappelée tant elle participera au succès de l'émission pendant les six ans qui suivront, avec un score de trois cent trente-quatre numéros.

En ce qui me concerne, les allers-retours mensuels aux États-Unis durèrent un an, avant que la télé ne m'obligeât à rester à Paris pour fabriquer *Rock Report*, la matrice du futur *Rapido*. Et Laurent continua en solo ses pérégrinations, expédiant musiques, infos et commentaires que je n'avais plus qu'à enregistrer tels quels, tant notre complicité et notre sensibilité commune en matière de narration avait établi entre nous un langage qui allait sans dire, mais quand même mieux en le disant (langage qui nous serait d'une si brûlante importance quand Laurent prendrait en main quelques années plus tard les personnages de *Nulle part ailleurs*).

Mais pour l'heure, cette année de pérégrinations ricaines, obéissant chaque fois au même rituel (escale à New York, nouvel avion ou bagnole et road-trip sur des centaines de *miles* au son de radios FM, bibi toujours au volant, par mesure de sécurité, et Larry en copilote pré-GPS, motel souvent pourri, déambulation dans les bars, clubs, rues passantes, radios, le micro du petit Sony TCD 5 pro tendu, etc.), reste comme l'un de ces souvenirs riches en matière pour le redouté conteur qui sommeille en chacun de nous, celui qui vous agrippe à la première occasion pour vous dérouler une de ces interminables (et mille fois racontées) anecdotes.

Car évidemment on en a vécu de belles, et même s'il en reste des traces dans *En Amérique* de Laurent ou dans mon *Dictionnaire amoureux du rock*, nous aurions été bien inspirés de prendre des notes circonstanciées au quotidien pour en faire un *road book*, un témoignage de cette époque pré-Internet où il fallait se déplacer physiquement – qui plus est dans un univers si riche en fantasmes, aussi bien redneck que voodoo ou lynchien – pour aller chercher les infos avec les dents – comme Sarkozy voudrait le faire plus tard avec les électeurs, avant de se faire mordre.

Le pèlerinage à Graceland sur la tombe du roi ; les canards de l'hôtel Peabody de Memphis ; la discussion avec John Fogerty, hurleur en chef du Creedence Clearwater Revival ; la visite des mythiques studio Muscle Shoals menée par David Hood et Roger Hawkins ; une des sections rythmiques les plus phénoménales de l'histoire après un vol dans un coucou déglingué jusqu'à Atlanta ; George Clinton nous enjoignant de partager avec lui un Kim Cône géant, histoire de mieux (?) communiquer ; les *blind tests* de cocktails chelous avec Lou Ann Barton, renversante *soul singer* à Austin ; la rencontre dans sa boutique de Tony Alamo (*we remember this Alamo!*), couturier des stars du rodéo ou de costumes de scène d'Elvis, mais également prêcheur pédophile et gourou d'une secte dont certains membres nous marquèrent à la culotte tout le temps de notre séjour à Nashville ; et puis bien sûr, alors que nous nous étions paumés dans le désert des Mojaves, à quelques encablures de Las Vegas, la surprise, au détour d'une colline, de tomber sur le rassemblement de bikers.

Cette odyssée du bitume nous permit d'exercer nos métiers dans des conditions presque trop belles pour être vraies, de nous fendre la poire dans des limites indécentes, de rassasier notre fantasme d'Americana au-delà de nos espérances et, *nec plus ultra*, de sceller entre nous une amitié qui n'a rien perdu en force trente-cinq ans plus tard.

J'y rattache le plaisir, pour mes premiers pas à la radio, d'avoir pu gambader en toute liberté et d'avoir fabriqué, à bord d'un attelage inattendu – un cigarettier, deux rockers d'opérette, un jockey du disque –, une émission libre, curieuse, insouciante, érudite, déconnante, trace d'une époque bel et bien envolée dont elle gardera le fragile souvenir.

Moteur, bordel !

« Mais putain, tu vas passer combien d'heures à la plâtrer, cette vieille pute ? » s'énerve Jean-Pierre Mocky sur le plateau de l'épisode de la série que nous tournons ensemble à quarante-neuf kilomètres de Paris, histoire d'éviter le fatidique kilomètre cinquante qui contraint la production (la sienne, donc) à héberger sur place acteurs et techniciens. Il faut dire que nous n'avons pas intérêt à traîner, vu qu'il faut boucler un vingt-six minutes en deux jours de tournage. (Sachant que sur un plateau traditionnel de cinéma, le minutage utile quotidien tourne entre deux et trois minutes pour monter à sept sur une série, et qu'on évitera de préciser l'âge du capitaine, je laisse au lecteur le soin de résoudre l'équation.)

L'offensée – on pourrait l'être à moins – prend la remarque avec philosophie. Elle a déjà pratiqué l'animal à de multiples reprises, et va jusqu'à sourire en levant les yeux – surfardés – au ciel. « Oh, Jean-Pierre… vous exagérez… » « Ta gueule, magne-toi, j'ai pas que ça à foutre. Moteur !!! » La maquilleuse renâcle : « Il y a un moment, on maquille ou on maquille pas. Si je sers à rien, faut me le dire ! » « Fais pas chier, allez, moteur !!! Action !!! »

Myster Mocky présente, c'est le titre de la série de cinquante-huit épisodes (il voulait en faire cent) que le légendaire Jean-Pierre tourne alors pour 13e Rue, chaîne spécialisée dans les polars. Il m'a proposé de rejoindre le casting pour un improbable rôle de flic dans une invraisemblable affaire criminelle, proposition que je me suis empressé d'accepter en jetant un coup d'œil distrait à l'argument.

Le scénario est adapté de la série créée et présentée par le grand Alfred entre 1955 et 1960 sur CBS, signée par une quarantaine de réalisateurs. Par je ne sais quel tour de bonneteau, Mocky avait réussi à en récupérer les droits et avait choisi de transposer, sur notre terroir et en couleurs, des histoires originellement tournées aux États-Unis en noir et blanc. C'est un peu comme si Josh Randall, le shérif de la série *Au nom de la loi* interprété par Steve McQueen, devenait Jean-Claude Matulard, agent de la paix à Malicorne-sur-Sarthe, et était joué par Jean-Pierre Castaldi.

Un décalage forcément intéressant, cela va sans dire. Surtout quand on compare la rigueur hitchcockienne et le bordel mockyen.

J'ai toujours gardé au chaud, dans mon armoire à cultes, un des premiers films de Mocky. *La Cité de l'indicible peur* est sorti en 1964, et j'ai dû le voir pour la première fois au cinéma deux ou trois ans plus tard, guidé par ma mère qui me faisait parfois traverser tout Paris pour aller découvrir des films de toute nature, de Wilder à Mocky en passant par le burlesque et les comédies musicales.

La Cité était mon premier Mocky, qui plus est avec mon vénéré Bourvil qui tourna à trois reprises sous sa direction – même si le vrai héros mockyen reste Michel Serrault, qui renouvela l'expérience douze fois.

J'étais trop jeune pour apprécier le fait que Raymond Queneau en avait signé les dialogues, mais je me souviens avoir été immédiatement sensible à l'univers bizarre, grinçant, incorrect et parfois inquiétant du film qui fut rebaptisé par le distributeur *La Grande Frousse*, titre « racoleur et crétin à destination des beaufs » selon JPM lui-même.

Ce film-là, comme beaucoup de Mocky (et contrairement au précédent, *Un drôle de paroissien*), n'avait pas eu une carrière flamboyante en salles et s'était fait flinguer – comme ça deviendrait souvent le cas – par la critique. Il faut dire que son cinéma n'était pas irréprochable. Je peux en témoigner directement : on y jouait souvent assez faux, les films avaient presque tous en commun ce côté bricolo très éloigné du soin des productions traditionnelles, et la direction artistique était plus proche d'*Hara-Kiri* que d'*Elle Déco*.

Mais c'est cette ambiance foutraque, chaotique et aléatoire qui en faisait aussi le charme. Comme ces groupes punk des années 1970 montant sur scène avec trois accords en main et une énergie folle. Mocky était un indépendant farouche, qui refusait les codes de la production et de la distribution classiques, doublé d'un pingre pathologique. Sans compter qu'il était poursuivi par les huissiers, auxquels il avait réussi à interdire l'accès de son appartement du quai Voltaire et surtout la saisie de ses meubles, en faisant rétrécir la porte d'entrée par laquelle on ne pouvait passer quasiment que de profil. Il avait racheté sur le tard un ancien cinéma spécialisé dans le film de boules, le Brady, où il projetait ses propres œuvres pour éviter le circuit traditionnel de distribution qui lui prélevait 50 % du prix du ticket.

Mocky était un insoumis, un irréductible Gaulois dans son petit village de cinéma dont il était à la fois le chef, le barde et le guerrier vindicatif qui se battait inlassablement sur tous les fronts – qu'il s'agisse de l'idée anar et non conventionnelle du cinéma, de son combat acharné contre l'hypocrisie (le thème de *Snobs !* : « Être ce qu'on n'est pas, ne pas être ce qu'on est ») et la connerie au sens large, largeur qui peut donner un aperçu de l'infini. C'est d'ailleurs ce qui l'avait rendu si sympathique aux yeux de Frédéric Dard, qui l'avait volontiers laissé adapter *Y a-t-il un Français dans la salle ?* et *Le Mari de Léon*.

Mais justice doit lui être rendue : la longue liste de ses films *discutables* ne doit pas occulter celle de ceux qu'il a réussis, comme *Snobs !*, *À mort l'arbitre*, *Un drôle de paroissien*, *L'Albatros* et une poignée d'autres. De manière générale, les francs-tireurs sont presque toujours dignes d'intérêt, occupés à jouer leur propre jeu plutôt que de suivre les règles admises par le plus grand nombre. Cela en fait des personnages singuliers et réjouissants, comme le Mocky révélé par la drôlissime séquence de l'émission *Strip-tease* où on le voyait martyriser son pauvre chef op, Edmond Richard, sur le tournage de *La Candide Mme Duff* en hurlant « MOTEUR !!! » à tour de bras pour accélérer un mouvement qui n'allait jamais assez vite à son goût. (Edmond qui lui renvoyait bien la balle : « T'as fait quarante films, t'as même pas assimilé un minimum de technique. »)

Son fameux « Moteur ! » relevait sans doute d'un mélange subtil entre trouble obsessionnel compulsif (toc-toc, il y a quelqu'un ?) et syndrome de Gilles de La Tourette. Alors que nous tournions à une vitesse folle – vague mise en place, un point caméra, une lumière ajustée, une mécanique, une prise et plan suivant –, je me souviens de Mocky gueulant « Moteur ! » avant et après l'action et parfois, à ma grande surprise, *pendant*, ce qui rendait très relative la précision du jeu de ses interprètes. « On s'en fout, on fera des rustines », expliquait-il sans s'attarder davantage. On pourrait imaginer que son équipe vivait sur les nerfs, au bord du *nervous breakdown* comme on avait pu le voir dans la séquence strip-teasienne, et qu'une légitime sédition finirait par s'élever pour mettre à terre cet autocrate psychotique, qu'un solide machiniste allait un jour lui annoncer « Maintenant tu vas bien fermer ta gueule, mon petit père, sinon ton "Moteur !", je vais te le carrer dans le fion fissa », mais non. Le cinéma de Mocky faisait partie du cinéma de Mocky, si je puis dire. Malgré la pression constante, la grossièreté et les insultes tellement irréelles qu'elles en devenaient poétiques, l'équipe restait soudée, s'amusant même de la rudesse du pilote et appréciant son savoir-faire.

Car en dépit du grand n'importe quoi qui semblait régner, Mocky savait très bien comment découper – même au hachoir – ses scènes et comment raconter son histoire, si burlesque et incohérente qu'elle pût être.

Et au moment de la coupure repas – qu'il abhorrait –, les histoires qu'il se mettait à raconter – en boucle, et convoquant tout le ban et l'arrière-ban du cinéma français, y compris le plus respectable – étaient tellement drôles et outrageantes qu'elles en faisaient oublier tout le reste et justifiaient à elles seules cette journée à quarante-neuf kilomètres de Paris, quelque part en Picardie.

J'ai recroisé plusieurs fois Mocky avant sa disparition (j'aurais rêvé de voir sa tête à sa messe d'enterrement, lui qui bouffait du curé façon tartare et vomissait les tartuffes) et il avait toujours un projet sous le coude, auquel il m'invitait à me joindre. « Tu bosses la journée ? On tourne la nuit ! » Aujourd'hui que cet éventuel tournage semble définitivement compromis, je le regrette presque. Et je le revois, seul sur le décor, au petit matin (premier arrivé, dernier parti), alors que l'équipe débarquait, éparse, pour mettre en place le premier plan, marmonner dans son coin : « Moteur ! *MOTEUR* !!! »

Helvète Underground[1]

« Oups… Je crois qu'on a un petit problème. » Cette phrase en apparence anodine, prononcée par un passager – et non, heureusement, par le pilote – dans un avion qui nous ramène de Biarritz à Paris à la fin des années 1980, sonne aujourd'hui, rétrospectivement, comme le sésame d'une belle histoire dont le fil continue toujours de se dérouler plus de trente ans après. Celui qui la prononce est cameraman, et tellement livide qu'il pourrait faire la rituelle balance des blancs sur son propre visage.

Le « petit problème » dont il parle est à ranger d'office dans le tiroir des euphémismes d'anthologie. Nous venons de passer trois jours à tourner un *Rapido* consacré à Philippe Djian, et il s'avère que sa caméra, par un de ces dysfonctionnements techniques qui donnent parfois un peu de piment aux tournages, n'a absolument rien enregistré, quand elle nous avait pourtant assurés du contraire en cours de route.

C'est très ennuyeux. D'un point de vue pratique bien sûr, puisqu'il va falloir tout recommencer plan par plan, en espérant retrouver une météo clémente et cette

1. Titre emprunté – mais je le rendrai – à Alain Bashung, extrait de son album *Passé le Rio Grande…* sorti en 1986.

lumière particulière qui nous avait tous enchantés, à commencer par Don Kent (le réalisateur auquel je suis fidèle depuis l'époque de *Chorus*, une dizaine d'années plus tôt). « *A man's gotta do what a man's gotta do* », finit par lâcher ce dernier, avec ce flegme écossais qui trahit ses origines, né sans doute du port du kilt même pendant les hivers les plus rigoureux, et en paraphrasant avec une certaine désinvolture le John Wayne de *La Chevauchée fantastique*.

Ce que l'homme en question doit faire, ou plutôt refaire, c'est notamment une interview avec Djian dont c'est loin, à l'époque, d'être l'occupation favorite – même si quelques années plus tôt nous avions brisé la glace lors de notre toute première rencontre, quand il avait encore sa coupe mulet et une maison bâtie à mains nues avec ses frères dans un village des Corbières.

Et puis, il faut faire revenir de sa Suisse lointaine Stephan Eicher, dont Philippe a demandé à faire la connaissance, et s'efforcer de retrouver la spontanéité du tournage disparu. La mission est délicate puisqu'il s'agit là de deux êtres aussi farouches et réservés l'un que l'autre, rétifs de prime abord à l'activité télévisuelle, et qu'il faut donc amadouer et attendrir – comme on dit dans les métiers de la boucherie.

Mais curieusement, l'un comme l'autre sont disposés à se retrouver plus tôt que prévu, et qui plus est excités par la perspective de *rejouer* la pièce. De toute évidence le charme a opéré, et le courant est passé à très haute intensité entre le solitaire à l'ouïe capricieuse – Philippe est sourd d'une oreille – et l'éternel vagabond multilingue. Le deuxième tournage aura le mérite de faire prendre plus rapidement le ciment d'une amitié qui ne demandait qu'à naître, et d'une collaboration dont l'histoire de la musique se souviendra.

Stephan fait partie de ces artistes qui m'ont toujours passionné. Aucune de ses pérégrinations – et elles sont nombreuses – ne m'a jamais laissé indifférent, et je guette avec une impatience intacte celle à venir. Depuis ses premiers bidouillages sur machines au début des années 1980 jusqu'aux *chansons sans abri* – ses *Homeless Songs* de 2019 –, ce garçon-là a toujours eu des semelles de vent. Et personne n'a jamais réussi à le soumettre. Pas même son ex-label, Barclay, dont le nom appelle le verlan comme la violence et qui réussit, via un contrat contestable, à l'empêcher d'aboyer pendant sept ans – la peine encourue, n'oublions pas, pour avoir brisé un miroir.

J'ai toujours considéré que le temps était un des meilleurs juges qui soient, en matière d'arts majeurs comme de ceux qu'on appelle mineurs, pour faire la part des choses entre les emballements d'une époque et leur pérennité au travers des modes.

À ce titre, la musique de Stephan fait figure d'exemple. Outre l'impressionnante collection de *hits* pondus au fil des ans (« La Chanson bleue », « Combien de temps », « Déjeuner en paix », « Pas d'ami comme toi », « Tu ne me dois rien », « Des hauts des bas », « Prisonnière », etc.) et gravés au burin dans les mémoires, ce qui frappe, c'est l'esprit permanent de laboratoire qui l'anime et le pousse constamment à réarranger, réécrire, déconstruire son propre travail pour le rebâtir avec de nouvelles matières sonores, qu'elles soient mécaniques, acoustiques, électriques, électroniques ou je ne sais quel procédé encore à inventer.

Parmi tous ceux qui ont vu Stephan sur scène au cours de ces quatre dernières décennies, personne ne peut affirmer sans mentir avoir assisté deux fois au même concert. Seul avec ses machines ou ses automates, en groupe, augmenté ou non d'un quatuor à cordes ou d'une chorale, remplacé par une fanfare balkanique, ou ayant recours à des instruments disparus de la circulation (cymbalum, cromorne, gramophone, vielle à roue, les deux cent cinquante mille volts de l'arc électrique de Nikola Tesla, etc.), des projections d'images, de bouts de films, de chorégraphies suisses-allemandes… la musique de Stephan est en mouvement permanent, comme une invitation à continuellement stimuler son imaginaire et celui de son public, et à toucher au cœur de ce qu'il y a de plus poétique en lui.

À la source de ses inspirations, un nom apparaît aussitôt : Moondog, *aka* Louis Thomas Hardin. Un musicien hors-sol, né sur le territoire américain en plein milieu de la Première Guerre mondiale, devenu accidentellement aveugle à l'adolescence en manipulant de la dynamite, parti de son Iowa natal pour s'installer à New York, où l'estime d'un Leonard Bernstein ne l'empêcha pas de créer sa musique dans la rue – comme un de ces clochards qu'on dit célestes –, capillairement proche d'un Léonard de Vinci mais le chef ceint d'un casque à double corne, ce qui lui ferma les portes de la musique sérieuse – la classique – mais lui valut le surnom de « Viking de la Sixième Avenue ».

Heureusement l'enregistrement de sa musique, dès 1953, lui valut la reconnaissance de musiciens de toutes obédiences, puisque lui-même touchait à tous les styles sans se préoccuper des genres. Lorsqu'il disparut à Münster en 1999, après un long voyage qui l'avait ramené vers cette Europe où il se sentait respirer plus naturellement, la liste de ses admirateurs s'était considérablement étoffée, de Charlie Parker à Duke Ellington en passant par Paul Simon, Janis Joplin, Stravinsky, Zappa, Damon Albarn et bien sûr… Stephan.

Quand ces deux-là se croisent en 1988 – soit peu de temps après la rencontre avec Djian –, Stephan va changer son fusil d'épaule et larguer les synthés de *Silence* pour intégrer des cordes dès l'album suivant, le bien nommé *My Place* (comme s'il venait enfin de la trouver). Il poussera sa passion pour son nouveau mentor jusqu'à enregistrer en sa compagnie, en assurant les arrangements, une ballade au parfum médiéval : « Guggisberglied ».

Moondog apporte énormément à Stephan. Ce dernier a beau être suisse, il a le sentiment de découvrir l'air des cimes à travers lui. Il y rencontre ce goût de la liberté absolue qui se moque des étiquettes, même en braille, cette ouverture sans limites à la musique, d'où qu'elle vienne – du classique, du jazz, de la pop, de la folk ou des musiques du monde –, cette passion pour l'art du tricot, plus connu sous le nom de contrepoint (il cherchait obsessionnellement des failles dans la musique de Bach), et jusqu'à cette approche du chant que Moondog conseillait de débarrasser de toute émotion et de tout pathos en se contentant de jouer la note – arguant que l'émotion, c'était au public de la ressentir.

Stephan était déjà d'un naturel aventureux avant sa rencontre avec l'excentrique Moondog. Il devint dès lors un conquistador de sa propre musique, armé pour ce qui est des paroles de celles de Philippe Djian, côté français, et de celles de Martin Suter côté suisse.

Il s'ouvrit à toutes les expériences, par exemple au cinéma, pour lequel il n'avait jamais écrit – lui, le mélodiste si doué. Un film nous permit cependant de bosser ensemble : *Monsieur N*, l'aboutissement d'une épopée napoléonienne si pleine de bruit et de fureur, racontée par un Empereur déchu auquel on est libre de tout reprocher sauf d'avoir été un idiot shakespearien.

Ce fut l'occasion pour moi de voir Stephan travailler de près, animé par sa fièvre communicative, son goût du détail, le jaillissement constant de son inspiration et de ses idées, cette curiosité du terrain à découvrir et, faut-il le préciser, ce sens de l'humour et de la distance qui vient alléger l'émulsion. Sens de l'humour que j'avais mis à l'épreuve sur le plateau de *Nulle part ailleurs* en me présentant à lui, grimé au mieux pour lui ressembler, sous le nom de Gustave Lechieur, et en lui infligeant une collection de plaisanteries douteuses dont je rejette sans aucun scrupule une grande part de la responsabilité sur les épaules de Chalumeau.

Il m'avait écouté de cette oreille attentive et indulgente, et nous avions souri ensemble du besoin des journalistes en manque d'inspiration de coller des étiquettes sur certains artistes, histoire sans doute de pouvoir les ranger chacun dans le bon placard. Ainsi Stephan avait-il hérité du label « nouveau Bob Dylan », plus générique que « le Bob Dylan suisse » et certainement beaucoup moins drôle, en tout cas pour l'amateur de calembours, que celui d'« Helvète Underground ».

Stephan repasse toujours par la Suisse. C'est là que se croisent ses origines yéniches et suisse-alémaniques, et c'est le lieu où il a grandi. La Suisse reste à ses yeux une plaque tournante où il vient jouer, collaborer, écrire, et parfois, quand l'humeur s'y prête, yodler.

Il avait par exemple installé en 1990 ses bases à Engelberg, une petite commune suisse du canton d'Obwald, au pied du majestueux Titlis qui domine la vallée du haut de ses 3 238 mètres. C'est là, dans les salons décatis d'un vieil hôtel – lieu de passage par excellence – au luxe passé, qu'il installa sa petite troupe pour enregistrer, tout en se laissant imprégner par l'atmosphère étrange et surannée de l'hôtel Hess.

On notera au passage que Hess était aussi le nom de son manager historique, Martin, dont on ne rappellera jamais assez l'importance qu'il eut dans le développement de son protégé, transformant au fil des ans l'ex-punk sauvageon en artiste lettré, raffiné et érudit (c'est un peu le rôle que joua cette femelle chimpanzé qui recueillit le jeune Greystoke et lui apprit les rudiments de l'existence, en offrant de surcroît les meilleurs dialogues de toute sa carrière à Christophe Lambert).

Les sessions d'Engelberg, outre qu'elles contiennent – au risque de me répéter – une des plus belles chansons jamais écrites, « Tu ne me dois rien », sont restées gravées à jamais dans mon souvenir par leur naturel, et le décloisonnement qu'elles opéraient entre le temps du travail et le temps de la vie. Réunis sous le même toit, les instruments toujours disponibles, musiciens, techniciens et proches du premier cercle partageaient absolument tout, ayant pour bien commun cet album qu'il fallait mettre au monde dans ce lieu d'autant plus éphémère qu'il était voué à la destruction, en phase parfaite avec la mélancolie sourde des textes de Djian qui avait prêté sa plume…

Les occasions de nous retrouver nous furent donc données mille fois, comme ces mille vies chantées dans l'album du même nom, tissant entre nous le fil d'une de ces amitiés tenaces et profondes, sans doute entretenues par la distance et l'éloignement. Et je m'aperçois, quand je fais le tour de tous ces personnages dont le nom se présente pour figurer dans l'incomplète galerie de ces pages, que celui de Stephan s'impose sans mal dans le peloton de tête.

Ma petite reine

Le 16 juillet 1984, je regarde la télévision, événement notable en soi puisque la station assise devant un poste de télé, sauf circonstancces exceptionnelles (le premier homme sur la Lune, l'assassinat de JFK, la chute du mur de Berlin, le résultat d'une élection majeure ou, sous la pression familiale, les finales de Coupe du monde de football 1998 et 2018), m'a toujours semblé être d'une passivité coupable. Et puis mon cerveau bénéficie de trop peu de temps disponible pour que je me paie le luxe de le sacrifier à une telle activité.

On me fera remarquer à juste titre le paradoxe de cette position, moi qui ai tant encombré le poste, et je répondrai sans vanité aucune que je prends un plaisir fou à fabriquer des émissions dont je pourrais éventuellement être spectateur, mais que je crois pouvoir m'en dispenser puisque je les ai déjà vues.

CQFD.

Je me hâte de nuancer bien sûr un point de vue aussi radical, puisque je fais autant d'exceptions à la règle en me régalant, parfois, de bons reportages, de magazines d'actu et autres documentaires, sans parler des séries que je binge-watch comme tout le monde. Cependant, le fait est que le tout-venant de la télévision dite de flux a sur moi un effet soporifique et lénifiant qui me pousse naturellement à préférer une autre occupation.

Toujours est-il que ce 16 juillet 1984, je regarde la télévision. Attention, pas n'importe quel programme : la retransmission en direct de la dix-septième étape du Tour de France, celle reliant Briançon à l'Alpe-d'Huez. Même si mon roman familial comprenait quelques attaches avec le monde du vélo (ma mère avait été reine des Six Jours du Vél'd'Hiv en 1955, et mon père avait commenté des étapes du Tour dans les années 1950, depuis le siège passager d'une moto), je n'étais pourtant pas un spectateur assidu de l'épreuve, celle-ci ayant la mauvaise idée d'avoir lieu au début des vacances scolaires.

Mais ce jour-là, à Anglet, dans la maison de la délicieuse grand-mère de mon fils aîné (information dont le seul mérite sera de faire plaisir à l'intéressée, ce qui se suffit en soi), le hasard ou le ciel voulurent que je tombe sur ce moment précis de la course où Fignon, déjà vainqueur du dernier Tour, dépose littéralement le Blaireau (c'est-à-dire Hinault, dont l'absence l'année précédente pour cause de tendinite avait ouvert à Fignon la voie royale de cette première victoire du Tour) dans la terrible ascension de l'Alpe-d'Huez.

Moment d'une intensité hugolienne, même si on a du mal à imaginer le vieux Victor en cuissard moule-burnes et maillot bariolé.

Je ne sais quelle magie opère à ce moment précis où j'observe, fasciné, Fignon tuer le père avec une facilité (apparente) et un style délié, d'autant plus aérien qu'il est, dans la réalité, collé au bitume par une pente affichant par moments une déclivité proche de 10 %. Beauté du geste ? Coup de théâtre sportif ? Personnalité iconoclaste du coureur cycliste en question ? Toujours est-il que je me retrouve scotché devant la télé, comme touché par une lumière sans rapport avec celle qui émane du poste.

Je n'irai pas jusqu'à comparer cette révélation avec celle de Paul sur le chemin de Damas, n'ayant jamais persécuté aucun cycliste auparavant – contrairement aux automobilistes facétieux lorsqu'ils doublent en le frôlant un pratiquant sur une petite route de campagne –, mais le fait est que me voici soumis à une besoin impérieux, immédiat, de monter sur un vélo à mon tour dans l'espoir d'approcher, même de très loin, les sensations surhumaines que doivent éprouver ces stupéfiants acrobates.

Sitôt dit, sitôt fait. Je m'équipe dans l'heure au premier magasin de cycles que je croise dans Biarritz et fais l'acquisition d'un vélo entrée de gamme, avec cuissard moule-burnes et chaussures espéciales, puis m'élance en toute inconscience sur les routes basques, sans autre expérience que celle remontant à ma préadolescence quand je venais frotter de ma roue avant le rebord des plates-formes de bus pour impressionner les filles.

L'arrière-pays biarrot est, comme chacun sait, renversant de beauté. Les petites départementales qui serpentent dans la campagne du côté d'Arbonne, Arcangues, Saint-Pée-sur-Nivelle, Ascain, sous l'ombre de la Rhune, sont un appel à la promenade cycliste, maraudeuse ou musclée. Elles présentent toutefois un inconvénient majeur pour un débutant inexpérimenté : de brutales variations de dénivelé.

Et je découvre avec la candeur des amateurs non seulement la difficulté qu'il y a à faire avancer son vélo dès que la pente devient plus sévère, mais aussi les notions élémentaires de braquet, de dérailleur, de plateau et de pignon, et la nécessité d'avoir un matériel adapté au terrain. Et si je ne déraille pas, je dérouille, redescendant de mon Olympe d'autant plus vite que je n'ai pas réussi à y monter. Mais il n'empêche, me voilà bel et bien contaminé par le virus du vélo, et il me faut trouver non pas l'antidote mais le moyen de le laisser se diffuser davantage pour qu'il épanouisse le sportif qui sommeille en moi, à droite au fond du couloir.

De retour à Paris, je rends aussitôt visite à la grande boutique de cycles de l'avenue de la Grande-Armée, à l'enseigne d'une marque légendaire depuis les premières équipes en 1901, et dont le nom commence par Peu- pour se terminer en -geot. Maintenant que je suis mordu, il me faut du matériel plus adapté à mes balbutiantes compétences – comme un cavalier choisira, en fonction de sa monte, un poney, un selle français, un percheron ou un appaloosa façon John Wayne. Le hasard me fait croiser la route d'un néo-pro, Jean-François Guiborel, qui cherche justement à revendre son vélo d'entraînement – un magnifique carbone noir, d'une sobriété proportionnelle à mon incompétence. La taille de cadre correspond, j'en deviens donc le nouveau propriétaire en même temps que j'hérite d'un mentor qui va me guider dans mes vrais premiers tours de pédalier.

Il pousse le prosélytisme jusqu'à m'inciter à m'inscrire à un cyclo-club (le CSM Puteaux), c'est-à-dire à me mettre sérieusement à l'entraînement sportif, pas au point cependant d'espérer remporter une course du dimanche étant donné que je me mets au vélo à l'âge où les pros descendent de selle.

S'ouvre alors un cycle enchanté qui peu à peu, effort après effort, sortie après sortie, me permettra de découvrir le sens caché de cette expression synonyme pour le cycliste de béatitude : *pédaler dans la joie.* Comment mieux décrire ce que l'on ressent en roulant au cœur d'un peloton compact lancé à vive allure, filant sur l'asphalte tels les surfeurs glissant sur la vague ? Ou cette montée d'endorphines quand, après avoir dégusté sa race dans une côte un peu raide, on retrouve son souffle en même temps que le rythme d'un pédalage maîtrisé, en pleine nature, les poumons s'emplissant avidement de cette symphonie végétale – parfois gâchée, il est vrai, par quelques sournoises émanations de dioxyde de carbone.

Je découvre aussi les multiples approches du vélo : en solitaire, en petit groupe ou le club au grand complet. Et cette mentalité particulière qui fait que, tout le monde étant déguisé en colonne Morris – il est prudent d'être vu de loin sur la route, et l'esthétique y perd ce qu'y gagne la sécurité –, les frontières sociales s'estompent plus sûrement que dans beaucoup d'autres sports, la chasse à courre en particulier (où même les chiens de la meute sont de la même extraction). Le P-DG suce la roue du plombier, le livreur celle du toubib, le menuisier celle du chercheur, et cette nouvelle version cyclopédique de *La Ronde* de Schnitzler est le prétexte à une éphémère mais sincère paix sociale. Les frontières de genre, comme dans la boxe, font de même puisque les femmes qui s'agrègent au peloton sont de plus en plus nombreuses, leurs appâts mis à l'abri des convoitises par la ligne austère des tenues, proches cousines des combinaisons de ski.

De toute façon, le sujet de conversation à vélo tourne rarement autour des querelles de classe ou de sexe. On y parle seulement en l'absence d'un obstacle sur la route exigeant une vigilance particulière, et généralement des nouveautés technologiques aussi passionnantes que le dernier dérailleur électrique à chape carbone, ou l'avantage des roues tubulaires sur les jantes classiques.

Pourtant, quel bonheur que ces longues (cent vingt kilomètres) virées matinales jusqu'aux limites (contrôlées) d'une petite montée d'hypoglycémie rendue plus cruelle encore par le parfum des poulets rôtis du dimanche tandis que nous traversons les villages de la vallée de Chevreuse. Quel plaisir de retrouver tous les week-ends cette bande de passionnés bienveillants et compétitifs, qui ont bien sûr tous lu les évangiles selon Blondin ou Audiard.

Cet entraînement régulier et sérieux me permettra de participer (et de boucler) deux Téléthon, le Bordeaux-Paris de 1989 et le Mont-Saint-Michel-Drucker-Paris de 1993, aux côtés d'Henri Sannier, Claude Droussent, Denis Cheissoux, Gérard Holtz, et bien sûr, parmi d'autres allumés, mon poisson-pilote, le fameux Guiborel. Soit six cents kilomètres pour la première course et cinq cent cinquante pour la seconde à parcourir en trente-deux heures, en plein mois de décembre, par des températures à ne pas mettre un chihuahua dehors. L'occasion unique de rouler au côté de pros qui venaient nous accompagner les cent derniers kilomètres en nous remontant la grappe. Je garde en particulier le souvenir de Richard Virenque pré-àlinsudemonpleingré nous récupérant exténués, un camarade et moi-même, au pied des dix-sept tournants de Chevreuse, et nous accordant une simultanée et salvatrice poussée, du pied de la butte au sommet, tout en badinant de choses et d'autres sans toucher le guidon. Les connaisseurs apprécieront.

Tout ça pour dire aussi qu'une fois qu'on est monté en selle, et qu'on a découvert la folle exigence d'une pratique sportive du vélo, on regarde d'un tout autre œil ceux qu'Albert Londres – qui s'y entendait en matière de bagne – appelait les « forçats de la route ». Tous les cyclistes vous le diront : celui qui finit lanterne rouge d'une course aussi extravagante que le Tour est digne du même respect que celui qui franchit la ligne d'arrivée en vainqueur. Le degré d'acceptation de la souffrance du plus obscur porteur de bidons, l'obéissance dans l'anonymat à une stratégie d'équipe, la participation à l'effort collectif avec le maigrissime espoir d'une envolée héroïque un jour d'échappée, le panache de l'humilité, c'est tout cela qui fait vibrer d'enthousiasme les supporters de bord de route quand passe le peloton bourdonnant comme un essaim d'abeilles en plein piqué.

C'est une admiration qui a directement à voir avec l'enfance. Ces hommes-là sont faits d'une autre trempe, et leurs exploits nous laissent littéralement pantois – comme ceux des boxeurs, encore une fois. Je me suis souvent retrouvé à interviewer des artistes compliqués, de Bob Dylan (un *must*) à Lou Reed (extraordinairement désagréable), mais j'avoue que quand les opportunités de mon métier m'ont donné l'occasion de poser quelques questions à Fignon, Hinault ou Merckx, je faisais d'un seul coup moins le mariole et me trouvais brusquement victime d'une spectaculaire et incontrôlable régression qui me ramenait à cet âge lointain où j'hésitais encore à mettre dans le bon ordre sujet, verbe et complément dans le but de former une phrase.

Reste bien sûr l'épineux cas Armstrong, que j'ai défendu jusqu'au bout à la fois par esprit de contradiction (tout le monde s'acharnait sur lui) et parce que sa soif méthodique et insatiable de conquête, illustrée de façon si spectaculaire notamment en montagne – ces étapes de montagne qui finirent par attirer la suspicion –, déplaçait les lignes de jugement traditionnel. Armstrong trichait, il mentait, à la tête d'un système ultra-sophistiqué de dopage comme il n'en avait jamais existé auparavant – en tout cas dans le cyclisme, qui s'y connaît en la matière – et offrait en plus le luxe d'une horripilante arrogance. Pourtant, quelque chose continuaît de me fasciner chez lui, une étincelle de folie qu'on décelait dans son regard quand il vous serrait la main.

De la folie, il en faut pour gagner un Tour, *a fortiori* sept. Consécutifs. Et si la morgue est consubstantielle du champion, c'est l'hybris qui a eu raison d'Armstrong.

Quand même, on me laissera profiter de l'occasion pour rappeler l'un de ses faits d'armes, qui nous décrocha tous la mâchoire inférieure. Ça se passe le 21 juillet 2004. Le Texan domine pour la sixième fois consécutive le Tour, qu'il va emporter. L'étape du jour est une des plus exigeantes qu'on puisse imaginer : un contre-la-montre individuel entre Le Bourg-d'Oisans et l'Alpe-d'Huez, soit quinze kilomètres et demi de pure ascension avec un dénivelé moyen de 8,11 %.

Le contexte est, disons, inhabituel. Armstrong est maillot jaune, autrement dit dans le colimateur, et s'il remporte l'Alpe, le signal envoyé sera plus clair que l'eau censée être bue par les coureurs. Les rumeurs autour de ses performances spectaculaires enflent de jour en jour, et ladite eau claire semble de plus en plus trouble. Un livre de Pierre Ballester, journaliste sportif respecté qui s'est spécialisé dans le dopage (vélo et rugby), vient de sortir, un mois plus tôt. Il a pour titre *L.A. confidentiel*, subtil démarquage avec le roman de James Ellroy, et s'il ne s'agit pas d'un polar à proprement parler mais plutôt d'une enquête fouillée, le livre a le parfum d'un roman noir sur le maillot jaune. Abondamment relayé dans la presse, il renforce encore ce sentiment de défiance qui s'élève vis-à-vis de l'Américain.

Pour en rajouter une couche, quelques jours plus tôt, Greg LeMond a signé dans *Le Monde* (*where else ?*) une tribune dénonçant le dopage dans le cyclisme au point, dit-il, de dénaturer un sport où il s'est lui-même illustré, en remportant notamment trois Tours. Il ne cite pas nommément Armstrong, mais le sous-texte est transparent. Comprenez bien : Armstrong est américain, et il remporte insolemment l'épreuve reine du cyclisme, chasse historiquement gardée (à la triple exception de LeMond) des Européens – même si les grimpeurs colombiens y font des étincelles. Et il n'est pas seulement américain, mais texan de surcroît. Or le président Bush, qui vient de lancer l'offensive unanimement décriée contre l'Irak, était gouverneur du Texas, et les photos des deux se serrant chaleureusement la louche ont largement circulé. Armstrong cristallise une telle détestation qu'il reçoit des lettres anonymes menaçant de lui régler son compte pendant l'ascension de l'Alpe – endroit où les coureurs sont le plus vulnérables, se fendant un chemin à travers une foule estimée à un million de spectateurs selon le *L.A. Times*. Le sujet est à ce point pris au sérieux par les services de sécurité qu'une équipe de la DST est envoyée sur place pour veiller au grain, si possible, sur la moto suiveuse.

C'est dans cette ambiance qu'Armstrong prend donc le départ du contre-la-montre. On imagine la pression mentale qui pèse sur lui, le double mur qu'il a à affronter – celui de la montagne et celui de la haine accumulée. Et pourtant, en trente-neuf minutes et quarante et une secondes, il pulvérise le record précédent d'un autre amateur d'eau minérale, Marco Pantani, s'offrant même le luxe de rejoindre puis dépasser Ivan Basso, parti deux minutes avant lui. Faut-il s'esbaudir devant le geste ou le vouer aux gémonies, voire aux Géminiani, et le rayer des cartes (du Tour) comme on l'a dépossédé de ses titres ? Ne pas avoir la réponse n'empêche pas de poser la question.

Pour en finir avec ces histoires, avant de lasser – si ce n'est fait depuis longtemps – le lecteur plus amateur de badminton ou de saut à l'élastique que de cyclo, je terminerai par où j'ai commencé : en évoquant la mémoire de Fignon, emporté par un cancer en 2010 après avoir reçu des mains de Hinault, son ancien équipier devenu son concurrent, le prix de la combativité pour s'être battu jusqu'à son dernier souffle, sans rien perdre de son mordant légendaire. Un champion du Tour qui avait pour particularité de ne jamais tourner sept fois sa langue dans sa bouche – pour celle des autres, je manque d'infos – avant de parler.

Un magazine m'ayant demandé en compagnie de qui je rêverais de rouler, j'avais instinctivement répondu Fignon, puisque c'est lui qui m'avait fait voir la lumière. L'idée l'avait amusé – c'est un homme qui ne prenait pas grand-chose, vélo mis à part, au sérieux – et je m'étais donc retrouvé un beau jour sur une des routes de la forêt de Marly, à rouler côte à côte paisiblement avec lui, tandis qu'il répondait patiemment aux myriades de questions qui me venaient à l'esprit. Il jugea mon coup de pédale souple et régulier (*sic*), ma position bien alignée, et comme une longue ligne droite se présentait devant nous, il me proposa de lui montrer ce que j'avais sous le capot.

Aiguillonné par le défi, je le relevai aussitôt avec la présomption d'un homme habitué à faire illusion et, comme on dit dans le jargon, je mis tout à droite – petit pignon-grand plateau, afin d'obtenir un développement maximal – avant de m'élancer en danseuse, ou plutôt comme un corps de ballet au grand complet. L'effort fut brusque et intense, et fit grimper en quelques secondes mes pulsations cardiaques d'une centaine d'unités.

La tête entre les épaules, les yeux mi-clos, j'ouvrai non seulement le capot mais le carburateur et autres filtres à air pour libérer toute l'énergie disponible, comme requis – j'imagine – pour une arrivée au sprint. J'atteignis évidemment rapidement mes limites, et me rassis sur la selle à bout de souffle, au bord de l'apoplexie.

Je tournai la tête vers l'arrière pour évaluer la distance qui me séparait de l'ex-champion de France, double victoire dans le Tour et au Giro, mais, à ma grande surprise, il roulait toujours à côté de moi, sagement assis, appréciant d'une moue flatteuse – mais réprimant une hilarité naissante – l'effort considérable que je venais de déployer.

Ce jour-là, j'appris à quel point il fallait prendre au sérieux tous ceux qui font semblant de ne pas l'être.

Perdre son Dard

J'ai quarante-six ans, nous sommes au début du mois de juin 2000 et le temps est radieux comme mon sourire puisque je viens de découvrir la version finale de l'affiche des *Morsures de l'aube*, mon premier film, sur laquelle une Asia Argento vénéneuse brille tel un astre noir pendant que tournent autour d'elle les personnages satellites de l'histoire. Moment émouvant que celui de l'affiche, pour peu qu'on soit tous tombés d'accord – producteur, réalisateur, distributeur – quant au signal que l'on veut envoyer au public afin d'accrocher un instant son œil las et distrait, noyé dans la déferlante quotidienne d'images. Comme il s'agit d'un film de genre qui tente de jouer le mélange des codes – un peu de polar, un peu de fantastique, un soupçon de vampirisme –, licence nous a été accordée de nous amuser avec les imageries respectives, et le résultat me ravit : intrigant, kitsch et sexy.

Donc, la journée démarre sous les meilleurs auspices, quand tombe la nouvelle de la mort de Frédéric Dard. Je le savais mal en point, faiblard et souffrant, réfugié dans sa maison de Bonnefontaine, près de Fribourg, où j'étais allé le retrouver quelques années plus tôt, mais la nouvelle me cloue littéralement sur place. Je me laisse tomber sur un banc et libère l'écluse.

Un gros, lourd et profond chagrin antédiluvien, en ligne directe depuis l'enfance.

Et justement me revient en tête, à ce moment précis, un titre en particulier : *Faut-il tuer les petits garçons qui ont les mains sur les hanches ?* Il s'agit d'un San-Antonio de 1984, pas de côté comme Frédéric en faisait souvent – on parle ici d'un Noureev des mots – dans la longue série des aventures du commissaire bien-aimé. Un livre doublement particulier, puisque la réalité – l'enlèvement de sa fille Joséphine – était venue percuter de plein fouet la fiction qu'il était en train d'écrire – l'histoire du kidnapping de la fille d'un écrivain établi en Suisse. Un livre sombre et désespéré, sans doute le plus noir qu'il ait jamais écrit.

Mais surtout, c'est la photo en noir et blanc illustrant la couverture qui m'était revenue de plein fouet, celle de ce petit garçon de quatre ans, blondinet rondouillard en sous-vêtements blancs fixant l'objectif, les mains sur les hanches. C'était Fréderic lui-même, saisi dans cette position commune au super-héros défiant son ennemi dans une attitude bravache et au charcutier-traiteur vous souhaitant le bonjour depuis le pas de sa porte, entre deux visites d'amateurs d'andouillette.

Cette image s'était instantanément imposée parce que depuis toujours à mes yeux, Frédéric avait d'abord été un enfant égaré dans le monde sérieux des adultes, à jamais incapable d'en comprendre les règles, la cruauté et la vilenie, sans parler de sa manifestation quotidienne jusque dans les moindres interstices de la réalité : la connerie. Il en avait même fait un thème dominant de ses livres, un motif obsessionnel qui lui avait inspiré une de ces formules magiques dont il avait le secret : « La chasse aux cons, un safari sans espoir. » Et c'est pour ce petit garçon que je versai de chaudes larmes, conscient du désastre intime de cette disparition, de cet effondrement.

C'est en son honneur qu'on m'a baptisé Antoine, en un hommage double à Saint-Exupéry – dessine-moi un mouton – et à San-Antonio – dessine-moi un cochon. Frédéric faisait partie des *amis de la famille*. Ami lointain dont l'existence était parfois évoquée (mais que je n'avais personnellement jamais croisé), au point que l'avatar littéraire avait fini, dans mon esprit, par remplacer son double de chair et d'os. J'ai donc grandi avec l'image d'un San-Antonio virtuel, auquel je prêtais le visage que m'inspiraient ses romans. Mais l'histoire se corsa quand Frédéric déclara que son San-Antonio idéal avait les mêmes traits que mon père, au point qu'il avait proposé que le rôle soit confié à celui-ci pour l'adaptation au cinéma, au début des années 1960, de *San-Antonio chez les Mac*.

Le projet ne vit jamais le jour, au double avantage du cinéma et de la profession de comédien en général. Mon père avait d'autres qualités, mais ce n'était pas un *acteur-né* (même s'il déclamait du Cyrano au volant de sa voiture). Son heure de gloire au cinéma reste cette scène de *Tahiti ou la Joie de vivre* de Bernard Borderie, un film de 1957 où il jouait (?) le rôle d'un reporter tombé sous le charme de la Polynésie tandis qu'une jeune vahiné succombait au sien. Au milieu d'un lagon à l'eau cristalline dans lequel il baignait jusqu'à mi-cuisse, la taille pudiquement ceinte d'un paréo à motifs, il lui déclarait tendrement, son devoir le contraignant à regagner ses froides contrées d'origine : « Petite fille, un jour je reviendrai dans ta maison. » Il ne remit en tout cas jamais les pieds dans celle du cinéma, contrairement à la Polynésie, à laquelle il voua jusqu'au bout une passion sans nuance.

Le cinéma fit donc sans doute quelques économies – non qu'il y ait la moindre relation de cause à effet –, mais il appert que toutes les tentatives d'adapter San-Antonio à l'écran ont toujours, sans exception, été couronnées d'échec – si je puis dire –, y compris la première version dialoguée par Audiard. Pour une raison très simple : autant San-Antonio lui-même peut être parfaitement incarné (par un Belmondo de la belle époque ou un Dujardin d'aujourd'hui, capables de jouer tous les degrés du personnage, premier comme second, sans compter les autres), autant Béru est littéralement injouable, y compris par un génie comme Depardieu.

Béru ne peut se laisser réduire à sa silhouette, à son comportement et à sa sommaire psychologie. Béru, c'est un regard, un point de vue, une subjectivité débordante ou, pour dire les choses plus simplement : Béru, c'est une langue, et pas que de bœuf. Une langue étrangère que chaque lecteur s'approprie pour la décrypter à sa guise, en s'esbaudissant de la virtuosité du jongleur qui fait tourner les figures de style comme d'autres les assiettes. Représenter Béru, c'est le réduire à un bon vivant gargantuesque, condamné en permanence à déborder du cadre et à franchir toutes les lignes comme un personnage de dessin animé introduit au démonte-pneu dans un film classique, tout en s'exprimant en un espéranto impossible à sous-titrer. T'as le bonjour d'Alfred, comme aurait dit Frédéric.

Autant de tentatives (quatre au total), autant de panades donc. Frédéric avait du reste toujours refusé, depuis le dernier essai de Joël Séria en 1981, toute demande d'adaptation jusqu'à ce qu'un jeune réalisateur, Laurent Touil-Tartour, le convainque, peu de temps avant son trépas, de lui donner sa chance en choisissant le point de vue de San-Antonio pour raconter l'histoire.

Louable intention à laquelle je participai même un temps, pressenti pour tenir à mon tour – ça restait dans la famille, et c'était la double volonté de Frédéric et de son jeune légataire de cinéma – le rôle-titre, ce qui avait littéralement propulsé ma vanité en orbite, d'autant plus que Gégé le géant avait lui hérité de Béru. Sauf qu'une diète surprise lui ayant fait perdre quarante kilos, il s'enticha de mon personnage au point de s'en emparer sans autre forme de procès. Comme il m'était difficile de prendre à mon tour un demi-quintal si je voulais continuer à jouer à ce jeu de chaises musicales, je lâchai l'affaire, l'amour-propre en bandoulière mais soulagé de quitter le navire dont la traversée s'annonçait hasardeuse, au vu des premières tensions qui commençaient à se faire sentir entre production et réalisation.

Entre-temps la tête de gondole avait mystérieusement retrouvé ses kilos perdus et était donc redevenue Béru. Conséquence de quoi, le rôle de San-A. restait à attribuer à trois semaines du début du tournage. L'excellent Gérard Lanvin fut appelé pour jouer les Red Adair, tandis le réalisateur titulaire et propriétaire des droits se faisait éjecter par un Claude Berri en roue libre, nabab alors du cinéma français, dont chacun put observer à cette occasion le légendaire savoir-vivre pour dégager tout ce qui échappait à son contrôle.

Résultat des courses, un joli naufrage industriel à l'arrivée, un film plus rapide à sortir des écrans qu'à y rentrer et surtout – une fois encore et en dépit des efforts déployés par les Gérard –, un projet qui passa totalement à côté de son sujet et de son ambition.

L'homme que je pleurais, indéboulonnable sur ce banc boulonnais, m'avait donc accompagné toute ma vie sans que je connusse jamais, jusque tard, son véritable visage, ce qui le rendait d'autant plus mystérieux et légendaire à mes yeux. Comme dans toutes les bonnes maisons, il traînait toujours quelques *San-Antonio* dans la bibliothèque familiale, assortis de leurs magnifiques couvertures illustrées par Michel Gourdon (le frère d'Aslan, dont les fascinantes femmes nues dessinées dans *Lui* perturbèrent quelque temps ma libido).

Mon premier souvenir, c'est d'avoir été harponné comme un espadon affamé dès les premières pages du roman que j'avais ouvert par curiosité, sensible à la promesse d'aventures et de sensations fortes suggérées par le titre *Fleur de nave vinaigrette*, dont la couverture représentait une aguichante Japonaise fixant l'éventuel lecteur d'un œil de braise. Harponné est le mot, mon premier coup de piolet dans l'ascension de la voie royale sanantonienne dont je ne devais plus jamais dévisser.

Cette lecture-là eut le mérite particulier d'ouvrir mes chakras, comme on est en droit de l'attendre de toute bonne littérature. À la nuance près qu'elle me donnait le sentiment d'apprendre en même temps à *lire* et à *rire*, la malheureuse lettre différenciant ces deux activités les empêchant, et je le déplore, de se croiser plus souvent qu'elles ne le devraient. L'enseignement de la littérature classique nous avait en effet appris à bien distinguer, sauf rares exceptions, l'une de l'autre, au point de faire passer le rire – le bon rire franc et massif, celui qui vous fait lâcher le livre pour reprendre vos esprits – comme un suspect potentiel aux yeux du sacro-saint bon goût et raffinement. On ne pouvait mettre dans le même panier la grande littérature, celle qui vous transporte dans les sphères les plus éthérées, et l'autre – associée elle aussi, quoique de manière plus triviale, aux transports sous l'appellation contrôlée *roman de gare*.

Ma génération avait grandi dans l'idée qu'il fallait savoir distinguer le beau du laid, le sublime de l'ordinaire. Heureusement, cette manière de placer systématiquement l'art sur un piédestal intouchable par le vulgaire, de jouer les ménagères culturelles en évitant de mélanger les torchons et les serviettes, croulait sous les coups de boutoir d'une nouvelle vague de créateurs. L'humour, l'ironie et l'irrespect, ce parfum d'anarchie qui bousculait les formes depuis le début du siècle, s'étaient tous, semble-t-il, donné le mot pour changer la déco et bousculer la grammaire. Une caverne d'Ali Baba s'ouvrait sous les yeux émerveillés de ma génération de baby-boomers décidés à jouir des légèretés de la culture pour mieux oublier le carnage vécu par la précédente, caverne dans laquelle se côtoyaient aussi bien les déhanchements affolants d'un Elvis que la provoc poétique d'un Gainsbourg ou d'une Niki de Saint Phalle, le dessin iconoclaste d'un Gotlib, les feulements d'une Janis Joplin ou d'une Tina Turner, la mania des Beatles, le rire anarchique d'un Coluche, l'ironie d'un Warhol, la folie d'une Cindy Sherman, l'humour à retardement d'un Peter Sellers, le désaccord d'un Thelonious Monk, la relecture du western d'un Leone, et bien entendu les aventures de San-Antonio.

Il se trouve qu'à cette époque j'avais écopé dans un pensionnat religieux bellifontain d'une peine d'emprisonnement scolaire bien méritée. On y dispensait un enseignement classique duquel ces bons pères s'acharnaient à exclure toute forme de fantaisie, avec pour postulat que le rachat des âmes nées pécheresses sans le savoir était bien sûr incompatible avec toute forme d'hédonisme en général et de fête du slip en particulier, deux valeurs pourtant cardinales (mais pas Mazarin) de l'adolescence.

Dans ce quotidien mortifiant, deux auteurs en particulier figuraient sur la liste rouge : Voltaire et Frédéric Dard. Le premier avait réussi le sacrilège suprême de tourner la religion en ridicule, avec une attention particulière pour les jésuites, le second résumait la vie à ce qu'elle est, une farce plus ou moins sinistre, en prouvant à chaque page que le rire est loin d'être l'ennemi de la volupté.

Bien entendu, animé d'un esprit de contradiction directement hérité de mon père, c'est eux que je m'empressai de lire. En cachette, ce qui était encore meilleur, même si cela me valut quelques week-ends de colle, et d'interminables promenades dominicales dans la forêt voisine en guise de pénitence. Mais le compagnonnage de ces deux-là me préserva de la rigueur des soutanes, si je peux risquer une expression aussi hardie.

Cependant le vent avait tourné. Quelques années plus tôt, le célèbre billettiste du *Monde* Robert Escarpit avait organisé à l'université de Bordeaux un séminaire autour du phénomène San-Antonio sous-titré « Une forme du roman noir au XXe siècle ». Comme Coluche quelques années plus tard réussirait à articuler la jonction entre le populaire et l'élite, opérant le miracle de faire se poiler tout le monde *à gorge d'employé*, San-Antonio était devenu le commun dénominateur d'un lectorat très large et varié dont j'étais l'un des fidèles maillons, et qui guettait avec gourmandise la parution, tous les trois mois, d'un nouvel épisode de la saga.

Autant dire que lorsque l'opportunité se présenta de rencontrer enfin mon héros pour les besoins d'une interview pour *Métal hurlant*, je me dépêchai de me procurer une pierre blanche, histoire de marquer cette journée.

Nous étions tous les deux émus de nous rencontrer. Moi parce qu'enfin s'incarnait devant moi ce personnage fantasmé, un centaure de fiction et de réalité, à la fois si proche et lointain. Lui, j'imagine, parce que l'enfant en bas âge qu'il avait croisé une trentaine d'années plus tôt s'était transformé en ce farouche gaillard qui jouait l'assurance quand, comme le disait Vian, il avait « les guiboles en fromage blanc ».

Il arriva ce qui se produit parfois, trop rarement, dans les interviews lorsqu'elles cessent d'être un simple jeu de questions-réponses pour se transformer en conversation. Frédéric s'inquiétait autant de ma vie que moi de son œuvre. Je lui fis bien sûr l'aveu de cette marque au fer rouge qu'avait laissée sur mon tendre cuir adolescent l'influence de son écriture.

Sa pudeur l'amenait à botter en touche les compliments qui n'étaient que l'aveu maladroit de ma sincérité, mais le fait est qu'une heure plus tard, malgré le temps qui pressait, nous ne nous résolvions pas, ni l'un ni l'autre, à mettre un terme à ce premier rendez-vous. J'allai jusqu'à lui confier que je l'avais toujours considéré comme un père spirituel, et, les yeux embués, il me prit dans ses bras (surtout le droit, le gauche étant fané de naissance) pour une longue accolade. En souriant, il me confia qu'il acceptait ma candidature filiale, à condition que je n'en dise mot à mon autre père, le biologique, qu'il savait susceptible (et cela d'autant plus que ce dernier était lui-même spirituel, même s'il avait bien fallu qu'il cessât de l'être un instant pour me concevoir).

Ce jour-là, au mitan des années 1980, naquit une relation étrange, à nulle autre pareille, faite de lettres, de visites franco-suisses, de ripailles privées, de plateaux télé publics avec ou sans fous rires (José en moine s'étranglant en buvant un tord-boyaux surprise) et de mille attentions dont la bienveillance et la débordante humanité, brutalement interrompues par sa disparition, font de moi cet inconsolable orphelin à jamais perdu sur un banc, dans une petite rue déserte de Boulogne-Billancourt…

Les chaussettes de Bach

Parmi les multiples privilèges dont je jouis en ce bas monde, il en est un qui me permet parfois de réaliser mes vieux rêves. Rien d'inhumain : il ne s'agit pas d'escalader l'Everest par la face nord, de lire jusqu'au bout un mode d'emploi ou de remonter le fleuve Amazone en pirogue, mais plus simplement d'approcher un peu mieux, et dans d'autres circonstances que le strict cadre professionnel, des individus qui comptent pour moi, parfois plus encore que je ne peux me l'avouer.

Prenons Jean-Jacques Sempé, par exemple.

D'aussi loin que je me souvienne, ses dessins m'ont toujours accompagné. Son Petit Nicolas était, à l'époque où je fréquentais l'école, un véritable double karmique. En lisant ses aventures, j'avais l'impression qu'il s'agissait de moi, de ma classe, de mes copains – dont je retrouvais reproduite au détail près la typologie : le chouchou, le bagarreur, le goinfre, le fort en thème, le gosse de riche, le cancre, etc. – mais aussi de mon état d'esprit, un point de vue enfantin sur le monde adulte retranscrit avec une folle acuité et sans mièvrerie par le génie de René Goscinny. Je n'en revenais pas de cet effet miroir, de sa justesse. En lisant *Le Petit Nicolas*, j'avais la troublante impression que l'un de nous avait tenu un journal de bord de notre vie scolaire et avait réussi à la résumer sans la moindre déformation, échappant à la vigilance du terrible Bouillon.

Plus tard, une fois que je suis devenu père, ce sont mes enfants qui, chacun leur tour, se mirent à lire *Le Petit Nicolas* pour y trouver, me semblait-il, le même plaisir. À un demi-siècle d'écart, le charme fonctionnait toujours, intact, insensible à la poussière du temps. Pour Sempé, la raison en est simple : « Il a toujours été démodé, ça continue. »

Il dit ça avec ce petit sourire amusé qui le quittera rarement pendant les deux petites heures qu'il a eu la bonté de m'accorder en tête à tête, dans son appartement-atelier de Montparnasse. C'était ça, mon vieux rêve : pouvoir m'installer dans un recoin comme un chat, m'imprégner de l'atmosphère dans laquelle il baigne – entouré de livres et de dessins, qu'il s'agisse des siens ou de ceux des dessinateurs qu'il vénère depuis toujours (Chaval, Steinberg, Savignac, Bosc, etc.) – et partager quelques instants le territoire de Néfertiti, sa petite chatte aussi farouche qu'indépendante. « Elle me méprise, constate-t-il, fataliste. C'est ce qu'on appelle un amour loupé. »

Ce n'est pas la première fois que nous nous croisons depuis trente ans, et il s'étonne toujours que je ne me résolve pas à le tutoyer. Nos vingt ans d'écart n'y sont pour rien. Le tutoiement me semblerait une familiarité légère et déplacée, et j'adore l'idée de cette distance que je préfère observer alors qu'il me laisserait la liberté de la franchir. Au fond, il y a quelque chose d'amusant et de suranné à conserver cette barrière, nous sommes comme deux personnages d'une pièce de théâtre qui ne rejoindraient jamais les coulisses.

Je m'inquiète de sa santé. Lui qui était la légèreté incarnée, le voilà rattrapé par le grand âge, accablé par les mauvaises nouvelles qu'il vient de recevoir de Belmondo, devenu grabataire. « S'il y en a un que nous n'aurions jamais imaginé cloué dans un fauteuil, c'est bien lui. » Il ne cherche pas à cacher sa tristesse, comme s'il se voyait contraint, un de ces prochains jours, de partager le sort de son ami. Et il avoue, presque penaud : « Je n'ai jamais été d'un courage exceptionnel. »

Il dissipe le nuage noir d'un geste de la main, s'enquiert à son tour de ma santé, de mon bonheur, et bien sûr de mon travail. C'est le mot qui revient sans cesse dans sa bouche, ce *travail* sans lequel nos châteaux de sable s'effondreraient plus vite encore. Nous avons tous les deux passé l'âge des flagorneries et des compliments de circonstance. Je lui ai dit mille fois à quel point son *travail*, précisément, touchait une corde sensible, à quel point des centaines de ses dessins muets ou légendés me donnaient le sentiment d'être sur la même longueur d'onde que lui, à m'en faire venir les larmes aux yeux comme si je succombais à leur grâce.

Le mot le fait pouffer. Il avale une gorgée de champagne pour se remettre d'aplomb.

« La Grâce, appuie-t-il, comme s'il y mettait une majuscule, ne m'a jamais visité. Ça m'a beaucoup vexé… » Il me conseille gentiment de garder l'usage du mot pour ceux qui l'ont reçue et n'en faisaient aucun cas. Duke Ellington par exemple, dont la musique l'accompagne toujours aussi fidèlement – lui qui aurait tant aimé être musicien et qui est incapable, dit-il, de déchiffrer une seule note, y compris celles de la partition de « Blue Monk »[1], qui traîne sur son piano depuis des mois.

Un Duke qu'il a croisé un jour – rencontre dont il ne s'est toujours pas remis, des dizaines d'années

1. Un morceau de Thelonious Monk, dont le jeu évoque parfois Ellington, et qui enregistra un album de reprises du Duke.

plus tard. Il garde un souvenir ébloui de cet homme à l'élégance rare, qui s'estimait lui-même piètre pianiste. (« Mon instrument, c'est l'orchestre », avait-il déclaré à un jeune Jean-Jacques éberlué, pour qui il représentait pourtant une incarnation possible du dieu Piano.)

Je lui fais observer que j'ai le même genre de réaction quand je l'entends expliquer qu'il n'est pas un dessinateur remarquable. « J'ai toujours été laborieux », précise-t-il. On l'est tous, ai-je envie de lui répondre, à la nuance près que les fulgurances de ce laborieux-là ont donné naissance à mille merveilles dont l'immense majorité des laborieux se contentera, au mieux, de rêver. Là encore, il évacue d'un geste tout ce qui pourrait ressembler, de près ou de loin, à une exagération de ses mérites et de son talent.

Il fait même appel aux mânes de Bach, un autre musicien de son panthéon personnel – Jean-Séb, pour les intimes. Sempé le cite en détachant chaque syllabe : « Quiconque travaillera autant que moi fera aussi bien. » Et ajoute, résigné : « J'ai travaillé tant que j'ai pu. Je ne suis pas arrivé à ses chaussettes. »

Comparaison n'est pas raison, suis-je intérieurement tenté d'argumenter, et si on se met à évaluer le génie en prenant pour valeur étalon la chaussette (socquette ? bas ? mi-bas ?), on n'est pas sorti de l'auberge.

Mais je réalise l'absurdité de notre conversation. Je suis en train d'expliquer à Jean-Jacques Sempé qu'il est un immense dessinateur, et il me parle des fumantes de Jibi.

Comment lui faire comprendre sans le faire rougir au point d'incandescence que l'un des plus grands bonheurs pour moi, sur cette terre, c'est de feuilleter n'importe lequel de ses albums en écoutant les *Variations Goldberg*, par exemple. Là, pour quelques instants, me voilà rendu intouchable, émerveillé – c'est le mot qui convient – par ce cocktail de beauté, de sérénité, d'humour, de lucidité, de tendresse, de délicatesse, auxquels s'ajoute un retour direct à la case enfance.

Je me prépare à revenir à la charge quand il me signale, m'indiquant le canapé où je suis assis : « C'est là que je dors. Quand elle me rend visite… » Je prends l'air intéressé de quelqu'un qui saisit une conversation au vol sans savoir quel en est le sujet. « Elle ? » « Mona Lisa. Quand Léonard accepte qu'elle vienne passer quelques jours en ma compagnie, je dors dans le canapé et lui laisse ma chambre à l'étage. Par convenance bien sûr, mais aussi parce que c'est un garçon très costaud. Et possessif. »

J'acquiesce d'un air entendu comme si nous partagions un lourd secret, alors qu'il en parle comme si c'était la chose la plus naturelle du monde. On dirait deux zinzins en train de comploter. Il y a quelque chose de tout à fait irréel dans ce moment suspendu. De Vinci après Bach, ce n'est plus une visite domiciliaire, c'est les Journées du patrimoine.

Accroché au mur derrière lui, l'original de Savignac pour l'affiche du *Lancelot du lac* de Robert Bresson. On y voit un chevalier en armure chutant de son cheval, des flots de sang jaillissant de son heaume – sans aucun doute une des images les plus violentes jamais produites par le doux Savignac.

Jean-Jacques lui rendait parfois visite, et il me rappelle – comme si je pouvais oublier une soirée pareille – ce dîner aux Vapeurs, à Trouville, entre ces deux hommes doués du pouvoir magique de résumer un monde en une image. Un monde où l'on sourit, où la vie apparaît soudain plus légère et où – j'y reviens toujours – l'esprit de sérieux, la *gravitas*, sont fuis et tenus à l'écart comme la peste. « N'oubliez jamais, nous avait glissé malicieusement Savignac en dépiautant sa sole, nos actes nous suivent… »

Raymond Savignac a vécu à Trouville les vingt dernières années de sa vie, devenant le *street artist* officiel de la ville. On trouve des traces de lui un peu partout, sur les murs de l'hôtel Flaubert, rue des Bains, jusqu'au drapeau de la municipalité qui représente deux mouettes s'échangeant un baiser en vol, leurs ailes formant le V de Trouville, sur un fond de ciel bleu azur.

Mieux encore : la célèbre promenade des Planches qui part du casino et se termine devant les Roches Noires porte son nom, et y sont exposées à l'année, accrochées à des mâts, les plus célèbres de ses affiches réalisées en l'honneur de la ville. Quelle meilleure et plus éphémère postérité espérer que ces images suspendues à quelques mètres du sol, soumises aux intempéries normandes et sur lesquelles, ironie suprême, viennent se reposer quelques instants les mouettes en question ? Les illustrations y restent le temps de nous observer, nous pauvres bipèdes cloués au sol, et commentent avec satisfaction nos vies de terriens, comme dans ce dessin de Sempé où deux petits bonshommes ventripotents et dégarnis devisent en déambulant les mains dans le dos, satisfaits du chemin parcouru. « Je suis quand même un type qui aura distribué un certain nombre de torgnoles dans son existence », confie l'un à l'autre.

La lumière du jour baisse doucement. Nous sommes installés dans le petit salon qui donne sur son atelier. Sa table de travail attend sa visite quotidienne. Des pots de crayons, de stylos, de pinceaux, des boîtes d'aquarelles, des rames de papier à dessin sont rangés en ordre de bataille. Indifférente, Néfertiti évolue au milieu des objets, en terrain conquis. Le brouhaha de la ville s'estompe peu à peu pour cause de couvre-feu.

Le regard bleu de Sempé se perd dans le vague, entre un passé qu'il regrette et un futur qu'il ne redoute pas.

Je souhaiterais lui dire à nouveau à quel point ces quelques instants partagés valent à mes yeux tous les trésors du monde, mais je m'en voudrais de l'embarrasser davantage. Nous laissons un ange passer. Il faut toujours laisser les anges passer. Un jour, ce sera leur tour.

Départ du père

Nous étions au mois de juin, et pourtant j'étais en train de battre des œufs en neige quand la nouvelle de la mort de mon père me tomba sur le coin de la gueule. C'est ma belle-mère qui me l'annonça au téléphone, d'une voix plus blanche encore que la neige espérée, précisant seulement qu'il venait de succomber brutalement à un AVC foudroyant. Pour l'homme d'esprit en général – et d'esprit de contradiction en particulier – qu'il avait toujours été, cette fin soudaine s'inscrivait dans l'ordre des choses, puisque c'est à l'hôpital Saint-Louis de La Rochelle, où il passait des examens médicaux afin de vérifier sa bonne santé, qu'il passa, précisément, de vie à trépas.

Cette nouvelle nous plongea tous, ses cinq enfants et ses six petits-enfants, dans une profonde affliction, comme il arrive souvent – même si ce n'est pas toujours le cas – lorsqu'on perd son père. C'était bien sûr attendu, mais le mien avait fait preuve jusqu'au bout d'une vitalité tellement éclatante que nous espérions tous secrètement en hériter.

Après tout, n'avait-il pas survécu à une guerre mondiale, aussi bien dans le camp des forces armées officielles que dans celles du maquis, mais également à des expéditions extrêmes du côté du Groenland, à trois mariages, à une traversée en pirogue de l'Amazonie, à quelques années de télévision, à une expérience de naufragé volontaire sur un îlot rocailleux dans l'archipel des Marquises, à des vacances en Corse, à une réclusion consentie dans un zoo de Charente-Maritime, à la fréquentation forcée, elle, de Léon Zitrone – l'équivalent pour les années 1960, en plus volumineux bien qu'aussi déférent, d'un Stéphane Bern –, à des années chez les redoutables jésuites du Caousou de Toulouse, à un frère pétainiste, à sa passion pour le cassoulet, à l'adolescence ombrageuse de sa progéniture, à plein d'autres choses encore au nombre desquelles l'absence d'un père disparu beaucoup trop tôt. (Un homme également complexe et romanesque, à la fois industriel, homme de presse, politique et bambocheur, transfiguré par son absence pour devenir un objet de vénération silencieuse.)

La boucle ainsi bouclée, la mort de mon père me renvoyait directement à celle de mon grand-père Gustave. Lui aussi était décédé brutalement – d'une crise cardiaque sur le quai de la gare de Nîmes, à l'âge de quarante-huit ans – et, à soixante-dix ans d'écart, je ressentais, les mêmes causes produisant les mêmes effets, une sidération similaire.

Mon père m'avait toujours beaucoup manqué. Cette fois-ci, il me manquait pour toujours.

Tout le monde se retrouva donc à La Rochelle pour des funérailles dont nous dûmes partager l'intimité avec tous ceux qui avaient tenu à venir lui rendre un dernier hommage. La jauge de l'église aurait certainement flatté sa vanité, même si on était bien sûr – *sic transit gloria mundi* – à des années-lumière de la foule des grands jours qui attendait la dépouille de Johnny à la Madeleine. Je fus du reste surpris de cet ultime rendez-vous dans un lieu sacré. Dans mon souvenir, la dernière fois que mon père avait mis les pieds – en position verticale – dans une église, c'était pour l'enterrement de ma grand-mère maternelle, auquel il avait assisté en chaussures de sport, s'excusant de ne pas avoir pensé à s'équiper de pompes funèbres. Autant dire que ça faisait un bail. Je croyais partager avec lui – pour avoir moi aussi passé quelques années en pensionnat religieux – la détestation du corps ecclésiastique au grand complet (avec mention spéciale à tout ce qui portait soutane), qui professait la compassion de la main gauche en distribuant des coups de trique de la droite.

Il est vrai qu'enfant, je l'avais vu accompagner sa propre mère à l'office du dimanche matin d'Aulus-les-Bains, une petite station thermale de l'Ariège où le clan de Caunes avait coutume de se retrouver en plein cœur de l'été pour mieux s'ennuyer en famille. Mais c'était plus par devoir filial que par réelle conviction.

Mon père avait développé une sorte de résistance naturelle à toute forme d'autorité, qu'elle fût temporelle ou spirituelle ; résistance encore renforcée vis-à-vis de tous ceux qui prétendaient (opérant l'ultime jonction) représenter ici-bas celle d'en haut. Sans doute avait-il fait une exception pour le père Delbos, un missionnaire croisé sur les routes du Pacifique, puisque ce fut ce dernier qui se chargea de l'homélie. Un aventurier saluait la mémoire d'un autre.

Je ne sais pas si son passage par ce lieu de culte, les volutes d'encens et autres aspersions d'eau bénite eurent un effet positif, genre tarif préférentiel voire surclassement, sur le dernier voyage de cet infatigable voyageur qu'avait été mon père, et s'ils facilitaient d'une manière ou d'une autre son passage vers l'au-delà, ce « grand peut-être » dont parle si joliment Stendhal, mais une fois le service achevé, et la crémation consommée (et consumée), le sentiment général fut que cette fois-ci, c'en était bien fini – et qu'il était parti, pour la première fois, pour de bon. Il avait fait sienne cette maxime selon laquelle « L'important, ce n'est pas d'arriver, mais de partir », et nous l'avait si souvent répétée, à nous ses enfants, que nous l'avions tous scrupuleusement appliquée, prenant soin de ne jamais arriver nulle part au sens où l'entend la réussite sociale (en tirant même, je parle en notre nom à tous, une vaniteuse fierté).

Désormais, il venait donc de l'illustrer à la lettre. Après avoir disparu des écrans, il disparaissait des radars.

Mais pas de nos cœurs. C'est le long, étrange et paradoxal travail du deuil qui démarrait alors, comme des montagnes russes émotionnelles où les descentes vertigineuses sont suivies de remontées poussives et du calme trompeur des faux plats. Comme un tour de chauffe, en ce qui me concernait, puisque six mois plus tard ma mère emprunterait le même chemin, me laissant à jamais orphelin vieillissant et inconsolable.

Côté paternel, il restait des choses à mettre en ordre, comme toujours en ce genre de circonstances. Mon père possédait dans la Vienne, près de Loudun, une bâtisse acquise au début des années 1960 qu'il chérissait. C'était une demeure ancienne, édifiée à la fin du XVe siècle, vestige d'une maison de notable ayant subi quelques sinistres au fil du temps mais dont subsistait une tour d'angle qui justifiait qu'on l'appelât pompeusement *le petit château*. Elle était accolée à un autre corps de bâtiment occupé par des agriculteurs et entourée de quelques hectares de terrain. Cette île dont il avait toujours rêvé, c'est là qu'il avait fini par la trouver.

Elle avait tout pour lui plaire. Suffisamment isolée pour qu'il soit certain de n'avoir jamais à croiser personne, suffisamment grande pour y stocker tous ses trésors – essentiellement des livres et des vieux papiers –, et avec suffisamment de terre pour laisser libre cours à son fantasme de gentleman-paysan – très éloigné du *gentleman-farmer* en ce sens que le premier retourne littéralement la terre pour y planter toutes les essences possibles, quand le second se contente de la fouler en tenue de Philippe Noiret.

Elle était son paradis, et le purgatoire de ses enfants.

C'est donc naturellement là que je décidai de faire une halte, quelques jours après sa disparition, pour une visite solitaire et mélancolique. Cet endroit avait tellement compté à ses yeux que je tenais à l'inscrire pour toujours dans ma rétine, avant de n'y jamais retourner.

Pour être tout à fait franc, n'ayant eu aucune vocation précoce pour le bouturage ou la greffe d'arbres fruitiers, la taille des haies ou l'étude approfondie des différentes familles de conifères, j'y avais passé des semaines entières de vacances soit à observer mon père se livrer à ces activités avec une passion de paysagiste exalté, soit à lire sagement des livres qui trouvaient grâce à ses yeux (*Robinson Crusoé*, *Les Trois Mousquetaires*, *Hommes et navires au cap Horn*, etc.).

Comme dans tous les contes pour enfants m'était formellement interdit l'accès à deux endroits devenus tabous : une cave dans laquelle se trouvait un souterrain bouché – censé communiquer avec d'autres *petits châteaux* des environs – et un grenier renfermant tous les trésors précédemment cités et qu'occupait, la nuit, un fantôme au pas lourd et traînant que j'entendais distinctement déambuler aux alentours de minuit, le plafond de ma chambre correspondant au plancher dudit grenier. On avait beau m'expliquer qu'il s'agissait sans doute d'un hibou ayant élu domicile dans la tour d'angle et qui se dégourdissait les pattes à la recherche de proies dures d'oreille – ou de la feuille –, je n'en démordais pas : quelqu'un ou *quelque chose* reprenait vie au milieu de la nuit pour terroriser le Jim Hawkins qui sommeillait en moi.

Je compris assez vite que si mon père m'en interdisait l'accès, c'était pour mieux m'encourager à y aller. Soucieux de ne pas contrarier un désir aussi subtilement exprimé, je mis sans mal la main sur la clé de la pièce interdite, d'autant plus facilement qu'elle était tout naturellement engagée dans le verrou. J'y pénétrai la première fois avec un effroi où se mêlaient la crainte d'être découvert par mon paternel – dont j'avais pourtant pris la précaution de vérifier qu'il était bien occupé à l'autre bout du terrain à pratiquer le bouche-à-bouche à un noyer – et celle de tomber nez à nez avec le spectre noctambule.

Le saint des saints (des essaims pourrait-on même dire, puisqu'une colonie d'abeilles y élut un temps domicile) n'était autre qu'un foutoir sans nom, aussi poussiéreux que séduisant. Un rêve de vieuxpapiersphiliste – aucun mot n'existe pour désigner celui qui entasse, collectionne, accumule les vieux papiers –, accompli dans un souci certes louable d'archiver, mais tout en reportant à plus tard l'ennui d'avoir à faire le tri. Je m'y enfonçai comme un explorateur s'aventurant en territoire sacré. Il s'y trouvait plein de choses qui n'éveillaient en moi qu'un intérêt relatif, des *Mémoires* du général de Gaulle au Code de la route en passant par des stocks de pellicule 16 millimètres périmée et des colliers de coquillages polynésiens, mais aussi des étagères entières de livres ayant survécu à deux ou trois générations ainsi qu'à quelques déménagements.

C'est en contournant une étagère derrière laquelle ils étaient très vaguement dissimulés que je découvris deux collections de journaux qui devaient avoir une influence déterminante sur l'homme qui pointait, si je puis dire, sous l'adolescent (comme Napoléon avait percé sous Bonaparte) : les magazines *Lui* et *Playboy* (dans sa version US). Je notai entre autres ravissements qu'au fil du temps, mon père n'avait scrupuleusement raté aucune parution, et je peux dire que grâce à ces revues, mon rapport à la nature – disons, aux séjours à la campagne – se trouva à la fois bouleversé et envisagé sous un angle beaucoup plus ludique, tandis qu'à force de décrypter certains articles et interviews je faisais des progrès spectaculaires, tant en langues vivantes que dans la connaissance de l'anatomie – il est vrai, principalement féminine.

J'évoquais plus haut le goût de mon père pour les paradoxes. J'en tenais là une preuve supplémentaire et irréfutable. J'avais en effet atteint l'âge où le mâle prépubère se sent tourmenté par les mystères de la chair, et ces publications apportaient quelques réponses aux innombrables questions posées par une libido en fusion. En toute logique, c'eût été à mon géniteur de m'éclairer sur le mode d'emploi des parties dites génitales, mais comme c'était un homme pudique et taiseux – tout du moins en privé –, j'avais été contraint de me rabattre sur d'autres sources d'information.

Le plus étrange dans cette histoire – et j'en reviens au grenier –, c'est qu'à quelques mètres étaient stockées des piles de disques 33 tours invendus que mon père avait enregistrés de sa belle voix de ténor contrarié, parmi lesquels on retrouvait bien sûr « Chien mon ami », un titre qu'aurait commenté à sa manière Desproges : « Plus je connais les hommes, plus j'aime mon chien. Plus je connais les femmes, moins j'aime ma chienne » (maxime qui me semblait parfaitement adaptée à ma situation actuelle).

Mais c'est un autre disque qui attira mon attention, sur la pile adjacente. Ce disque-là, qui fait aujourd'hui la convoitise des collectionneurs et des pervers polymorphes, avait pour titre *Le Mystère de la naissance raconté aux enfants* et il s'adressait aux garçons. Il en existait également une version pour filles, enregistrée elle par Denise Fabre, une speakerine de l'époque (*circa* 1963) célèbre pour sa bonne humeur et qui annonçait les programmes toutes dents dehors, y compris en l'absence de vent. Mon père avait donc fait le noble choix d'informer – c'était son métier – les générations montantes, dont la mienne, par la voix du microsillon, me laissant le soin de découvrir par moi-même comment creuser un sillon avec mon pauvre petit micro.

On admettra que c'était là un homme peu banal, ce qui participait de son charme, et au final cette découverte m'aura permis de constater que les travaux pratiques pouvaient remplacer parfois, et avantageusement, les théories – surtout quand elles s'encombraient de métaphores jardinières, à base de semences, de pollinisation et de petites graines plantées au bon moment.

C'est sur ce souvenir que je refermai donc une dernière fois et pour toujours la porte de ce grenier aux merveilles, ce « sein des seins », comme je suis aujourd'hui tenté de le rebaptiser. Je fis un tour complet de la maison et des terrains qui l'entouraient, ouvrant grand les fenêtres pour laisser circuler l'air et entrer la lumière. Quelque chose s'apaisait en moi alors que j'arpentais les pièces à la surface imposante meublées de sinistres et austères meubles Louis XIII, où les souvenirs heureux ne se bousculaient pas au portillon (comme c'est souvent le cas à la station Richelieu-Drouot, si l'on tient à rester dans l'époque).

J'y retrouvai le souvenir de moments heureux, malheureusement trop rares avec mon père. Ce canapé d'angle devant une télé antédiluvienne sur laquelle nous regardions les étapes du Tour de France, cette fameuse cave où je descendais une fois par an l'aider à choisir une de ces bouteilles de piquette bordelaise qui enchantaient son palais boucané, ce garage où nous disputions des parties de ping-pong qu'il remportait toujours, grâce à des passes secrètes (balles coupées, poussettes, topspins et autres flips) qui ressemblaient plus à des coups bas qu'à des prouesses sportives, puis, en me promenant autour des bâtiments, ce châtaignier dans lequel nous avions sommairement cloué quelques planches entre les branches maîtresses pour en faire un semblant de refuge, les cerisiers dont il était si fier et qui nous offraient, la saison venue, leurs fruits délicieux et dégoulinants de sucre, ou encore les visites à l'âne du Poitou installé dans un enclos au bout du terrain, un mâle cruel qui avait déjà eu raison à coups de sabots de sa malheureuse compagne, et dont je redoutais à raison les intempestives ruades et autres morsures surprises.

Toutes ces images me revenaient en mémoire alors que je marchais seul dans les herbes folles et dans un état de douce mélancolie qui me faisait regretter tout ce à côté de quoi nous étions passés tous les deux, lui en tant que père, et moi en tant que fils. Il était un peu tard pour en concevoir la moindre amertume puisqu'il n'était plus là pour entendre mes griefs mais, peut-être pour la première fois en cette douce journée du début d'été, dans ce silence et cette solitude qu'il goûtait tant, avais-je la sensation de littéralement mettre mes pas dans les siens, et de le comprendre de la manière la plus intime possible, au-delà des mots qui avaient constitué un tel barrage, une telle retenue entre nous.

Et j'en concevais à la fois une débordante tendresse et une immense indulgence qui effaçaient, tout au moins pour ce jour-là, tous les reproches que nous étions en droit, ses autres enfants et moi, de lui adresser.

À commencer par celui de nous avoir quittés.

Mon JR

Quand je repense à Jean Rochefort – ce qui m'arrive souvent, tant son absence contredit l'affirmation de Clemenceau selon laquelle « les cimetières sont pleins de gens irremplaçables, qui ont tous été remplacés » –, c'est pour me remémorer une scène du film *Désaccord parfait* que nous avions tourné ensemble, avec Charlotte Rampling, en 2006.

Le sujet du film s'était imposé à moi au point d'interrompre tout autre projet en cours. Je venais de perdre mes deux parents, à six mois d'intervalle. La vie les avait séparés quarante ans plus tôt, mais dans les dernières années j'avais pu observer un rapprochement – tout à fait platonique, mon père ayant depuis retrouvé la paix dans un nouveau ménage avec une femme parfaite pour lui, tout en adoration devant sa vie comme son œuvre. J'avais été profondément touché par ce rêve que m'avait confié ma mère, qu'elle avait fait quelques mois après la disparition de mon père, et quelques mois avant la sienne : il lui était apparu dans la force de l'âge, déambulant sur le trottoir ensoleillé d'une avenue déserte, en lui tendant la main avec un sourire pour l'inviter à le rejoindre.

Elle en parlait avec une vive émotion, et peu de temps après qu'elle fut partie à son tour, le sujet me revint avec la force et la précision d'un boomerang, comme dans la chanson de Gainsbourg.

Que reste-t-il de nos amours ? C'était aussi la question posée par Trenet, dont les chansons avaient cimenté le foyer au temps des jours heureux, et elle s'imposait à moi, jeune vieux orphelin, sans que je pusse m'y dérober. Et comme les divers métiers que j'exerce m'offrent cette opportunité inouïe de pouvoir transformer presque à loisir une matière première intime, et ayant la conviction qu'on touchait là un sujet universel, je n'hésitais pas une seconde, encouragé par mes producteurs de *Monsieur N*[1], à me lancer dans l'aventure.

Bien sûr, me semblait-il, le couple Birkin-Gainsbourg offrait une métaphore parfaite. Un amour fou, une fusion artistique, le croisement de deux univers mentaux et culturels, les années 1970, la rupture… toutes les conditions étaient réunies à nos yeux pour ébaucher le socle d'une histoire.

Et qui d'autre pour incarner ce couple que deux comédiens – étrangement, c'était la première fois qu'ils étaient réunis à l'écran – qui me troublaient depuis longtemps, Charlotte et Jean, dont les parcours respectifs depuis les années 1970 avaient allumé des feux d'une autre nature, mais comme autant de balises, dans la mémoire publique.

Désaccord parfait était aussi l'occasion de passer quelques semaines dans mon Angleterre chérie, tant à Londres qu'au cœur de sa campagne. Je me souviens que le manoir qui servait de décor principal était situé près du village de Buckingham, à une centaine de kilomètres au nord-est de Londres, et que nous y avions installé Jean et son épouse Françoise, pour lui éviter des déplacements

1. Marie-Castille Mention-Schaar et Pierre Kubel, décidément téméraires.

superflus. Il souffrait du dos depuis le funeste épisode du *Don Quichotte* de Terry Gilliam en 2000, un des rares films catastrophes de l'histoire du cinéma à ne pas avoir fait appel aux services d'un Bruce Willis. Les sept plaies d'Égypte s'étaient abattues sur le tournage bien qu'il ait eu lieu en Espagne, jusqu'à la hernie inguinale de Jean, provoquée par une station trop prolongée à cheval alors qu'il était revêtu de sa lourde armure.

L'incident l'avait profondément déprimé, il se tenait presque pour responsable de l'annulation du film, et en avait hérité – cerise sur le gâteau – une interdiction formelle de remonter à cheval, activité jusqu'alors au moins aussi importante à ses yeux que son métier de comédien, et pour laquelle il n'hésitait pas parfois à tourner ce qu'il appelait des *films-avoine*. (J'avais été rassuré sur ce point : ce n'était pas pour cette raison qu'il avait accepté de jouer dans mon film.)

Toujours est-il que six ans plus tard, Jean était encore profondément affecté par cette histoire, et qu'une hypocondrie galopante – elle – le poussait à croire que sa dernière heure était imminente, quand fort heureusement il survécut – y compris à *Désaccord parfait* – pendant une bonne dizaine d'années.

La scène qui me revient toujours en tête est celle où Louis, le personnage principal, se prépare dans une salle de bains à aller rejoindre sa bien-aimée Alice qui l'attend, voluptueusement étendue sur le lit à baldaquin de la chambre d'ami, enfin décidée à s'offrir à lui, après une reconquête semée d'embûches mais suffisamment opiniâtre pour la faire fléchir au final.

L'éventuelle drôlerie de la scène tenait à l'embarras de Louis d'avoir à franchir la distance entre la salle de bain et la couche, sous le regard tendrement ironique d'Alice. Elle-même profitait de la situation en lui montrant (douce revanche) qui tenait, si je puis dire, la situation en main. La distance en question était d'une petite dizaine de mètres – c'était un grand manoir – et mon vœu premier était que l'interprète de Louis la franchisse aussi peu vêtu que le jour de sa naissance.

Mais j'avais sous-estimé la pudeur de Jean, qui, il est vrai, ne s'était jamais montré follement enthousiaste chaque fois que nous avions évoqué le tournage de cette scène. Pendant que Pierre Aïm s'activait à préparer une lumière douce et tamisée, plus suggestive que révélatrice, et que Berto veillait, lui, à la disposition du travelling censé accompagner la progression de Louis, j'attaquai une longue négociation avec Jean pour déterminer ce qu'il était prêt à dévoiler – ou pas – d'une virilité dont sa belle voix de basson avait presque fait une promesse. Il se refusait farouchement à la nudité frontale, expliquant qu'il n'avait pas réussi à échapper toute sa vie à ce genre d'exercice pour finalement y sacrifier, à un âge où les lois de la gravité lui offraient chaque matin un éprouvant constat.

Il fallait trouver un subterfuge. Nous pensâmes à un peignoir dont il se débarrasserait au pied du lit, dos à la caméra, mais ledit peignoir n'était ni à la bonne taille ni de la bonne longueur, et il en dépasserait ce que nous cherchions précisément à dissimuler. Et une simple serviette enroulée autour de la taille lui donnait un petit air avantageux et jamesbondien tout à fait hors sujet.

Et puis vint la parade parfaite. Nous imaginâmes que Louis s'était délassé quelques instants dans l'immense baignoire, recouverte d'une mousse providentielle, et autant pour faire sourire Alice que pour ménager son propre inconfort, il s'était improvisé un genre de culotte bouffante, comme celles que l'on portait à la cour d'Henri II. Et c'est avec une dignité toute aristocratique qu'il put la mener vers la promesse des délices annoncées.

Je sentais mes deux tourtereaux aussi émus l'un que l'autre, comme je l'étais moi-même – comme on l'est toujours sur un plateau quand finit par prendre forme une idée née un jour sur un bout de papier. Jean, pourtant d'une pudeur exquise et d'une délicatesse courtoise à l'ancienne, me confia en aparté que passer une heure au lit dans les bras de Charlotte, nu comme au premier jour, ne pouvait laisser quiconque indifférent, et que certaines réactions physiologiques étaient hélas indépendantes de sa volonté.

Nous nous amusâmes de la situation, y compris Charlotte, le temps de procéder aux derniers réglages qui permettent à la caméra de s'éloigner suffisamment en un travelling arrière pour que la porte de la chambre puisse se fermer sur la fête charnelle annoncée.

La vérité, c'est que Jean m'impressionnait. Pour commencer, j'éprouvais une folle admiration pour l'acteur dans toute la variété de ses rôles, depuis les films d'Yves Robert jusqu'à ceux de Patrice Leconte en passant bien sûr par *Le Crabe-Tambour* et *Que la fête commence*... (ce fameux film de Tavernier qui lui avait appris à se « désamidonner » et à « tutoyer la caméra »). Il faisait même partie de ce petit cercle d'acteurs dont j'allais voir les films par principe, pour la seule raison que j'étais sûr de l'y retrouver. Nous avions partagé quelques scènes dans *Blanche*, le long-métrage de cape et d'épée tordue de Bernie Bonvoisin où il campait un Mazarin parti en sucette. Et cette occasion nous avait offert quelques-uns de ces moments suspendus typiques du tournage, ceux où on papote de choses légères pendant les longs temps d'installation, coupés du monde, protégés provisoirement par le prétexte de la fiction (je me souviens par exemple que nous n'avions pris connaissance de la destruction du World Trade Center qu'en fin d'après-midi du 11 septembre, alors que nous tournions au fin fond des Cévennes, dans une zone blanche, elle aussi).

Jean, j'insiste, m'impressionnait. Son mélange de prestance et de fragilité, la transparence de son regard où brillait si spontanément une lueur d'ironie, d'assurance et de vulnérabilité, jusqu'à cette auguste moustache (« Sans moustache, j'ai l'air asexué ») qui me faisait penser à un homme croisé dans ma petite enfance, ami de ma grand-mère maternelle, Marcel Mortreux (!), d'une élégance folle, *d'un autre temps*, tout cela contribuait à me maintenir à distance respectable, et à ne pas espérer une familiarité trop poussée. Certes, une petite génération nous séparait, ce qui lui conférait naturellement l'aura potentielle d'une figure paternelle, mais en matière de progéniture il était déjà largement pourvu, et si le rôle de patriarche semblait l'amuser, il ne profitait jamais de l'âge ou de l'expérience pour instaurer une relation verticale. L'enfance affleurait trop chez cet homme à l'apparence si vénérable, et son rire impromptu brisait en un instant le plafond de verre d'une déférence mal placée.

Je n'ai peut-être que deux regrets avec Jean : ne pas lui avoir dit simplement à quel point je l'aimais – pour ne pas l'embarrasser d'un surplus de sentimentalité, et peut-être m'éviter ainsi une discrète mais efficace reprise en main d'homme de cheval me signifiant d'être un peu moins bourrin ou frontal dans mes aveux –, et puis n'avoir pas suivi son conseil. Deux professionnels, au fil des années, m'ont encouragé à persévérer dans le jeu d'acteur, à aller creuser un peu plus profond, estimant qu'il y avait là « quelque chose à travailler ». Daniel Emilfork, merveilleux comédien au physique étrange et inquiétant, un profil de lame de couteau et un accent moldo-valaque, aussi à l'aise chez Shakespeare que chez Maigret ou Jeunet, et Jean, donc, qui s'était mis en tête de me faire monter sur une scène de théâtre, pour jouer plutôt que pour y faire des lectures, ce dont j'avais déjà l'expérience.

Il avait même un projet très précis me concernant : reprendre une pièce qu'il avait adoré jouer dans les années 1960 aux côtés de Delphine Seyrig (dont j'avais été follement épris en la voyant interpréter Mme Tabard, dans *Baisers volés* de Truffaut en 1968, sortant de la salle ému au plus haut point, et la libido en feu), et qui avait pour titre *L'Homme, cet étrange animal*. Jean s'était même proposé d'en assurer la mise en scène – ce qui eût été une première pour lui – et de nous guider, Elsa Z. (dont j'avais partagé la vie quelques années) et moi.

Et puis… les circonstances, les agendas difficiles à ajuster, les projets en cours, la vie, etc. Voilà comment se ratent des rendez-vous. D'autant plus qu'être dirigé par Jean, sans aller jusqu'à participer à un concours hippique, aurait sans aucun doute été une expérience sur laquelle j'aurais pu m'étendre ici à loisir, puisqu'elle aurait fait de moi le premier mammifère sans sabots susceptible de commenter en mots une expérience réservée exclusivement jusqu'alors à des montures de concours.

Parfois, le soir, avant d'éteindre la lumière, je jette un dernier coup d'œil au portrait de Jean dernière période, accroché sur le *wall of fame* qui fait face à mon lit, entre une photo de R. L. Stevenson, un portrait d'un possible ancêtre, un autre d'un éventuel Arsène Lupin, un dessin de Trenet par Cocteau, la photo d'une Grecque qui a enluminé ma vie, celle d'un hussard survivant des campagnes napoléoniennes ou cette peinture de mon grand-père grimé en Tarass Boulba. De la main droite, il tire délicatement sur la pointe de sa moustache en me souriant d'un air narquois et, pour toujours, perplexe.

Mort pour de faux

Plus j'avance dans la vie, plus nombreux sont les proches qui décanillent sans envoyer de bristol, comme une cour de récré qui se viderait peu à peu pour ne plus laisser qu'une poignée d'élèves en compagnie du surgé, celui que nous surnommions à l'époque Tête de mort pour la bonne raison qu'effectivement, avec ses joues émaciées, son nez pincé, ses yeux cernés, son air sévère – bref, sa tête de crevard –, il ne respirait pas exactement la santé. C'est dans cette cour de récréation en question que les enfants de mon époque – les petits garçons, en particulier – faisaient leur première expérience de la mort en jouant aux cow-boys et aux Indiens, s'écroulant théâtralement en prétendant avoir été touchés par une balle ou une flèche ennemies.

Les années ont passé (sans blague), mais le souvenir de ces simulacres de décès aussi prématurés qu'imaginaires me fut néanmoins d'un grand secours, quand une fois devenu grand il me fallut à nouveau faire semblant de mourir, en attendant le jour où je le ferai pour de bon, sans qu'aucun doute – je l'espère sans l'espérer – ne soit permis.

Je fais en effet partie de ces quelques individus qui peuvent prétendre avoir fait mine d'être clamsés, sans pour autant avoir déclenché d'enquête policière, ou sans avoir à témoigner en cas de retour inopiné du tunnel de lumière qui est supposé nous attendre, le dernier soupir rendu. D'accord, il s'agissait de mort de cinéma, mais tout le monde – à l'exception de Marion Cotillard dans *Batman* peut-être – vous confirmera que jouer la mort c'est l'approcher, même de loin (comme jouer avec un simulateur de vol peut laisser croire qu'un jour on ira se crasher dans les Twin Towers).

Curieusement, mes trois expériences furent groupées dans le temps et se produisirent en l'espace de trois ans, me permettant sinon de progresser – je meurs de mieux en mieux –, du moins d'affiner le trait. La première fois, ce fut pour les beaux yeux de Chabrol, alors que nous tournions *Au cœur du mensonge*. Mon personnage, Germain-Roland, déjà bien servi par ce double prénom à la con, était relativement odieux : vaniteux, supérieur, verbeux, parisien, très nettement inspiré d'un célèbre éditorialiste toujours en activité, quand mon pauvre Chacha est parti, lui, fumer sa pipe auprès du bon Dieu, qui d'après Gainsbourg lui préfère les havanes.

Germain-Roland méritait donc largement son sort funeste. On ne le voyait pas littéralement mourir à l'image puisqu'on le découvrait déjà refroidi, baignant dans une mare d'eau de mer entre deux rochers – ce qui, au mois de mars en Bretagne, sauf à appartenir à l'ordre des crustacés, est un excellent moyen d'attraper la mort, quoique de manière indirecte. Je devais donc simplement jouer la rigidité, sans le recours facile au Viagra qui venait juste de faire son apparition sur le marché – une simulation toutefois plus facile à dire qu'à faire quand on se les gèle sévère dans la glaciale humidité d'une aube armoricaine. Mais la véritable difficulté résidait dans la scène suivante, dans laquelle le corps du malheureux Desmot – c'était son nom – se retrouvait dans le plus simple appareil sur une table d'autopsie en métal, à l'institut médico-légal de Saint-Malo, à poireauter toute une journée durant sans bouger un cil en attendant que mes partenaires encore en vie jouent leurs scènes autour de sa dépouille.

Ce que je remarquai alors – observation courante chez certains acteurs –, c'est qu'à force de faire semblant, on finit par s'y croire. L'immobilité maîtrisée, le contrôle sur la respiration pour qu'aucun mouvement, même le plus infime, ne puisse – comme dans la méditation, j'imagine, j'ai toujours préféré médire que méditer, ou alors à compte d'auteur – trahir le moindre signe de vie. Fort heureusement, il y eut quelques pauses qui permirent au jeune cadavre que j'étais de se dégourdir les jambes.

Le personnel de l'institut, ravi d'accueillir une équipe de cinéma dirigée par le prestigieux Chacha, était aux petits soins – mortuaires – avec nous. Ils insistèrent notamment pendant les changements d'axe pour me faire découvrir les joies de leur métier en me dévoilant des photos de leurs plus remarquables expériences, dans lesquelles ils avaient cessé depuis longtemps de voir l'horreur sanguinolente d'une carcasse dépecée pour ne plus apprécier que la seule beauté du geste. Comment, par exemple, rabattre sans dommage les lambeaux frontaux et occipitaux pour accéder au crâne osseux, et notamment au sinus longitudinal et à la dure-mère qui protège les méninges.

Par la seule force de leur démonstration, ils parvinrent à me retourner l'estomac, sans incision, ce qui précipita la régurgitation expresse du kouign-amann que j'avais avalé au petit déjeuner et dont je pus observer à l'œil nu la légendaire sursaturation en matières grasses d'origine animale. Délesté de ce poids superflu, je repris ma position de macchabée, m'efforçant de chasser de mon esprit les images traumatisantes que je venais de voir, notamment celles de ces viscères évidemment semblables aux miens, qui s'agitaient quant à eux, mus encore de spasmes révulsifs, à l'intérieur de mon propre bide.

Le soir même, Claude, qui avait la réputation de choisir ses lieux de tournage en fonction de la qualité des tables alentour, nous emmena tous festoyer dans un restaurant de fruits de mer où nous reprîmes des crevettes et des couleurs, à commencer par le Lazare qui écrit ces lignes. Chabrol avait coutume de conclure ces agapes toujours arrosées – après tout, nous étions en Bretagne – par une démonstration de ses talents vocaux. Il montait sur la table comme sur la scène de la Scala de Milan et entonnait l'un des standards du répertoire opératique – ce soir-là le célèbre « Va, pensiero, sull'ali dorate », extrait de *Nabucco*. Un triomphe, salué par des salves d'applaudissements et des envols de serviettes de table, qui finit de dissiper les effluves morbides de la journée.

La deuxième fois que je trépassai au cinéma, ce fut de manière beaucoup plus spectaculaire pour les besoins du film *Là-bas, mon pays* d'Alexandre Arcady. Mon personnage, Pierre, journaliste pied-noir ayant quitté l'Algérie avec sa famille au moment du *last call* de 1962, décidait de revenir pour tenter d'exfiltrer la fille de son grand amour de jeunesse. Il terminait fauché par une rafale de mitrailleuse sur une place publique d'Alger au sortir des années dites de plomb, durant lesquelles le pays vécut dans la terreur des exactions terroristes de l'AIS et du GIA.

Cette fois-ci, l'exécution du malheureux Pierre était l'objet d'une scène finale, et il fallut donc jouer la situation à l'arraché et sans perdre de temps, sur une place d'une petite ville marocaine, Tétouan, au nord de Tanger, où le haschich circule aussi librement que la pomme de terre dans le Nord-Pas-de-Calais. Un artificier m'avait équipé d'une ceinture truffée de petits explosifs éclatant – je l'avais personnellement vérifié – vers l'extérieur pour figurer les impacts, tout en libérant des poches d'hémoglobine.

Tout ce qu'on demande au comédien qui s'apprête à se faire canarder, c'est de ne surtout pas surjouer l'impact en – c'est un exemple – moulinant des bras ou en exécutant des bonds de cabri. Une rafale, m'expliqua-t-on, vous *fauche* tel un uppercut en plein plexus, comme si on coupait le fil imaginaire qui vous tenait debout jusqu'alors. Il me suffisait donc de m'effondrer, le plus naturellement si je puis dire, et de ne plus bouger jusqu'au *cut* du réalisateur. Mais celui-ci tarda à venir, puisque le réalisateur en question voulait tourner la panique des figurants, jusqu'à ce que la place redevienne déserte, sauf en ce qui concerne la malheureuse victime.

Le temps me sembla s'étirer plus que de raison. J'étais couvert de sang – même si, en toute logique, il ne m'appartenait pas –, et je ne sentais plus rien. Je m'étais mis dans la tête de ce pauvre Pierre et j'étais sincèrement navré de ce qui lui arrivait. J'apercevais, les yeux mi-clos, le ciel sur lequel se détachaient des silhouettes de palmiers mollement agitées par la brise, et je ressentis curieusement le même genre d'apaisement que celui que j'avais pu trouver dans certains plans à la beauté élégiaque d'un Terrence Malick. Cette fois-ci, c'est presque à regret que je dus me remettre d'aplomb, tant ce silence brutal, une fois dissipé l'écho des déflagrations et des cris de foule, me semblait synonyme d'un apaisement total que j'aurais un mal fou à retrouver – je le savais – dans la vraie vie.

Le soir même, c'est à la table de l'hôtel El Minzah, en plein cœur de la casbah tangéroise, que nous nous retrouvâmes autour d'un couscous et de quelques brochettes aussi fédérateurs que roboratifs. Arcady, malgré ses faux airs de Tom Petty, n'en profita heureusement pas pour monter sur la table nous délivrer une version pataouète du tube d'Enrico Macias « Un berger vient de tomber ».

La troisième fois que je passai l'arme à gauche sur grand écran, ce fut taillé en pièces sous les furieux coups de sabre de Lou Doillon dans le film *Blanche* de Bernie Bonvoisin. Il faut admettre qu'elle avait des raisons d'être colère contre l'infâme KKK, mon personnage (sans prénom cette fois-ci), vu qu'il avait exterminé sa famille au grand complet sur ordre de l'affreux Mazarin.

Variation sur le thème, il s'agissait cette fois d'une mort active, autrement dit celle d'un personnage prêt à vendre chèrement sa peau au point de tout tenter pour trucider l'autre avant d'accepter de se soumettre. Tous les coups, à commencer par les plus pourris, lui étaient donc bons pour parvenir à ses fins en évitant la sienne. Cette crevure de KKK possédait tellement de bottes secrètes qu'il aurait pu en revendre une par jour pendant dix ans sur Le Bon Coin sans venir à bout de sa collection. Il se battait avec un double acharnement : pour survivre à la *furia* de Blanche, et contre la volonté générale – celle des spectateurs en tout cas, qui attendaient avec impatience de le voir transformé en merguez après avoir haché menu des dizaines d'innocents.

Un combat de cinéma est réglé au quart de poil, comme une chorégraphie. Michel Carliez, notre maître d'armes, nous avait méthodiquement fait répéter pendant des semaines les enchaînements et différentes passes, compliquées encore par le fait que la baston finale se déroulait dans un escalier en pierre d'une raideur telle que nous l'avions rapidement surnommé le Siffredi.

Nous connaissions, Lou et moi, ce duel final dans le moindre détail, et nous l'avions répété mille fois avec une conscience professionnelle qui honorait notre espoir de ne pas nous éborgner pour de bon – ou plus si affinités.

Évidemment, dans le feu de l'action, les gestes s'accélèrent, les coups portent parfois un peu plus qu'ils ne le devraient, et l'échange gagne en intensité ce que la sécurité des combattants y perd. Après cinq ou six prises, au beau milieu d'une nuit dont nous ne sentions plus la fraîcheur, nous étions elle et moi couverts de bleus. Et quand vint le moment fatidique de me faire empaler par sa lame vengeresse, cette mort factice m'apparut comme la délivrance qu'elle est parfois réellement, si l'on en croit la littérature, médicale ou pas.

De mes trois morts de cinéma, c'est celle dont je garde le meilleur souvenir. Assurément, l'idée sombrement romantique de mourir *les armes à la main* est autrement séduisante que celle de s'éteindre à petit feu en baignant dans le jus de ses couches-culottes, mais au final, c'est surtout elle qui s'approche le plus de celle que l'on jouait dans nos lointaines cours de récré.

Le molosse de Rhodes

Il se tenait immobile, au milieu de cette petite route de campagne au nord d'Athènes, la mine inquiète. Je ralentis pour éviter de l'écraser, et il se mit à tourner, la queue basse, autour de la voiture. C'était un bâtard assez moche, l'air doux et sentimental autant qu'effrayé. Un chien perdu, sans collier (Gilbert Cesbron, sors de ce corps), touché qu'un être vivant s'intéresse à lui mais refusant obstinément qu'on le touche pour de bon.

Il nous fallut un bon moment pour le mettre en confiance et le rassurer, et encore un autre pour le convaincre de monter à bord avec nous. Nous résidions chez une femme qui avait pratiquement transformé sa maison en refuge SPA : six chiens, trois chats et un couple de domestiques philippins. Nous étions convaincus qu'elle s'empresserait d'accueillir avec joie le nouveau venu, mais elle nous expliqua que même avec la meilleure volonté du monde, cela lui était impossible : la pension affichait complet.

La mort dans l'âme – je suis parfois sujet à de brusques bouffées de sentimentalité –, je dus me résoudre à ramener le malheureux là où je l'avais trouvé, et repartis avec l'affreuse impression que c'était moi qui l'abandonnais. Aussi longtemps que je pus, je l'observai dans le rétroviseur tandis qu'il me regardait m'éloigner sans comprendre les raisons d'une défection aussi soudaine après une adoption tout aussi éclair.

Je regagnai la maison, le cœur gros comme celui d'un enfant qui vient de voir *Bambi* pour la première fois (je fais bien sûr ici référence à Walt Disney et non au roi de la pop, qui aimait tant lui aussi les enfants), et ne réussis pas à chasser de mon esprit l'image de cette pauvre bête deux fois larguée dans la même journée.

J'étais décidé à cette époque à me remettre au sport, dont j'avais dû interrompre la pratique plus ou moins assidue après m'être fracturé quatre côtes à scooter, en cherchant à éviter un piéton de nationalité britannique – l'idée d'écraser qui que ce soit, y compris les Anglais, m'étant depuis toujours insupportable. Un short, un sweat-shirt et une paire de chaussures de jogging m'attendaient dans mon sac de voyage, et, malgré le froid sec de cette fin décembre, je partis d'une foulée altière, le dernier album de Ry Cooder dans le casque.

Bien évidemment, je pris aussitôt la direction du lieu de mon forfait, à quatre ou cinq kilomètres de là, et coupai à travers champs, histoire de ne pas courir exclusivement sur un bitume fréquenté par des automobilistes grecs moins concernés que moi par le respect de la vie humaine et/ou animale (à en juger par leur goût de la vitesse et leur sens relatif de la trajectoire). Je traversai une des vignes qui produisent ce petit vin blanc qui fracasse si bien la tête quand vient l'été, sous le regard inamical de chasseurs embusqués guettant le marcassin ou je ne sais quel volatile local.

Le paysage était magnifique. Je foulai un chemin de terre ocre que la basse lumière d'hiver semblait faire scintiller, et qui partait en zigzaguant vers un bosquet de pins maritimes. Là, des moutons surveillés par un berger tellement immobile qu'on aurait pu le prendre pour un épouvantail – à ceci près qu'un épouvantail aurait eu l'air plus expressif – paissaient paisiblement, tandis que gambadaient autour d'eux deux énormes chiens blancs, à qui il ne manquait que quelques centimètres pour qu'on les confonde avec des poneys. À mon passage, l'un d'eux s'approcha de moi assez agressivement au point de me barrer la route, en me montrant des crocs d'une blancheur irréprochable. Je l'écartai d'un énergique et sans appel « Va chier ». À défaut d'en saisir la lettre, il en comprit l'esprit et me laissa passer.

Je continuai mon chemin, percevant au passage les ondes hostiles du quadrupède mais les oubliant rapidement tandis que Ry Cooder attaquait les premières notes de « John Lee Hooker for President ». Je courus ainsi une bonne vingtaine de minutes jusqu'à atteindre l'endroit exact où j'avais déposé le chien-sans-nom qu'entre-temps, puisqu'il faut bien que chaque chose en ait un, j'avais baptisé Malaka – une insulte courante en Grèce, accommodable à toutes les sauces.

Malaka n'était plus là. J'inspectai les champs alentour, puis me remis à courir en sens inverse, vérifiant scrupuleusement si je n'apercevais pas sa dépouille sur le bas-côté. Volatilisé. Je pris cela comme une bonne nouvelle, ou tout du moins une nouvelle rassurante. Sans doute avait-il trouvé refuge dans une maison voisine ou bien avait-il été recueilli par une âme compatissante. Certes, cela faisait une bouche de plus à nourrir, mais cette bouche-là – ou plus exactement, ce museau-là – aurait attendri le cœur le plus sec (j'en étais la preuve vivante). Rasséréné, je poursuivis donc mon chemin, en écoutant d'une oreille plus détendue Ry Cooder chanter la beauté tragique de Hank Williams.

En franchissant les limites de la propriété de notre hôtesse, j'entendis quelques aboiements furieux et eus la surprise de voir débouler vers moi la meute au grand complet des six pensionnaires canins, au nombre desquels les deux gros chiens blancs. Leur attitude était étrange. Il était difficile de dire s'ils fêtaient mon retour (peut-être un sixième sens leur faisait-il comprendre que le sort de leur congénère m'avait hautement préoccupé ?) ou s'ils me prenaient pour un intrus.

Je fus rapidement fixé. Le plus gros des deux blancs me découvrit à nouveau ses babines et, comme encouragé par les aboiements des autres, s'approcha dangereusement d'une certaine partie charnue de mon individu comme s'il voulait me bouffer tout cru. Je n'en menais pas large, mais c'est néanmoins avec une certaine assurance que je réitérai un « Va chier » plus radical, me sembla-t-il, que le premier. Ça lui fit à peu près autant d'effet que si je lui avais demandé l'heure (et je me rends bien compte en l'écrivant de l'extravagance qu'il y aurait à demander l'heure à un chien). Bien au contraire, ma menace sembla l'exciter davantage et le fit redoubler de fureur. Joignant le geste à la parole – si je puis m'exprimer ainsi –, il me mordit au biceps mais, sans doute déçu par la modestie de la prise, la relâcha aussitôt. Je commençai à faire de l'huile, ce qui est très répandu en Grèce. Je lui hurlai de se coucher, là maintenant, d'un ton qui n'admettait aucune réplique. Il m'attaqua au mollet, enfonçant ses crocs jusqu'à la gencive. Le sang apparut. Les autres bestioles redoublaient d'aboiements rageurs comme pour l'encourager à aller jusqu'au bout de sa besogne.

Je hurlai, en vain. Il attaqua la cuisse, l'ouvrant salement. J'eus l'impression d'être un renard (plutôt qu'un cervidé, pour d'évidentes raisons de dignité) entouré d'une horde de Jack Russell sous amphètes, et je crus ma dernière heure arrivée. Je ne sais pas pourquoi, mais à ce moment-là, qui allait peut-être être mon dernier, je repensai au disque canin de mon père. Plus jamais je ne pourrais l'écouter – ou alors, en cas de survie, d'une oreille très différente.

Fort heureusement, mon épouse (grecque elle-même), alertée par ce vacarme, surgit à point nommé en mêlant ses hurlements à la cacophonie ambiante et, au péril de sa vie, parvint à m'exfiltrer.

Une heure plus tard, allongé sur une table d'opération de l'hôpital local, j'essayai de tirer une morale de cette mésaventure. Je n'en trouvai aucune. « Va lui régler son compte », me conseilla un ami au sang chaud, parlant du gros chien blanc. Mais c'eût été manquer aux règles les plus élémentaires de l'hospitalité grecque.

Deux jours après, alors que, claudiquant, la jambe bandée et suppurante, je me levai pour ingurgiter un cocktail d'antibiotiques suffisamment puissants pour remettre d'aplomb un percheron qui m'attendait dans la cuisine (le cocktail, pas le percheron), je surpris un des chats de la maison occupé à grignoter l'un des comprimés.

S'agissait-il donc d'un complot canino-félin ? Je me refusai à sombrer aussi rapidement dans une paranoïa toute carrie-mathisonienne. Au lieu de cela, je m'assis (avec difficulté) et attendis sans le laisser paraître les possibles effets secondaires de la médecine sur l'animal qui mâchait la pilule en me fixant d'un œil torve et indifférent.

22 heures au Park

Nous étions à la mi-juillet, et nous venions tout juste d'arriver sur une lointaine île grecque que surnomment ironiquement « l'île aux fous » tous ceux qui s'estiment suffisamment raisonnables pour pouvoir en juger. Le périple pour y parvenir, sans être digne d'Ulysse, avait réussi à anéantir le peu de forces qui nous restaient après une année de dur labeur, et nous profitions pleinement du calme – relatif, en raison de la joie sonore qu'exprimaient des milliers de grillons à nos retrouvailles – et du soleil, un verre de fatidique ouzo en main.

Le soir même, au cours d'un dîner en compagnie de quelques amis, je narrai dans le détail l'incroyable qualité de la tournée en cours de Bruce Springsteen et de son E Street Band. Tout le monde le sait, j'ai l'hyperbole frémissante dès qu'il s'agit de Bruce, mais cette tournée-là était particulièrement attendue par les aficionados. La raison en était simple. Le barrissant Clarence Clemons, *sax tenor* du groupe (mais qui représentait symboliquement bien davantage), était décédé un an plus tôt, et la question était sur toutes les lèvres : comment Springsteen allait-il remplacer son *alter ego* de toujours ?

Bruce avait pourtant bien déclaré, à l'occasion d'une élégie que tout un chacun rêverait d'entendre dans la bouche d'un ami à ses propres funérailles : « Clarence ne quitte pas le E Street Band avec sa mort : il le quittera avec la nôtre. » Il n'empêche, nous attendions tous avec impatience de voir à quoi ressemblerait la nouvelle formation, histoire de vérifier si elle parviendrait à trouver son second souffle, une fois perdu son souffleur en chef.

Tous ceux qui ont assisté à ces concerts vous le diront, et sans que cela n'offense en rien la mémoire du *big man* : rarement le E Street Band (qu'on peut raisonnablement considérer comme le plus grand groupe de rock au monde) avait atteint de tels sommets. D'accord, il avait fallu rameuter une section de cuivres au grand complet – au rang desquels Jay, le très inspiré neveu du regretté Clarence – pour compenser, et rajouter quelques choristes et un percussionniste – soit l'équivalent (quinze musiciens sur scène) d'un *big band* classique –, mais le résultat était objectivement enthousiasmant, et permettait à Bruce de gambader en toute liberté sur ses terrains de prédilection : rock, soul, folk, *marching* ou *protest songs*, avec de discrètes incursions dans le gospel.

Enfin bref. Ayant assisté à quelques concerts de ladite tournée, j'hyperbolais sans retenue, au point que mon enthousiasme, telle une mèche allumée se faufilant comme un mamba énervé jusqu'à la charge qu'elle doit faire exploser, se communiqua à mes deux camarades, Sébastien F. et Stéphane C., qui n'avaient encore jamais vu Bruce sur scène (raison pour laquelle je préserve leur anonymat, histoire de ne pas ajouter une louche de honte à leur égarement).

« Et si on y allait ? » leur proposai-je perfidement en mesurant l'incongruité de ma question. Nous venions péniblement, comme je le disais, d'accéder à ce paradis terrestre, bien connu de Bruce du reste puisqu'on l'y aperçut plusieurs fois en compagnie de son ami Tom

Hanks. (Je livre ici cette information indiscrète comme un gage de confiance vis-à-vis de mon bienveillant lecteur. Ce n'est bien sûr pas pour cette raison que j'ai fait de cette île une destination estivale. Si je devais pousser le bouchon de mon adoration aussi loin, il y a belle lurette que j'aurais élu domicile dans le New Jersey.) Et voilà que je leur demandais de repartir le lendemain, à l'aube, vers la froide et pluvieuse Europe – effet collatéral et paradoxal d'un réchauffement climatique généralisé. Après avoir vérifié que c'était techniquement envisageable (places dans les avions, correspondances, sauf-conduits pour accéder à l'événement, etc.), la décision, positive, fut prise à l'unanimité.

Et nous embarquâmes donc le matin suivant à l'autre bout de l'île, à bord d'un vol *low cost* bourré d'Anglais bourrés venus faire leur provision annuelle de vitamine D, rubiconds comme s'ils avaient passé quelques journées à vider des pintes sous l'accablant cagnard grec – hypothèse hautement probable à mes yeux. Certains ont le vin triste, eux avaient la bière mélancolique. La perspective de se recogner onze mois de flotte et de brouillard – ils rentraient chez eux retrouver un temps de novembre alors que nous étions au début de l'été – ne semblait pas les réjouir outre mesure. Nous étions donc les trois seuls passagers à nous féliciter de ce trajet qui nous ramenait du berceau reconnu comme tel de la civilisation jusqu'à son tombeau annoncé.

Nous débarquâmes dans un aéroport à l'ambiance tendue comme un string (*corde*, en anglais), l'imminence du début des jeux Olympiques ayant conduit les autorités à renforcer les contrôles et autres mesures de sécurité. Des militaires en armes patrouillaient, la mine sombre, certains accompagnés d'adorables petits clébards dressés à renifler de loin explosifs et produits psychotropes que nous nous félicitâmes d'avoir laissés sous le ciel hellène – je parle bien entendu des seconds. Une heure plus tard, nous arrivions devant les guichets du Hard Rock Calling Festival, événement annuel parrainé par l'enseigne du même nom, qui joint les nécessités de l'alimentation à une vague vocation muséale.

Les Hard Rock Cafe – ou restaurants – sont implantés un peu partout dans le monde, à l'exception notable de Kaboul, Tombouctou et autres Téhéran – là où le rock, à l'instar de son aïeul le blues, est toujours considéré comme la musique du diable (ou son équivalent, dans l'intransigeant monothéisme en vigueur). Et ces marchands du temple ont eu la généreuse idée d'organiser chaque année un festival qui rassemble une partie de la crème – pas toujours allégée – de la scène rock, en même temps qu'ils parrainent entre autres le *show* radio de Steven Van Zandt (ce qui jouera pour beaucoup en leur faveur le jour du jugement dernier).

Et c'est à l'édition 2012 que nous débarquâmes donc, hâlés comme de jeunes Levantins, en tenue légère alors que le thermomètre affiche péniblement dix-huit degrés, et qu'une pluie ininterrompue depuis une semaine a transformé le célèbre Park en marécage louisianais. Ça tombe bien, remarqué-je, puisqu'à l'instant où nous arrivons c'est John Fogerty, l'immortel auteur de « Born on the Bayou », qui occupe la scène.

Fogerty – je le précise pour les plus jeunes qui me lisent – a été à la fin des années 1960 à la tête d'un combo entré dans la légende pour ne plus jamais en sortir : Creedence Clearwater Revival. Un rock dépouillé de toute sophistication superflue, dynamisant, parfois hypnotique, porté par la voix puissante de son leader, hurleur maîtrisé. L'enfilage de perles nées sous la plume de ce *songwriter* d'exception formerait un collier somptueux, et on notera au passage qu'il réussit la performance de reprendre du Marvin Gaye (« I Heard It Through the Grapevine ») sans se couvrir de ridicule.

Mais John Fogerty a beau avoir tous les talents du monde, il lui en a toujours manqué un : le sens de la scène. J'ai souvenir d'un concert de CCR dans les années 1970 qui nous avait tous, jeunes fans fougueux que nous étions, laissés pantois tant il ne se passait *rien*. Les artistes ne doivent pas nécessairement avoir fait l'école du cirque avant de mettre les pieds sur scène. Cela dit, entre un semblant de spectacle et son absence totale, il y a un pas que les quatre du groupe avaient allègrement franchi.

Quarante ans plus tard, force est de constater que rien n'a bougé – si je puis dire. Fogerty a – heureusement – renoncé à sa coupe au bol pour un plus contemporain brushing vers l'arrière (la couleur de ses cheveux s'étant par ailleurs paradoxalement assombrie avec l'âge), mais son charisme est toujours comparable à celui d'un ormeau tandis que sa voix, elle, a perdu de sa légendaire attaque.

C'est d'ailleurs mollement que la foule applaudit ses « Green River », « Proud Mary » et autres « Susie Q », et il fallut attendre le tout dernier morceau, « Rocking All Over the World », durant lequel Bruce le rejoignit sur scène, pour que ladite foule émergeât brusquement de sa léthargie.

Dans l'intervalle qui sépare la fin du concert de Fogerty et le début de celui de Bruce, nous cherchons, mes camarades et moi, l'emplacement idoine au cœur de cette marée humaine que représentent quatre-vingt mille spectateurs. Marée basse pour être tout à fait précis, tant nous avons l'impression de patauger sur une matière difficile à définir, quelque part entre la boue et la vase, ou par endroits les sables mouvants.

Mais aussi inconfortable que soit la position, c'est là qu'il faut être : au cœur de la foule des fidèles, des indécrottables grognards de l'épopée springsteenienne dont nous découvrons, avec soulagement, qu'elle n'est pas seulement constituée de sexagénaires – voire septua – dégarnis et bedonnants, mais qu'elle fédère trois générations confondues, du gamin de treize ans à son grand-père réunis dans la même ferveur.

Nos voisins immédiats étaient par exemple deux cougars galloises exaltées et une famille londonienne au grand complet dont la consommation totale de pintes de *lager*, entre le début et la fin du concert, équivalut, à la louche, à la contenance d'un camion-citerne standard. L'Anglais picole assez sévèrement en temps normal, et dès qu'une occasion se présente, il débraye et passe à la vitesse supérieure. Alors pour un Britton amateur de rock, si la visite de Bruce à Londres n'est pas une occasion de se la coller sévère, autant remettre en cause le postulat national selon lequel Dieu préserve la reine (postulat qui, personnellement, aurait tendance à me pousser à la boisson). Tout cela pour dire qu'en dépit d'un temps maussade – même si un rayon de soleil salua l'entrée en scène de Bruce –, c'est une foule chauffée à blanc qui s'apprêtait à célébrer Sa Bossitude (comme dit Chalumeau).

J'épargnerai au lecteur le récit détaillé d'un spectacle qui, une fois de plus, confina au miracle. Dix jours plus tôt, j'assistais au concert de Bruce à Paris en compagnie de l'écrivain R. J. Ellory qui, lui non plus, ne l'avait encore jamais vu sur scène. Une fois la dernière note jouée, Roger se tourna vers moi en résumant simplement son émotion par un puissant : « Je viens de voir la Lumière. » Le même commentaire aurait pu être fait le soir du festival : jamais Bruce n'avait à ce point donné l'impression d'être heureux sur scène

– son élément naturel –, ni fait preuve d'un tel désir de partager ce bonheur. Je suis l'animal depuis quelques années déjà. À chaque concert, j'ai eu le sentiment que je ne reverrai jamais une chose pareille, un tel degré d'intensité épiphanique. Et chacun des concerts qui suivaient venait contredire cette certitude. Mais cette cuvée-là était encore, si incroyable que cela puisse paraître, montée d'un cran, comme la somme idéale de toutes les parties qui jalonnent cette histoire.

En vieillissant (son soixante-troisième anniversaire approchait), Bruce avait réussi à découvrir le Graal pour de bon, alors que nous pensions tous qu'il avait déjà mis la main dessus depuis longtemps. En dosant à la perfection le fond et la forme, en saupoudrant son *show* de rires et de larmes, en laissant libre cours à sa fantaisie, à son plaisir d'offrir (joie de recevoir) jusqu'à l'épuisement tout ce que lui et son infernal E Street Band étaient capables de mettre sur la table, il était devenu, sous nos yeux, l'incarnation du rock et de la soul.

Ce soir-là, il donna à son public l'impression de ressortir du concert plus fort et plus confiant – en un mot comme en mille : *meilleur*.

Rien de nouveau sous la pluie londonienne, sinon le sentiment d'assister à un événement unique, de ceux dont on sait sur l'instant qu'il fallait y être. Fogerty remonta sur scène à l'invitation de Bruce – juste le temps de confirmer qu'un seul des deux avait gardé intacte toute sa puissance vocale –, suivi de Tom Morello de Rage Against the Machine qui nous refit son numéro de voltigeur sur six-cordes, à l'occasion d'un « The Ghost of Tom Joad » aux antipodes de sa version originale et acoustique.

Après trois heures vingt-cinq de show, Bruce invita la foule rincée et presque rassasiée à applaudir un invité surprise en la personne de Paul McCartney. Bruce et Macca, réunis sur scène, backés par le E Street Band : pour un certain nombre de mes contemporains, à commencer par les quatre-vingt mille présents ce soir-là, c'était un fantasme à l'état pur qui cessait de l'être puisqu'il se concrétisait devant nous. McCartney et son nouveau brushing roux renard évoquant chaque jour davantage une vieille Anglaise à la fois digne et follasse, ses bonnes joues de hamster enjoué, sa Hoffner en bandoulière, aux côtés d'un Bruce de sept ans seulement son cadet mais qui pouvait largement prétendre passer pour son neveu d'Amérique, un neveu dont la ressemblance avec James Caan me sauta alors brusquement aux yeux.

La foule partit en vrille, acclamant la réunion inattendue de ces deux héros en une ola frénétique. Tout ce petit monde attaqua sans attendre un « I Saw Her Standing There » objectivement renversant, même si l'idée de se renverser – pour autant que cela eût été possible, serrés comme des filets d'anchois que nous étions – dans la boue lourde et grasse ne traversa l'esprit d'aucun d'entre nous. Un feu d'artifice fut tiré, spectaculaire mais redondant. Un frisson d'extase parcourut la foule quand résonnèrent les premières notes de « Twist and Shout ».

Entendre quatre-vingt mille gosiers entonner la montée chromatique qui précède le célébrissime pont de la chanson, c'est, croyez-moi, une expérience inoubliable, totalement jubilatoire. Le morceau s'étira et s'étira à en devenir un mantra, que nous aurions tous volontiers repris en chœur des heures durant, quand soudain le son fut brutalement coupé – celui de la sono, le nôtre quoi, mais pas celui des retours de scène puisque Bruce, Paul et la bande continuaient à s'égosiller joyeusement, et mirent quelques instants à comprendre que nous ne les entendions plus. C'est ainsi que s'acheva le concert, brutalement écourté sans raison, laissant les musiciens et le public sans voix. Les premiers quittèrent la scène, les seconds le champ de bataille.

Pris dans cette cohue que représente le départ simultané de quatre-vingt mille individus, j'appelai le *tour manager* pour lui demander des explications et, à mon immense surprise, il m'apprit que c'est la police qui avait coupé le jus au prétexte que l'heure du couvre-feu avait sonné depuis déjà douze minutes – les riches et puissants riverains ayant exigé de pouvoir goûter à leur chère tranquillité après 22 h 30.

Pour résumer : la police londonienne, conne et disciplinée comme toutes les polices du monde (peut-être un peu plus même, eu égard à l'aveugle et absurde soumission à toute forme de loi qui sévit dans cette île, berceau paradoxal de la fantaisie comme la Grèce l'est de la tragédie), la police londonienne donc, commit sans état d'âme le sacrilège ultime : couper le son du Boss *et* de Macca réunis. Ce dernier, récidiviste dans l'âme, ne parut pas particulièrement surpris : n'oublions pas que les forces de l'ordre ne s'étaient déjà pas gênées, en 1969, pour interrompre le concert impromptu des Beatles sur le toit de l'immeuble d'Apple Corps.

Nous quittâmes la scène de crime à la fois éblouis par le caractère historique de la performance à laquelle nous venions d'assister, et littéralement indignés par l'outrage fait à ces deux monuments autrement plus considérables que toute la dynastie Windsor réunie. Eussent-ils osé couper un discours, dont chacun sait l'importance pour l'avenir de l'humanité, de cette vieille peau d'Élisabeth, ces cons-là ?

Steven Van Zandt ne tarda pas à se déchaîner sur Twitter pour insulter comme ils le méritaient ces ruffians, mais le mal était fait. Deux jours plus tard, au concert de Dublin, Bruce et Stevie s'amusèrent sur scène avec un groupe électrogène géant afin de tourner l'incident en dérision, mais je dois admettre que mon amour inconditionnel pour l'Angleterre et son peuple prit ce jour-là un léger et douloureux coup de canif.

Le lendemain matin, nous empruntâmes le vol retour en compagnie d'une cargaison de Brittons blafards mais déchaînés à l'idée d'aller se travailler le mélanome pendant deux semaines. Nous atterrîmes sur une île voisine de la nôtre, embarquâmes sur un petit bateau qui, en dépit d'une mer agitée, nous ramena à bon port, après qu'au large nous eûmes croisé la route d'une tortue égarée – je n'y décelai aucun symbole particulier –, puis un taxi conduit par un ancien pilote de circuit nous amena à tombeau ouvert jusqu'à notre destination finale. Une trentaine d'heures à peine s'étaient écoulées depuis notre départ et nous eûmes le sentiment, en retrouvant le rythme paisible et indolent de ce début de vacances, que nous sortions d'une lessiveuse, et que ce voyage éclair resterait à jamais gravé dans nos mémoires.

Gonflette express

Je ne sais ce qui passa par la tête de Roschdy Zem le jour où il me fit lire le scénario d'un film baptisé *Bodybuilder* en me disant qu'il m'imaginait bien dans le rôle-titre. D'accord, nous fréquentions alors la même salle de sport, mais il était clair même sans souffrir d'hypermétropie qu'on pouvait difficilement confondre ma silhouette naturelle avec celle d'un culturiste. C'était un peu, toutes proportions gardées, comme si l'on proposait à un pangolin de jouer un virus.

Enfin, le pari était assez fou pour être séduisant, d'autant plus que l'histoire racontait celle d'un homme ayant découvert sur le tard la musculation, à laquelle il s'adonnait comme un forcené pour compenser un revers personnel. Autant dire que l'ambition n'était pas de concurrencer Schwarzenegger, qui avait commencé de son côté à pomper de l'*iron* à l'âge où nous en étions encore tous à jouer aux billes. Je devais seulement prendre un peu de volume, sans pousser jusqu'au modèle Bibendum. Parmi les catégories culturistes existantes, nous avions situé le curseur sur celle des quinquagénaires de soixante-dix kilos. Rien de franchement spectaculaire en tenue de ville, mais impressionnant tout de même une fois que je passerais en mini slip, le corps huilé : ventre plat, abdos saillants, deltoïdes rebondis, épaules dessinées comme tout le reste des muscles, y compris jambiers, bref j'aurais de quoi fanfaronner discrètement sur les plages en juillet sans devoir péniblement rentrer l'abdomen sur le trajet entre le parasol et la mer.

Quand Roschdy me proposa le rôle, je repensai à cette pub qui avait marqué mon enfance et vantait les mérites du Flexor, une barre à torsion flexible permettant de se muscler rapidement le haut du corps en prévision des vacances d'été. On y voyait un garçon chétif (moi) se métamorphosant en bellâtre musculeux et gominé après quelques semaines de pratique. Cet avant-après en tête, j'acceptai donc avec autant d'empressement que de curiosité. J'aimais bien l'idée d'un personnage qui mue pour renaître à soi-même. Ça me rappelait quelques vagues souvenirs d'ordre personnel, je trouvais le scénario bien construit, et la perspective de travailler à nouveau avec Roschdy, des années après *Monsieur N* et *Blanche*, me réjouissait.

J'avais du mérite à franchir de nouveau le seuil d'une salle, n'y ayant pas remis les pieds depuis le malheureux accident dont j'avais été victime à l'époque de *Nulle part ailleurs*, quand Chalumeau et moi-même avions instauré le rituel, une fois les travaux d'écriture bouclés, de monter décompresser avant l'antenne dans la salle de sport de l'immeuble Canal Plus. J'avais pris la très mauvaise habitude de pratiquer pieds nus, et le jour où je laissai malencontreusement échapper un poids de cinq kilos, c'est bien entendu sur mes orteils qu'il choisit de choir en provoquant une douleur fulgurante, et le désastreux spectacle d'un gros orteil sorti de son axe initial. Il en fallait plus pour nous empêcher de prendre l'antenne, même si je peux rétrospectivement revendiquer le mérite de ne rien avoir laissé paraître à l'image : nous n'étions peut-être pas sous un déluge de bombes à défendre Sarajevo, mais prétendre avoir l'air détendu pendant que quelqu'un s'amuse à vous planter un clou de 120 dans le pied, même le fils de Dieu a eu du mal.

(Je sais que je m'éloigne sensiblement du sujet initial – le projet *Bodybuilder* –, mais après tout nous sommes entre nous, et cette anecdote est au moins aussi passionnante que celle que j'avais commencé à raconter, voire peut-être que ce livre lui-même.)

Mon Chalumeau et sa bien-aimée, Arielle Saracco – qui venait d'intégrer l'organigramme de Canal Plus où elle supervisa pendant vingt-cinq ans, et avec le brio que l'on sait, la création originale –, m'accompagnèrent en vrais amis à l'hôpital Boucicaut, afin que l'on m'y rafistole.

Étrangement, ce soir-là, la salle d'attente était presque déserte quand nous y arrivâmes, ce qui ne nous empêcha pas de poireauter trois bons quarts d'heure en jetant un œil étonné sur un poste de télévision suspendu au plafond, réglé bien entendu sur TF1, et qui diffusait – j'en garde le souvenir très vif – une émission dans laquelle l'actrice Mylène Demongeot expliquait en détail qu'elle entretenait une relation de type fusionnel avec une mangouste télépathe.

En d'autres circonstances, le sujet m'aurait sans aucun doute fasciné, mais je n'eus pas le temps d'en arriver à de telles extrémités, les miennes – en tout cas celles de mon pied droit – se rappelant à mon bon souvenir avec insistance.

Finalement, on vint me chercher pour me véhiculer vers la salle de radiologie. Un infirmier antillais me disposa sous la machine à rayons X, puis alla se réfugier derrière la paroi protectrice en plomb pour appuyer sur le déclencheur – ce qui lui valut une bonne petite décharge, puisqu'il déclencha un court-circuit. Pestant et grommelant, il me réinstalla donc dans mon fauteuil roulant, et nous changeâmes de salle. Le cliché fut cette fois satisfaisant, et l'ayant développé, il revint m'annoncer que le gros orteil était *bien broyé*. Nouvelle qui aurait pu m'inciter à broyer moi-même du noir, mais je m'abstins d'en faire la remarque pour ne pas froisser l'ultramarin.

Fort de cette information, il me fit à nouveau rouler vers une autre pièce où les médecins urgentistes établissaient un premier diagnostic. Je me retrouvai à quelques pas d'un malheureux qui avait eu la mauvaise idée de projeter son scooter sous un bus pour un résultat qui aurait pu intéresser le Picasso de la période cubiste. Il était encore entier, mais allait devoir se résoudre à marcher en crabe dans les semaines à venir. Bien entendu, mon ripaton écrabouillé n'était que roupie de sansonnet comparé à son état, et justifiait d'un seul coup cette longue attente en compagnie de la mangouste de Mylène.

L'urgentiste confirma le premier diagnostic, et se mit à tripoter l'extrémité en me demandant des nouvelles de José Garcia. Je lui en donnai volontiers, à la condition qu'il évite de me toucher, et l'affaire se conclut par une attelle et la recommandation d'éviter de poser le pied par terre pendant quelque temps, et celle, le jour venu, de ne pas remettre les pieds – nus, en tout cas – dans une salle de muscu.

C'est donc en bravant cette injonction que j'attaquai l'entraînement, dans l'espoir de devenir en quelques mois un colosse (aux pieds d'argile). Un coach prénommé Jean-Michel – les coachs se prénomment souvent Jean-Michel – m'établit un programme rigoureux, dont il surveillait la stricte application à raison de deux heures par jour. Assouplissements, échauffement, cardio, abdos, dorsaux, pectoraux, bras (biceps, avant-bras), épaules, squats, quadriceps, développés couché/incliné/décliné, ischios, pompes classiques, stretching, etc., devinrent ma routine, certes répétitive, certes douloureuse (*no pain, no gain*), mais qui libère les endorphines tant convoitées dont on dit, dans le monde du vélo, qu'elles permettent de pédaler dans la joie.

Côté cuisine, une rigueur spartiate s'imposait. Interdiction de toucher, même des yeux, ce qui fait l'ordinaire du gourmet raisonnable : alcool, charcuteries, plats en sauce, fromages gras et autres pâtisseries. Tout cela avait été remplacé par des salades, omelettes blanches, blancs de poulet et bananes, assaisonnés de protéines en poudre et distribués en cinq repas quotidiens.

Je me soumis à ce régime avec détermination, impatient de voir Hulk percer sous le docteur Banner – même si, comme je dus rapidement l'admettre, la transformation serait nettement moins radicale et spectaculaire. Néanmoins, comme la foi qui fait déplacer des montagnes, je faisais pour ma part se mouvoir des tonnes de fonte en sifflotant « Eye of the Tiger », animé par l'espoir d'atteindre le but un peu fou que nous nous étions fixé. Mes efforts amusaient plus qu'ils ne fascinaient mes camarades de sport, et l'ironie de certains regards échangés subrepticement avec mon coach n'échappait pas à ma lucide sagacité. Mais je me confortais dans l'idée que moi, au moins, j'avais un objectif autrement plus noble que de courir sur un tapis roulant comme un hamster au seul prétexte d'équilibrer une surcharge pondérale due à divers excès en tout genre.

Une salle de sport est un petit théâtre qui recèle des trésors dès lors qu'on y passe quelques heures par jour en profitant du loisir, pendant les temps de récupération, d'observer toute la gamme des nuances de la notion d'effort chez nos contemporains. Certains y viennent avec la louable intention d'entretenir la machine, de la garder dynamique le plus longtemps possible, en retardant au maximum l'arrivée du déambulateur dans leur fin d'existence. D'autres sont animés de préoccupations plus esthétiques, soucieux de garder sous contrôle l'épaisseur des légendaires *poignées d'amour* avant qu'elles se transforment en bouée de sauvetage. D'autres encore viennent par pur souci d'hygiène et d'équilibre, ayant compris que la tête va mieux quand les jambes fonctionnent. D'autres enfin, parce que la salle est un endroit à l'abri de l'agitation du monde, où l'on peut à la fois soulager sa mauvaise conscience et papoter avec ceux qu'on a pris l'habitude d'y croiser.

Des camaraderies sportives s'y nouent. On y plaisante, on moque les travers de tel habitué, on parle sport ou on feint de s'y intéresser, on commente les exploits de ceux qui suent professionnellement puisque l'on sue soi-même, et que cela nous confère subitement le droit d'en parler…

Rapidement, l'entraînement devient routine et l'occasion de découvrir, cachés au détour de l'anatomie, des muscles dont on ne soupçonnait même pas l'existence, et qui se signalent par des courbatures inédites. On pousse de plus en plus lourd, les poids comme ses propres limites, on gagne en puissance, en résistance, on se tient plus droit, on respire mieux, la chrysalide entrevoit l'espoir de devenir papillon.

On devient également pointilleux et obsessionnel, susceptible et chafouin, propriétaire en bonus d'une haleine de chacal due à l'excès de protéines. Mais hélas, passé la trentaine, on ne prend pas de volume – enfin, assez pour se convaincre que le processus est en cours, mais insuffisamment pour prétendre au titre de Mr Univers, y compris dans les catégories situées aux confins dudit univers.

J'avais beau simuler toutes les natures de *posing* possibles (le double biceps de face, de dos, le déploiement, le corrigé ou relâché face/dos/profil, ou le biceps cage), le miroir, indifférent et cruel, ne me renvoyait que le spectacle pathétique d'une grenouille qui se rêvait bœuf.

Il fallait se rendre à l'évidence : je n'avais aucun espoir de prendre rapidement du volume, à mon âge avancé, si ce n'est par le recours aux produits de dopage, les redoutables stéroïdes et autres anabolisants dont l'usage n'est pas sans risque, et a une fâcheuse tendance à provoquer de fulgurants cancers – notamment des testicules, partie de mon anatomie à laquelle je reste très attaché (et réciproquement) pour des raisons sentimentales.

La mort dans l'âme, et constatant que malgré tous mes efforts ma silhouette évoquait plus Michel Blanc (hors calvitie) que Jason Momoa dans *Aquaman* (1 et 2), je renonçai à ce projet fou d'un commun accord avec Roschdy, qui modifia légèrement son scénario pour se tourner vers un authentique bodybuilder dont ce fut le premier rôle au cinéma.

J'y gagnai quelques formes qui firent illusion le temps des vacances d'été tombées à point nommé et, au moins, ma santé n'en fut pas haltérée.

Un Marvel comique

Au milieu des années 1980, je fis la connaissance d'un jeune Américain qui, contrairement à la grande majorité de ses compatriotes, était totalement étranger à cette familiarité surjouée si souvent horripilante chez nos cousins yankees lorsqu'ils sont décidés à faire preuve d'un semblant de civilité. Chez cet homme-là, pas d'énergique poignée de main toutes dents dehors, pas de *hug* sportif, encore moins de *bisou-joue*, comme dit Loïc Prigent, mais plutôt une attitude générale méfiante et inquiète en voyant de nouveaux venus débarquer dans sa zone de confort, comme j'étais en train de le faire. Sans le savoir, je venais de croiser la route de Peter Stuart, un personnage étrange et fascinant avec lequel j'allais nouer une solide amitié qui dure encore aujourd'hui.

Peter était à l'époque un auteur-monteur-réalisateur fraîchement débarqué avec son épouse Ann de Los Angeles à Paris où ils avaient décidé de venir passer quelque temps. Musicien, il avait fait partie d'un groupe punk californien des années 1970 (les méconnus Johnnys, en référence non pas à notre Johnny national mais au terme d'argot anglais désignant le pénis) puis avait consacré un documentaire à cette scène-là et un autre à son idole de toujours : Federico Fellini. Il intégra rapidement l'équipe d'un court magazine dont nous avions la charge, qui ouvrait *Les Enfants du rock* et qui allait devenir la matrice du futur *Rapido*. Sa méthode de montage – rapide, informatif, drôle – tranchait avec ce qui se pratiquait à l'époque. Sa rigueur, sa précision, son goût du bizarre devinrent très vite la marque de fabrique de la séquence, comme j'essayais de mon côté de prendre le contrepied de tous les stéréotypes alors en vogue dans la présentation d'émissions de pop culture : familiarité avec le public pouvant aller jusqu'au tutoiement, stylisme *street-cred*, langage updaté et truffé de néologismes générationnels, etc. Sobriété et fantaisie étaient notre *motto*, puisqu'il était question de musique.

Avec Peter s'ouvrait une aventure télévisuelle qui allait se décliner des deux côtés de la Manche pendant une douzaine d'années : *Rapido*, donc, puis *Eurotrash*, *Le Show*, *Love in the Afternoon*, une série de documentaires sur les métropoles (*Allez L.A.*, *Toqué de Tokyo*, *Maboul de Séoul*, *En berline à Berlin*, *Baba de Barcelone*, *En tatanes à Manhattan*, *Allons donc à London*), le long-métrage *Désaccord parfait*, une collaboration au *Grand Journal* puis à *L'Émission d'Antoine*, *La Gaule d'Antoine*, sans oublier deux scénarios qui ne furent jamais tournés, et en attendant la suite… Comme je le disais : un bout de chemin.

Puisque l'exercice auquel je me livre ici tend plus naturellement à regarder dans le rétroviseur qu'à anticiper ce qui, hélas, nous attend tous, je prends la liberté de m'arrêter un instant sur l'un des deux scénarios en question, aujourd'hui encore non abouti, à mon grand regret. En 2008, Nicolas Sarkozy alors en règne avait nommé au poste honorifique de consul à Los Angeles un jeune loup de l'UMP, David Martinon, qui venait de se faire remercier brutalement, après avoir commis un faux pas en tant que porte-parole du gouvernement.

Le malheureux se retrouvait en exil doré à l'autre bout du monde, dans une résidence de rêve, avec pour mission de tamponner les documents administratifs des Français en vadrouille dans sa circonscription et d'apparaître lors des événements d'un quelconque intérêt national, comme le festival du film français COLCOA, avant de recevoir à domicile les heureux élus.

Son boulot était donc d'une intensité relative puisque le consul, contrairement à l'ambassadeur, ne représente pas la France et n'a pas charge d'appliquer la politique décidée à Paris. Un poste très convoité, comme on l'imagine. Une voie de garage, qui abritait quand même une magnifique Jaguar de fonction.

Nous avions imaginé avec Peter une minisérie sur les aventures fictives d'un tel personnage, et nous l'avions baptisée *Quel consul !*. C'était une sorte de Monte-Cristo 2.0, puisque notre héros qui s'estimait victime d'une injustice type Dreyfus n'avait qu'une idée en tête : organiser à distance son retour pour bien niquer tous ses tourmenteurs. En attendant, il découvrait, lui et surtout sa famille, les charmes d'une existence calme sous le soleil et les palmiers californiens, ses *people*, son opulence, son exotisme. Seule ombre au tableau, un rival local qui l'empêchait d'être le vrai roi tricolore de la ville : un certain Christian Audigier, styliste aux goûts de chiottes dont raffolait son voisin Johnny.

La série racontait donc la guerre locale menée par notre consul – que je devais interpréter – contre l'autre Français de L.A. qui lui faisait de l'ombre, et qu'aurait joué José. Bien sûr, l'intérêt de la série résidait en partie aussi dans sa lecture en temps réel, au regard de la véritable histoire en cours, celle de la période Sarkozy. Il aurait fallu réagir promptement, mais l'inertie naturelle des montages de fiction nous fit passer à côté, et nous avions pris un tel plaisir, avec Peter, à imaginer les ponts entre fiction et réalité et toutes les possibilités qu'offrait le procédé que nous en conçûmes – et cela arrive plus qu'on ne l'imagine dans ce métier – une lourde déception.

Fin de la parenthèse. Cette histoire-là, parmi d'autres – tant d'autres –, développa entre Peter et moi un lien cimenté par le travail, l'imagination et le rire, et je recommande à tous la qualité d'un tel liant. Tous ceux qui ont approché Peter ont gardé un vif souvenir du personnage. Il sourit peu – seulement quand il n'a vraiment pas le choix –, pratique un humour sec qui peut dérouter, cultive des obsessions dont ce serait un euphémisme de les qualifier de bizarres, et souffre d'un tel degré d'anxiété générale qu'elle le prédispose à imaginer que tout le monde lui en veut, ce qui peut effectivement se produire dans les moments de tension professionnelle – tristement fréquents puisque, pour couronner le tout, Peter est ce qu'on appelle un *workaholic*, un addict du travail qui exige parfois des autres le même degré d'investissement forcené que lui. Mais pour qui le connaît, comme c'est mon cas, et parvient à mettre de côté son caractère d'ours parfois (assez) mal léché, c'est par ailleurs un homme attentionné, d'un esprit fulgurant, d'une créativité folle et d'une érudition discrète. Et puis c'est mon ami.

Peter se trimballe comme tout le monde une famille pas piquée des hannetons. Son père, Mel, réalisa le mythique *Charlie et la chocolaterie* en 1971, avec Gene Wilder – infiniment supérieur au poussif remake qu'en ferait des années plus tard Tim Burton avec Johnny Depp. Partant du roman pour enfants de Roald Dahl (qui en cosigne le scénario), papa Stuart tourna un film psychédélique débordant de chocolat à puissance psychotrope. Un bijou. C'est aussi lui qui signa, comme documentariste, le puissant *Wattstax*, soit la crème du mégaconcert célébrant le septième anniversaire des émeutes du ghetto de Watts, à Los Angeles, comme une réponse noire à Woodstock. Et l'oncle de Peter n'était autre que Stan Lee en personne, soit l'étrange cerveau qui donna naissance à l'univers Marvel et à la plupart de ses super-héros.

Et c'est justement à l'occasion du tournage d'*Allez L.A.* que nous lui rendîmes visite pour une interview. Il se trouve que le jour précédant cette rencontre, nous tournâmes une histoire sur les Cannabis Clubs, des boutiques qui s'étaient mises à fleurir après que l'État de Californie eut autorisé le commerce sur prescription du cannabis à usage *médical* – le terme étant alors à prendre au sens large, puisqu'on pouvait présenter aussi bien une ordonnance pour calmer de simples maux de tête que des douleurs causées par une pathologie plus sévère. Souffrant d'insomnies depuis toujours, je devais, sous l'œil bien ouvert de notre caméra, me procurer de quoi fermer sereinement les miens. Je ne fumais plus depuis quelque temps déjà. On me proposa donc de choisir entre des gouttes sublinguales et un appétissant *space cookie*, et c'est ma gourmandise qui l'emporta.

Le vendeur insista sur un respect strict de la posologie : pas plus d'un quart de biscuit, sinon ce n'étaient pas des lapins que je risquais de croiser au pays des merveilles. J'étais bien décidé à suivre scrupuleusement ses recommandations, étant d'une nature particulièrement sensible au tétrahydrocannabinol. (Je m'en étais rendu compte à de rares occasions, notamment cette fois où j'étais resté prostré une partie de la nuit derrière la porte d'entrée d'une maison de campagne, une batte de base-ball en mains, attendant fébrilement que la meute de loups aux yeux rouges qui approchait, également à pas de loup, se décide à passer à l'attaque.) De retour dans ma chambre d'hôtel, je pris soin de n'ingurgiter que le sixième du petit gâteau, et attendis dans l'obscurité que Morphée m'ouvre ses bras.

Pour dire les choses comme elles sont : pas de Morphée, mais en revanche je morflai. J'eus la très nette impression de ne pas fermer l'œil de la nuit, impression confirmée par l'incessant ballet de visiteurs imaginaires qui se succédèrent à mon chevet pour me souhaiter bonne nuit. À commencer par les différents meubles de la pièce, auxquels vinrent s'ajouter quelques célébrités comme Paul McCartney ou le pape fraîchement élu Benoît XVI en passant par Tic et Tac, les gentils écureuils, Patrick Sabatier, Bruce Lee, John Belushi, Milou, Nicolae Ceaușescu, et plein d'autres encore, tous armés des intentions les plus pacifiques si l'on peut dire, mais fermement déterminés à me saluer avant le lever du soleil. C'est donc une nuit blanche très colorée que je passai, étonné – et parfois effrayé – par ces visites inattendues.

Était-ce une question de dosage ou, décidément, une hypersensibilité à ce genre de substance ? Je n'avais malheureusement guère le loisir de me pencher sur le problème au petit matin, pour la double raison que les effets se faisaient toujours sentir et que je devais partir tourner l'interview avec Stan Lee que j'évoquais précédemment. Évidemment, celle-ci devait porter sur les super-héros, et Peter, dont j'ai souligné au passage l'imagination fertile, avait par avance scénarisé la suite de l'entretien en vue du montage final. À la question de savoir pourquoi Stan Lee n'avait jamais conçu de super-héros français, il était prévu que je me retrouve subitement métamorphosé en une variation sur le thème gotlibien de Superdupont : béret, marinière, moustache, charentaises et baguette sous le bras, une ébauche de cape pour faciliter l'envol et direction le Chinese Theatre d'Hollywood Boulevard, pour atterrir au milieu des clones de super-héros qui monnayent une photo souvenir en échange d'une poignée de dollars.

C'est ainsi que se déroula la suite des événements, à la nuance près qu'après la forte impression que me laissa la virile poignée de main du papa de Hulk, l'interview ne se passa pas tout à fait comme d'habitude. Sans vouloir me la péter, j'avais déjà à l'époque un certain nombre d'entretiens au compteur, d'Eddy Merckx à Bob Dylan, et au moins d'un point de vue technique, je savais à peu près comment m'y prendre pour poser des questions sans passer pour un sondeur de l'Ifop ou un gendarme consciencieux.

Mais curieusement, tout mon bagage technique se fit la malle au moment même où je m'installais face à Stan the Man, assis à son bureau. Après avoir posé ma feuille de questions bien en évidence sur celui-ci – alors qu'on a naturellement tendance à les cacher discrètement au regard de son interlocuteur –, j'entrepris de les lire scolairement comme un enfant de CE2, soulignant chaque mot à l'aide de mon index. Quand j'atteignais la fin de la phrase, et le point d'interrogation refermant la question, j'en concluai naturellement que j'avais fait ma part du chemin, et levai la tête avec un sourire d'imbécile vers cet homme génial entre tous. Le léger silence qui s'ensuivait en aurait embarrassé plus d'un, mais pas moi ce jour-là. Je le prenais au contraire pour une marque d'attention soutenue à la pertinence de mon questionnement.

Sans aucun doute son lien de parenté avec Peter inclina-t-il Stan Lee à une indulgence plus grande que celle dont il aurait fait preuve face à un authentique demeuré. Mais toujours est-il qu'il s'efforça de répondre point par point, et quand vint enfin le moment d'expliquer pourquoi aucune de ses super-créatures n'avait la nationalité française, il me rétorqua que si tel avait été le cas, il aurait privé celle-ci de toute parole – ce qui, je m'en rends compte aujourd'hui, était une manière de me signifier qu'il était largement temps de me taire.

Nous prîmes donc congé, après que j'eus surpris un regard de Stan Lee à Peter qui n'était pas sans évoquer celui que lance Oliver Hardy à la caméra pour la prendre à témoin de son impuissance devant l'abyssale bêtise de Stan Laurel. Le problème, c'est que je continuais à me sentir tout chose, littéralement à côté de mes pompes comme le veut l'expression – ou plutôt de mes charentaises, puisqu'entre-temps je m'étais changé en Super quelque chose avec un soupçon de mime Marceau.

Il y avait foule quand nous arrivâmes devant le Chinese. Ils étaient tous là : Captain America, Judge Dredd, Dr Strange, les Tortues Ninja, Superman, Iron Man, Catwoman, et bien sûr Batman et un dernier dont j'ignorais l'existence mais que je baptisais Yachtman puisqu'il portait une casquette de capitaine et des mocassins à gland. Peter me demanda de me placer à côté de Batman et de prendre des poses de super-héros : poing tendu vers l'infini, position d'attaque de karaté genre Kokutsu Dachi ou bien station horizontale, de celle que les super-héros adoptent pour les vols péri-orbitaux. Et je m'agitai au point de finir par agacer le pourtant placide faux Batman, d'autant plus que j'empiétais sur son espace réservé et distrayais ses propres admirateurs.

Bien sûr, Peter avait organisé tout cela et le faux Batman jouait la partition prévue. Mais dans l'état où je me trouvais psychiquement, disons entre chien et loup, l'apparition d'un homme chauve-souris pas souriant du tout demeurait incongrue. À force de chercher à l'énerver, je finis par l'énerver vraiment, notamment en lui racontant ma blague préférée de Batman (Batman et Robin sont dans la Batmobile. Robin regarde Batman comme s'il venait de comprendre soudain quelque chose, et lui demande : « Batman, c'est juif ? »). Je sentis une légère bascule dans ses intentions de jeu, et comme la fin de l'histoire voulait qu'après m'avoir bousculé, il me pourchassât dans les rues adjacentes pour me dissuader de revenir sur son territoire, ma dernière impression fut donc celle d'un Superdupont courant en charentaises, une baguette tradition brisée à la main, pour échapper à un Batman aussi chaud-bouillant que s'il était sur le point de coincer enfin le Joker.

Il me fallut encore quelques heures pour retrouver ce que je considère – peut-être hâtivement – comme un état normal, qui le resta jusqu'au tournage de l'histoire suivante – une rencontre avec David Lynch, à l'époque uniquement occupé à faire du prosélytisme actif pour la méditation transcendantale.

Enfin je crois.

Recettes pompettes

« Moi, les histoires de gangsta, j'aimais bien, mais quand même, quand le Wu-Tang a débarqué, ça a mis tout le monde d'accord, moi je dis, et surtout, ça a montré que la côte Est en avait sous le capot…

— Dukthkig jhgvdzeiu pioter… », énoncé-je en cherchant non pas mes mots mais mes lettres, réagissant à l'expression « côte Est » dans laquelle j'avais cru entendre le mot « Alcootest ».

Il est d'ailleurs préférable que personne n'ait eu la mauvaise idée de me faire souffler dans le ballon à ce moment précis. Il aurait d'abord fallu m'extraire de la banquette arrière du taxi sur laquelle je suis ventousé comme une ventouse à sa banquette, et je ne doute pas que mon souffle aurait produit une couleur inconnue au spectre colorimétrique existant – quelque chose entre le vert Fukushima et l'ultraviolet Pantone. La vitre grande ouverte malgré la fraîcheur nocturne, je laisse l'air du large des Grands Boulevards me fouetter le visage, sans beaucoup d'effet. Et l'autre au volant qui s'obstine à vouloir me refaire l'histoire du rap, au prétexte que j'étais un des premiers à en parler à la télé dans *Rapido*, à la fin des années 1980. J'essaie de lui faire comprendre, en termes courtois, que, présentement, je n'en ai strictement rien à cogner. « Grumgueubel matizov », murmuré-je – ou quelque chose d'équivalent.

Mais il prend mes borborygmes pour un encouragement et continue de me dérouler l'histoire complète au lieu de switcher, comme la grande majorité de ses confrères, sur la redif des *Grosses têtes* du jour. En même temps, ai-je la force de me dire, écouter *Les Grosses Têtes* quand la vôtre est sur le point d'imploser, ce n'est peut-être pas la meilleure idée.

C'est à cause de Poulpe que ce trajet ressemble à un chemin de croix. J'ai eu la faiblesse d'accepter son invitation aux *Recettes pompettes*, l'émission qu'il présente alors sur YouTube et dont le principe est simple : il s'agit de cuisiner simultanément une recette et un invité tout en picolant – activité largement répandue dans la population française qui n'a pourtant jamais eu droit aux faveurs d'un programme télé, contrairement au bricolage, à la pâtisserie, à la célébration des cultes ou à l'élevage du marcassin dans le bas Quercy. Il va de soi que le principe même de l'émission attaque directement le foie des participants en encourageant l'ivresse – au lieu de la réprimer –, mais il est tellement d'autres émissions qui insultent d'autres organes plus nobles encore – le cerveau, disponible ou non, pour ne citer que lui – qu'une vague tolérance (en attendant la réaction, toujours prompte, du CSA) permit, quelque temps durant, la diffusion du programme.

Si le résultat final donne un vingt-six minutes bien tendu à l'antenne, l'enregistrement lui-même s'étale sur deux longues heures, encore que la notion du temps s'estompe de verre en verre, de shot en shot. L'alcool choisi est de la vodka de plutôt bonne qualité, si l'on en croit la production – qui est à une émission télé ce que la préfecture est au décompte des manifestants.

Mon palais, qui pourtant en a connu d'autres, n'y voit lui qu'une variante d'alcool à brûler, qui brûle effectivement tout ce qui a le malheur de se trouver sur son passage – à commencer par les papilles gustatives – en provoquant une fulgurante agueusie avant d'aller flamber comme un jet de napalm trachée, artère, œsophage et *tutti quanti*.

En ce qui me concerne, sujet ne consommant que modérément de l'alcool – sauf quand des séries comme *Ray Donovan* ou *Peaky Blinders* me persuadent qu'en avalant quelques bonnes gorgées de whisky, ma tessiture va chuter de deux octaves, comme le jouent si bien Liev Schreiber et Cillian Murphy –, l'absorption brutale d'un verre de vodka glacée provoque chez moi, comme chez tout un chacun (à l'exception peut-être d'individus d'origine slave à l'ADN perturbé par des siècles de consommation), un effet de sidération immédiat, rapidement suivi d'un réchauffement intracorporel et d'une illusoire et éphémère sensation de bien-être. C'est l'idée générale des *Recettes pompettes* : transformer ce premier sentiment de lâcher-prise en un lâchage total devant témoins – l'équipe du plateau censée, elle, garder le contrôle.

Et effectivement, le début est plutôt joyeux. On papote en cuisinant et en suivant, de manière de plus en plus aléatoire, l'ordre d'une recette jusqu'au point où on oublie ce qu'on est en train de faire et où on se livre à des confidences qui, si elles n'étaient coupées au montage, suffiraient à griller une carrière et une réputation.

J'ai accepté avec empressement l'invitation de Poulpe. Par amitié, bien sûr, puisque nous avons pris l'habitude de ne rien nous refuser mutuellement, mais aussi parce que je raffole de l'originalité du gonzo, et que quitte à lâcher les amarres, autant que ce soit avec un aventurier de sa qualité.

Mais c'est aussi pour l'amour du risque. J'ai présenté toutes sortes d'émissions – à l'exception de jeux télévisés, du concours de l'Eurovision ou du tirage du Loto – et ce, je peux l'avouer aujourd'hui (en imaginant naïvement que personne ne l'aura jamais remarqué), dans tous les états possibles, que ce soit sous diverses formes d'ébriété ou sous l'emprise de psychotropes de toutes natures[1].

Conclusion de mes expériences passées : il faut miser sur la sobriété, au risque d'y perdre en élocution et en contrôle du rythme ce qu'on a l'illusion de gagner en décontraction. J'en fis une nouvelle fois la démonstration grâce à la fumeuse idée de Poulpe – fumeuse étant le terme approprié, puisque ce démon avait aussi pour projet de décliner le principe de l'émission culinaire en fumant (et pas de l'herbe à chats), le projet en question circulant alors sous le nom de code « Recettes fumette ».

---

1. Par conscience professionnelle, bien entendu, l'idée étant chaque fois de vérifier si telle ou telle substance pouvait m'aider à supporter l'exercice souvent ingrat du face caméra. J'ai par exemple en mémoire – ce qui est rassurant – ces longues nuits d'antenne au tout début des années 1980, quand nous retransmettions en direct le *Rockpalast* de mon copain Peter Rüchel, qui produisait sur la WDR allemande ce *show* hebdomadaire à base de musique live 100 % rock, et qui une ou deux fois l'an organisait une édition spéciale baptisée *Rockpalast Festival*, entre 21 heures et 4 heures du matin – émission durant laquelle défilait le gratin du rock de l'époque, de Joe Jackson au J. Geils Band en passant par Téléphone ou Bowie. Installé dans une cabine de speakerine de la rue Cognacq-Jay – retour aux sources –, je prenais l'antenne en vol, une fois les programmes traditionnels terminés, et me chargeais pour le reste de la nuit de passer les plats entre les différents concerts. La musique était peut-être vivifiante au possible, mais la solitude d'une cabine est difficilement comparable à l'effervescence d'une salle de concert, et les stimulants étaient donc les bienvenus.

Le double résultat fut une recette panée au point que personne n'accepta même de s'en approcher, et une caisse d'anthologie dont je mis trois jours à me rétablir.

J'ai longtemps eu l'habitude de rétorquer à peu près n'importe quoi (ou ce que m'inspirait l'instant, voire la tête du journaliste) dans les interviews, notamment dans celles que l'on donne en rafale à l'occasion de la sortie d'un film, quand on se retrouve à répondre vingt-cinq fois d'affilée à la même question sans être forcément convaincu que la personne en face ait toujours pris la peine de voir ledit film. C'est même un exercice de style plutôt réjouissant – et qui a, en tout cas, le mérite de vous tenir éveillé – que de chercher chaque fois une explication différente à votre envie de participer à tel ou tel projet (l'hypothèse selon laquelle on puisse finir par enfin le comprendre, à force de répondre n'importe quoi, s'étant confirmée plus d'une fois).

Ce n'est pas tant par mauvaise volonté ou par je ne sais quelle ambition de *brouiller les pistes* (elles le sont déjà suffisamment comme ça). C'est surtout que j'ai généralement tendance à toujours vouloir *faire le malin*, tout en étant doté d'une forme de retenue naturelle, le tout doublé d'une inquiétude de n'avoir pas un point de vue foncièrement original à ajouter au brouhaha général des commentaires. Et pourtant, pour ce qui est de répondre n'importe quoi, je crois que ce fut cette fois-là le pompon. Jamais je n'avais approché d'aussi près un état de black-out – en tout cas devant des caméras.

Les effets secondaires de cette beuverie se firent sentir quelques jours, tant du point de vue domestique que professionnel, et si le souvenir m'amuse encore aujourd'hui, il continue à me faire frissonner rétrospectivement : que s'est-il passé, que s'est-il *vraiment* dit entre la quinzième vodka et l'histoire du rap dans le taxi, que la production crut préférable d'épargner au téléspectateur le plus indulgent ?

Poulpe seul le sait.

Make my day

« Je ne pense pas que John Wayne aurait accepté de jouer dans *Les Proies.* » C'est ce que me répond Clint Eastwood quand je lui demande – puisqu'on le considère comme le fils spirituel de John Wayne – s'il est un rôle du Duke qu'il aurait hésité à accepter. Nous sommes en 1985, et le journal *Métal hurlant* m'a fourni l'opportunité de rencontrer celui qui fit faire un bond de géant à la consommation de Meccarillos, ces cigarillos qu'il bloquait si nonchalamment dans la commissure droite de ses lèvres pour les faire glisser sans ciller de l'autre côté, et éventuellement retour, le regard fixe sur la crapule en face qu'il s'apprêtait à dézinguer. Et combien en avons-nous sacrifié, dans nos poussées de mytho adolescentes, de ces *infects déchets de havane* pour avoir l'air aussi cool que Clint…

L'Homme sans nom réfléchit un instant, son regard transparent se perdant dans le jeu de lumière printanière dont les reflets se débattent dans les rideaux en mousseline d'une chambre de palace, et se décide rapidement, son célèbre petit sourire narquois aux lèvres : « Gengis Khan. » Je l'avais oublié, celui-là. *Le Conquérant*, un film de Dick Powell produit par Howard Hughes et sorti en 1956 dans lequel Wayne, cassant son image tradi de cow-boy solitaire ou de béret vert, se dé hardiment, se laisse pousser des moustaches tombantes de souteneur mexicain, se couvre le chef d'un casque à pointe et se bride légèrement les yeux, mongolitude oblige. Jeu dangereux qu'il ne renouvellera jamais, téméraire mais pas suicidaire, un des *miscasts* les plus flamboyants de l'histoire du cinéma – avec peut-être celui de Christophe Lambert en Vercingétorix. Après tout, tout le monde n'a pas la polyvalence d'un Kirk Douglas, capable de jouer aussi bien un gladiateur, Van Gogh, un cow-boy, un sous-marinier, un colonel de poilus, un Viking qu'un producteur hollywoodien.

Les Proies, que John Wayne le prédateur aurait écarté, c'est ce film de Don Siegel de 1971 où le héros – Clint, donc –, soldat nordiste blessé perdu en territoire sudiste en pleine guerre de Sécession, est recueilli par une communauté de femmes installées dans une gigantesque demeure, tous les hommes étant partis au front. Soldat qui va devenir l'objet de toutes les tensions affectives et sexuelles accumulées, et qui finira, disons… diminué.

Bien sûr, le soldat, c'est Clint et pas Jean Lefebvre, et l'attrait qu'il exerce sur ce gynécée au bord de la crise de nerfs n'est que le reflet déporté de celui qu'il dégage dans la vraie vie. Car il n'aura échappé à personne qu'il émane de Clint un certain magnétisme, renforcé encore – puisqu'il a choisi d'être acteur plutôt que charcutier-traiteur – par la légendaire *star quality* qui fait la différence entre certains acteurs/actrices et les autres.

C'est la remarque préliminaire que je me fis en le voyant entrer dans le salo(o)n où nous avions rendez-vous pour l'entretien, me trouvant pour la première fois en présence de cette *présence*. Un mètre quatre-vingt-treize, charpente parfaite, démarche en ligne peu habituée à faire des détours, d'une lenteur placide, regard cristallin, sourire à faire fondre un congélateur, regard translucide, et petit bonus, élégance à l'ancienne, notamment dans sa manière de saluer toutes les personnes présentes…

Autant le dire tout de suite : quand on croise la route d'un personnage d'une telle trempe, de ceux qui abolissent – semble-t-il si facilement – les démarcations entre être et paraître, un certain temps est nécessaire pour séparer l'homme de l'artiste (comme il est désormais conseillé de le faire). L'éternelle histoire de l'œuf et de la poule ou, dans le cas particulier qui nous occupe : où commence Clint et où s'arrête le personnage, et réciproquement – mis à part, au quotidien, une pratique parfois désinvolte des armes à feu ?

Après une heure passée en tête à tête en sa compagnie, voilà une question à laquelle j'étais bien en peine de répondre. Clint Eastwood est un monolithe, évidemment riche en nuances et qui a comme point commun avec une porte en chêne de ne sortir de ses gonds que si on le provoque avec un pied – ou un œil – de biche.

À la ville, c'est un homme courtois, posé, attentif, à l'ironie mordante, qui répond aux questions avec profondeur, un flegme sarcastique et une connaissance érudite du cinéma. À l'époque dont nous parlons, on prenait Eastwood de plus en plus au sérieux en tant qu'auteur puisqu'il venait de sortir le magnifique *Pale Rider, le cavalier solitaire*, western crépusculaire au sens littéral du terme au vu de la quantité de lumière – naturelle – admise sur le plateau par son chef op habituel, Bruce Surtees.

Pendant des années, ses rôles de *loner* mélancolique et quasi mutique, de *gunfighter* virtuose à la mâchoire serrée, avaient fini par occulter l'homme – l'acteur – dissimulé derrière, au point que certains imaginaient Blondin, son personnage dans *Le Bon, la Brute et le Truand*, à la manœuvre derrière la caméra d'*Un frisson dans la nuit* – bien que le film, rappelons-le, parlait de l'histoire d'un *jazz DJ* harcelé par une fan.

Un frisson dans la nuit avait ouvert le bal des films signés Eastwood, avant *Josey Wales hors-la-loi* (western guerrier et vengeur), *Bronco Billy* (la reconversion d'un marchand de chaussures en cow-boy de cirque), *Firefox, l'arme absolue* (film d'action chaude sur fond de guerre froide) et *Honkytonk Man* (balade initiatique d'un chanteur de country tuberculeux et de son fils jusqu'à la mecque de Nashville).

À l'époque pourtant, deux camps se querellaient quant à la véritable nature d'Eastwood : devait-on le résumer à certains de ses personnages réacs et antisystèmes comme l'inspecteur Harry, policier à la gâchette impulsive, prompt à transformer les règlements en faf à train, mais par ailleurs auteur de *punchlines* ultimes ? (Exemple, quand après avoir nettoyé – petit carnage – la rue des braqueurs qui troublaient son petit déjeuner, Harry s'approche du dernier survivant, terrorisé, lui pointe son .44 Magnum sur la tête, et lui dit, de cette voix suave dont il ne se départ jamais : « Hin-hin. Je sais ce que tu penses : C'est six fois qu'il a tiré, ou c'est cinq seulement ? Si tu veux savoir, dans tout ce bordel, j'ai pas très bien compté non plus. Mais c'est un .44 Magnum, le plus puissant soufflant qu'il y ait au monde, un calibre à vous arracher toute la cervelle. Tu devrais te poser qu'une question : Est-ce que je tente ma chance ? Vas-y, tu la tentes ou pas[1] ? ») Ou bien considérer les riches nuances de son palmarès filmique, capable du meilleur comme du pire et qui imprime très tôt la patte d'un grand metteur en scène en devenir ? *Bird*, *Un monde*

1. Réplique prononcée par Harry Callahan (Clint Eastwood) dans *L'Inspecteur Harry*, un film de Don Siegel, Warner Bros, 1971. (*Note de l'éditeur.*)

parfait, *Sur la route de Madison*, *American Sniper* pour n'en citer qu'une poignée (de dollars) viendraient dans les années suivantes apporter de l'eau à ce moulin-là.

Comme toujours, il y avait donc deux camps, les pro et les anti. Je me situais farouchement du côté des pro, excusant les faux pas (ses deux films avec un orang-outang), m'amusant de son goût constant de la provoc et de son plaisir quasi masochiste à se mettre tout le monde à dos – comme il aimait faire souffrir ses personnages dans ses films. Souvenez-vous de cette scène de *Bronco Billy* qui fit hurler à la mort les féministes de l'époque, quand il allait prouver quelques années plus tard, avec *Sur la route de Madison*, son expertise de l'âme féminine (je cite de mémoire) : Billy McCoy (Clint) fait visiter sa caravane à Antoinette (Sondra Locke), sensible à son charme. Elle essaie de lui tirer les vers du nez, de savoir s'il a une petite amie, etc. Laconique, il lui apprend qu'il a été marié, mais qu'il a tué sa femme. Léger mouvement d'effroi d'Antoinette. « Ah ! Et pourquoi ? » « Je l'ai trouvée au lit avec mon meilleur ami… » « Et ? » insiste-t-elle… « Je l'ai tuée… » « Et lui ? » Et Clint, d'une voix un peu lasse : « Je viens de te dire que c'était mon meilleur ami… »

Ce sens de l'humour, à la fois *hardboiled* façon Mickey Spillane et à froid, c'est un des *gimmicks* d'Eastwood – le malheur étant qu'il ne fut pas toujours perçu comme tel, et que chaque fois le procès de ses intentions repartait de plus belle. Non seulement cela ne semblait pas l'agacer (on reconnaît l'agacement chez Clint à ce léger tressaillement de la lèvre droite supérieure, un rictus-signature souvent imité, jamais égalé, ce qui lui fait un point commun avec le Caprice des Dieux), mais on sentait bien qu'il prenait même un certain plaisir à aller taquiner le monde du haut d posture de mâle alpha blanc améripublicain.

C'est en tout cas l'impression que j'eus au cours de cet entretien (le premier d'une série de trois, réalisés à une quinzaine d'années d'intervalle), au-delà du simple plaisir de mener une conversation avec un homme au *track record* aussi luxuriant. J'eus aussi la confirmation, à travers les mots d'un homme qui représente une certaine incarnation de la pudeur, dont les silences en disent davantage que de longues tartines verbeuses, que toutes les nuances se jouent sous le marbre de façade de ses personnages.

L'ambivalence, l'ambiguïté, les zones d'ombre, le combat contre les démons intérieurs… il y a toujours bien plus à voir chez les héros eastwoodiens que ce qu'il choisit d'en montrer. Et c'est bien sûr ce qui en fait la modernité.

La dernière fois que j'ai pu croiser le Cavalier pâle, c'était il y a déjà une vingtaine d'années, à l'occasion d'une cérémonie des César dont j'étais le MC et lui le César d'honneur – cet étrange intitulé laisse donc penser qu'il y a plus d'honneur à recevoir un César qu'un autre (quand ce n'est pas tout simplement, version 2020, un déshonneur d'en attribuer un). Nous étions au sortir d'une décennie flamboyante qui avait permis à Clint d'aligner *Chasseur blanc, cœur noir*, *Impitoyable*, *Un monde parfait* et *Sur la route de Madison*. Quatre films, quatre registres, quatre sans-faute. Autant dire que son aura brillait plein pot, et que sa présence à la réunion annuelle de la branche française de la famille cinéma était attendue avec impatience.

La veille de la cérémonie, il vint, comme on le lui avait demandé, repérer les lieux et vérifier son trajet des coulisses à la scène et autres fariboles techniques. À son entrée dans le théâtre, précédé d'une poignée des indispensables publicistes et autres spécimens des relations dites publiques – qui sont aux stars de cet acabit ce que sont les petits poissons *Garra rufa*, bouffeurs de peaux mortes, aux fish-pédicures –, le silence se fit comme par enchantement. Tous les yeux se braquèrent sur Clint, qui, léger sourire au coin des lèvres, se dirigeait de cette démarche si particulière qui donne le sentiment que son corps se déplace sans le moindre effort apparent vers la scène, où nous l'attendions en compagnie du regretté Daniel Toscan du Plantier.

Présent dans la salle pour les répétitions, Philippe Torreton – alors un des comédiens vedettes de la Comédie-Française où il triomphait en incarnant un génial Scapin après avoir lui-même reçu, deux ans auparavant, le César du meilleur acteur pour son rôle de Conan (pas le barbare, le capitaine) dans le beau film de Tavernier – vint me demander s'il était possible d'être présenté à Clint, ce que je fis avec plaisir.

Mais voilà que cet acteur, en pleine possession de ses moyens comme en témoignaient ses triomphes théâtraux et cinématographiques – c'est ainsi que je l'annonçai –, les perdit tous subitement quand Eastwood lui tendit la main pour le saluer. Le filet de voix qui sortit de sa bouche pour laisser percevoir un « Hi ! » inaudible, entre la mue capricieuse de l'ado et l'effarouchement de la petite fille émotive, en dit long sur son état de fan transi et reconnaissant.

Clint eut la délicatesse de ne marquer aucune surprise particulière, relançant même d'un classique « Comment allez-vous ? » auquel Torreton répondit par un « Well, well » poli avant de désigner la salle du théâtre des Champs-Élysées pour commenter « Ite ize eu bigue fihateur, ize note ite ? », constat que ne put qu'admettre celui à qui s'adressait cette pertinente remarque.

Le trophée fut remis par Jean-Luc Godard, qui semblait lui-même tout intimidé et bredouilla un rapide

« Je suis très heureux, Honkytonk Man, de vous remettre ceci… Bonne chance… bon courage… et soyez vous-même » crypto-godardien. Et Clint, au terme d'une des plus longues *standing ovations* de l'histoire des César, tint à le remercier en français, ce qui donna à son intervention un charme inversement proportionnel à son intelligibilité.

Un cœur en particulier battait un peu plus fort dans la salle ce soir-là. Celui de ma fille Emma, qui venait de recevoir son César du meilleur espoir féminin – ce qu'elle était depuis longtemps pour moi – et qui avait été élevée dans le culte eastwoodien dont elle était devenue une des plus ferventes zélatrices.

Clint, une histoire de famille…

Cry me a Rivers

J'ai longtemps eu un faible pour les bottes de cow-boy, dites gardianes de ce côté-ci de l'Atlantique – en Camargue précisément, où les garçons-vachers survivent en terres humides en gardant les taureaux, tout en se préservant des moustiques. J'ai même longtemps mis un point d'honneur à ne jamais rentrer de mes périples américains sans une paire dénichée dans les boutiques spécialisées d'Austin, Nashville, New York ou Los Angeles, pour les entreposer au fond d'un placard sitôt rentré sur le sol français, en compagnie des ceintures rodéo à boucle d'argent format soucoupe de tasse à café, vestes en daim à franges et autres Stetson façon Bobby Ewing.

Disons-le : quand bien même on n'a pas passé une partie de sa vie sur le dos d'un cheval (avec, comme dommage collatéral, des guiboles en arc de cercle), le port de la botte de cow-boy confère instantanément à son utilisateur une démarche légèrement chaloupée. Un déhanchement plus ou moins accentué, plausible voire naturel pour un John Wayne, mais plus décalé et mystérieux s'agissant de Jean-Claude Lambert, expert-comptable à Périgueux.

À mes yeux la botte gagne, en territoire urbain, à être remplacée par les boots : plus légères sur les longues distances, plus anglaises dans le style, et moins connotées l'Ouest-le-vrai.

On rappellera qu'il fut aussi un temps lointain où le port de la botte, gardiane ou santiag, s'accompagnait nécessairement d'une assurance tous risques (au même titre que le Perfecto) quand on s'aventurait dans le métro parisien. Il fallait parfois chèrement défendre sa peau (ses peaux, serais-je tenté de dire) face à la convoitise de ceux qui – pour des raisons relevant autant du style et de la morale que de la simple petite délinquance – étaient fermement décidés à vous en dépouiller, pour leur valeur vénale mais surtout pour le signal qu'elles envoyaient d'appartenance à une tribu – blouson noir, rockab, *outlaw* d'une manière générale –, appartenance qui exigeait un adoubement préalable avant que vous puissiez circuler avec ces attributs ostentatoires. En revanche, le port du mocassin à glands était infiniment moins risqué – même s'il vous associait aussitôt au fruit qui se prête à tant de plaisanteries plus ou moins raffinées.

Si je songe aux bottes dont quelques paires se racornissent au fond de mes placards, ce n'est pas après avoir croisé Laurent Chalumeau qui ne quitte les siennes sous aucun prétexte, sauf pour aller courir (concession lucide à leur manque de souplesse, lui qui en fait tant preuve par ailleurs), mais parce que le souvenir de Dick Rivers s'est rappelé à moi à l'occasion de l'une de ces rééditions commémoratives dont l'industrie du disque a le secret.

Dick, c'est la santiag. La santiag, c'est Dick. Je ne peux pas penser à l'un sans l'autre. Il les aimait bien biseautées et pointues, et j'ai toujours imaginé – sans jamais oser aller vérifier – que ses doigts de pieds avaient dû finir par se coller les uns aux autres en se chevauchant (*yeehaa*) impétueusement.

C'est là que réside l'un des mystères de cet homme qui fit le choix de sacrifier ses arpions à une certaine idée d'une silhouette qu'il adopterait pour le restant de ses jours. Un total-look *western wear* – jeans moule-burnes, chemises country à motif, cuir ou veste planteur, bagouse universitaire comme Philippe Labro, accessoires country (ceintures, *bolo tie*, pointes de col), et bien sûr le noir corbeau inaltérable de ses crins parfaitement brushés, insensibles au passage du temps et autres intempéries, qu'il arbora jusqu'au bout, cultivant cette petite mèche évidemment rebelle qui retombait sur un front qui aurait mérité de devenir plus populaire.

Et je ne parle ici que de l'habit qui faisait le moine, ce dernier ayant sacrifié son état civil d'origine – Hervé Forneri – pour devenir Dick Rivers (Pine Rivières, traduit littéralement par Chalumeau), prête-nom inspiré du personnage d'Elvis dans *Loving You* (1957), un nanar musical dont ce n'est pas faire injure au roi que de dire qu'il est dispensable. Mais c'est parce qu'il faisait partie du courant des yéyés, tombés sous le charme du tropisme américain (Jean-Philippe Smet devenant Johnny Hallyday et Claude Moine, Eddy Mitchell) au point, plus ou moins nuancé, de se recréer une identité – sans aller bien sûr jusqu'à l'inquiétant *doppelgänger*.

De cet éternel trio ayant en commun un goût marqué pour la mystique ricaine – goût partagé par toute la génération de l'immédiat après-guerre, comme une forme de gratitude vis-à-vis des forces alliées qui nous avaient libérés plus tôt que prévu du joug du Reich millénaire –, il est juste de reconnaître que chacun de ses membres possédait un organe hors norme et que la France tenait – enfin – avec eux un beau brelan de chanteurs à voix, vouant chacun une passion sincère et totale au *wock'n'woll.* Comme leur royal modèle (le King) auprès duquel – seul des trois – Dick parvint à se faire photographier, certes subrepticement, à une sortie d'ascenseur à Las Vegas, pour en exhiber fièrement le cliché toute sa vie comme un talisman, nos trois mousquetaires s'essayèrent chacun, et parfois de manière concluante, au cinéma et au théâtre.

La curiosité et la conscience professionnelle, assaisonnées d'un soupçon de masochisme cruel – si on me passe le pléonasme –, nous poussèrent (toujours avec Chalumeau) à aller applaudir Dick au très institutionnel théâtre de Chaillot, en 2004, où il faisait ses débuts sur les planches dans la pièce de Jean Genet *Les Paravents.* Il avait beau jouer un lieutenant en pleine guerre d'Algérie, on l'identifiait immédiatement avant même de l'avoir reconnu à sa célèbre démarche-descente-de-cheval, née, comme je l'expliquais, de l'abus de talon biseauté. (C'est un peu comme ce plaisantin qui avait cru pouvoir annoncer l'entrée en scène de Sarah Bernhardt et de sa jambe de bois – l'une se déplaçant rarement sans l'autre – en entendant frapper les trois coups rituels précédant l'ouverture du rideau.) Le plus étonnant, c'est que tout lieutenant qu'il était, Dick venait, comme à son habitude, se placer au centre de la scène et attaquait son texte après avoir fait le geste, devenu réflexe, d'attraper le pied d'un micro imaginaire comme s'il allait entonner « Twist à Saint-Tropez » ou « Nice, baie des Anges ».

Soit sa prestation ne nous convainquit pas totalement, soit l'intérêt de la pièce ne nous sauta pas aux yeux (ou un subtil mélange des deux), toujours est-il que nous profitâmes d'un passage en très basse lumière pour nous éclipser le plus discrètement possible avant la fin, comme deux Comanches se faufilant entre des haies… pour tomber nez à nez avec Pascal, son fils, en bout de rangée.

Je ne sais quelle excuse grossière nous invoquâmes pour justifier ce départ prématuré (sans doute une baby-sitter à relayer), mais nous nous en sortîmes en laissant un message d'excuses sur le répondeur de Dick – répondeur dont lui-même abusait sans scrupule pour nous sonder sur des idées de titres pour ses albums ou nous souhaiter, sans jamais en manquer un seul, anniversaires et Noëls. À propos de titre justement, nous lui avions suggéré *VeryDick* et *AuthenDick*, jusqu'au jour où, lassés de ses appels à répétition (Dick souffrait de téléphonite insistante), nous lui proposâmes un *AsséDick* qui nous brouilla pendant quelques mois, mais pas plus.

Il faut dire que le succès de Didier Lembrouille dans *Nulle part ailleurs* avait contribué à remettre en selle notre infatigable cow-boy en le faisant découvrir à une nouvelle génération, qui ne pouvait que s'incliner respectueusement devant cette fidélité sans défaut à la cause du *wok'n'woll*, passant l'éponge sur une ou deux sorties de route[1].

Mais les musiciens ne s'y trompaient pas : Bashung, Cabrel, Joseph d'Anvers, Benjamin Biolay vinrent tous épauler le *loner* malgré lui, et rendirent hommage à sa puissance de frappe vocale et à son intégrité artistique.

Dick a fini par s'en aller, sur la Rivière de l'au-delà, et si je dois garder une image de lui, ce sera celle de cette arrivée spectaculaire sur les collines de Rabastens

1. Par exemple ce clip de 1986, en compagnie du groupe Licence IV, aux côtés de Carlos et Patrick Sébastien, pour une reprise de « Viens boire un petit coup à la maison » très éloignée de la rigueur austère d'un Johnny Cash, l'un des modèles de Dick.

près de Toulouse, où il possédait son *ranch*, et où un ami commun nous avait conviés à venir partager un barbecue.

La route qui menait à la maison serpentait pendant des kilomètres à flanc de coteau, ce qui permettait d'observer à loisir l'approche des visiteurs. Celle de Dick, entre chien et loup, restera à jamais gravée dans nos rétines. Pour une raison de lui seul connue, il avait mis en action tout ce qui pouvait clignoter sur sa Cadillac de collection – et je le soupçonne encore d'avoir ajouté quelques mètres de guirlande de Noël, sans doute pour *acc-chen-tuer* l'effet.

On se serait cru dans un remake occitan de *Rencontre du troisième type*, et nous eûmes tous la même réaction que François Truffaut en voyant descendre la gigantesque boule à facettes spatiale : « Mince alors ! »

Coule la Pine, coule la Rivière…
RIP it up, Dick…
Voilà au moins à quelle épitaphe il aura échappé…

Histoires de famille

J'ai pris l'habitude, il y a longtemps, d'accrocher aux murs de ma chambre des portraits d'individus qui partagent le muet privilège d'assister à mon coucher dans ce qu'il a de plus royal, et auxquels, rituellement, je jette un dernier regard avant de plonger dans les bras de l'accueillant Morphée (encore qu'il ait ses humeurs), habitué à recevoir tous ceux qui s'abîment dans un sommeil paradoxalement réparateur. Regard dont j'ai souvent le sentiment – et cela sans le moindre recours préalable à la boisson – qu'ils me le renvoient.

(C'est une illusion d'optique que connaissent bien tous ceux qui sont allés rendre visite à Mona Lisa au Louvre, et partagent cet étonnant sentiment qu'elle ne les quitte pas des yeux pendant le temps qu'ils mettent à traverser la salle où elle est exposée – ce qui occupe pleinement ses journées, si l'on considère qu'une moyenne de dix-huit mille visiteurs défilent quotidiennement pour admirer son impénétrable sourire.)

Rien d'oppressant dans cette impression, aucune forme de hantise *low cost* du type maison hantée de Disneyland où des ancêtres à gueule patibulaire ne vous lâchent effectivement pas du regard grâce à un grossier effet mécanique. Bien au contraire. Je parle ici d'un réconfort sensible qui naît de l'illusoire permanence, à travers leur portrait, de certains êtres que j'ai aimés. Le hasard et le temps les ont réunis là, sur ce mur, et tous ensemble ils forment une galerie hétéroclite, muette et figée qui veille sur mon sommeil – comme je veille, moi, à les dépoussiérer. Parfois, j'imagine qu'ils s'animent dès que je m'endors, un peu comme dans *Toy Story*, pour vivre et commenter la marche du monde en général, ou les occupations parfois coupables auxquelles je me livre dans l'intimité de ma chambre.

Se retrouve accroché aux murs un mélange disparate, et loin d'être exhaustif, d'individus ou d'images qui tous peuvent témoigner, à des degrés divers, de la longue route de mon existence sur laquelle je continue à déambuler – certes moins souplement, mais avec une curiosité intacte. En vrac, puisque je m'y suis déjà attardé : Robert Louis Stevenson, les portraits de mon grand-père Léon en Harpagon et Tarass Boulba, et Jean Rochefort, bien sûr.

À leur côté, sur le mur d'angle, trône une peinture qui a servi de déclic aux quelques pages que vous êtes en train de lire. Elle représente un homme dans la force de l'âge, peint au mitan du XIXe siècle, portant beau – redingote, gilet de piqué et pantalon peau de taupe, une canne à pommeau négligemment jetée sous le bras –, et qui pose en fixant le peintre d'un œil brillant d'ironie. Un portrait classique comme il s'en peignait des milliers à l'époque, réaliste et ressemblant, mais qui laisse poindre le caractère saillant de l'individu.

Il se trouve que ce tableau représente mon père. Enfin, disons un homme qui ressemble à s'y méprendre à mon père à l'aube de la quarantaine. Il pourrait s'agir d'un aïeul indiscutable, *un portrait de famille*, à cette nuance près que mon paternel tomba dessus par hasard chez un brocanteur dans les années 1970 et que, saisi par ce reflet venu d'un temps passé, il n'eut d'autre choix que de s'en porter acquéreur. Comme souvent avec ce genre d'achat, ledit portrait se retrouva rapidement remisé au grenier façon Dorian Gray, et c'est là que je le croisai mille fois du vivant de mon père avant de choisir, à la mort de ce dernier, de l'embarquer dans mon propre grenier dans un premier temps et dans ma chambre dans un second.

L'expression *roman familial* m'avait alors frappé de plein fouet. Il y avait très peu de chances – quoique pas aucune – que l'homme du tableau fût bien un ancêtre de la famille. Mais ce qui complique l'histoire, c'est qu'à la même époque un certain Antoine de Caunes exerçait la profession de peintre après avoir été élève d'Ingres, sans en avoir ni le talent ni la réputation – sauf à considérer que son *Saint Jérôme*, exposé au musée de Narbonne, et qu'on dirait l'œuvre d'un peintre de la bouche décidé à terroriser les enfants en bas âge en représentant son sujet sous la forme d'un vieillard furibard avec des yeux de castor enragé, puisse rivaliser avec la grâce lascive de *La Grande Odalisque*.

N'empêche, il est plaisant d'imaginer que dans la chambre d'Antoine de Caunes (serviteur) soit accroché un tableau peint par Antoine de Caunes (l'autre) un siècle et demi plus tôt, et qu'il représente le sosie de Georges, le père d'Antoine (serviteur), que nous baptiserons en toute simplicité Antoine le second, histoire de ne pas se prendre les pieds dans le tapis – sachant qu'un autre Antoine, lui-même peintre, vint, à la fin du XIXe siècle, enrichir la généalogie.

Voilà en tout cas le possible point de départ pour parcourir l'arbre familial (sans pour autant remonter jusqu'au singe, je vous rassure), puisqu'à la double condition que ce tableau soit bien du pinceau d'Antoine, et qu'il ait choisi pour modèle un arrière-arrière-grand-père de Georges, preuve serait faite que nous appartenons tous à la même lignée. Je conviens qu'il n'y a pas une urgence absolue à en faire la démonstration, et que l'AFP n'attend pas fébrilement la réponse à cette question en faisant patienter ses correspondants du monde entier. Mais à propos de cette famille qui m'intéresse en particulier pour la simple raison que je crois la connaître mieux que les autres, on se rendra compte qu'elle recèle au moins autant de zones grises, de secrets et de non-dits que l'immense majorité des autres familles.

Il faut d'abord savoir que nous avons tous grandi en étant nourris d'un *storytelling* flamboyant qui reposait sur deux faits avérés : le village de Caunes, dans le Minervois, dont nous tirons notre nom, et une chevalière qui circula de doigt en doigt pendant deux, trois générations avant de finir au fond d'un tiroir, au milieu d'autres accessoires désuets et trop datés. Les héraldistes en définissaient ainsi le blason : *de gueules au chevron d'argent, accompagné de trois roches du même, deux en chef et une en pointe, au chef cousu d'azur, chargé de trois canettes d'argent, et surmonté d'un heaume emplumé*. Nous en avions naturellement conclu que le heaume indiquait un ordre de chevalerie, et que les trois canettes (on parle du volatile, bien sûr, et non des boîtes en métal) pouvaient laisser penser que les ancêtres avaient par trois fois traversé les mers – plus vraisemblablement pour participer aux croisades que pour des séjours *all inclusive* dans des cités balnéaires médiévales.

Ces armoiries m'avaient permis de fantasmer un passé familial picaresque, à défaut d'être glorieux. J'imaginais de preux chevaliers dans leurs armures en canettes donc, allant peut-être casser du mahométan à trois reprises, mais sans doute aussi chercher en vain le Graal que découvrirait onze siècles plus tard Alexandre Astier. Je me les figurais revenant fourbus, chargés de gloire, pour reprendre des forces au sein du village dont ils administraient les terres sans oppresser le gueux plus que de raison, tandis que l'autre branche de la famille, religieuse elle, s'occupait de faire tourner la splendide abbaye locale tout en convainquant les fidèles – sans trop avoir recours au bûcher – que le monde d'en haut qui les attendait les consolerait des vicissitudes de celui d'en bas.

Je m'étais même laissé raconter que, la région ayant été sous influence cathare, il se trouva qu'un membre de la famille assiégeait le château en 1244 tandis qu'un autre le défendait au nom de la prétendue hérésie. Le premier brûla le second, ce qui ne dut sans doute pas contribuer à détendre les rapports familiaux, notamment lors des rituels banquets du dimanche autour d'un poulet lui-même rôti.

Je m'étais ainsi construit une fable entremêlant ma propre imagination et des bribes d'informations glanées çà et là, jusqu'au jour où mon père confia à un généalogiste le soin d'aller fouiller dans les archives pour mettre un terme à nos divagations chevaleresques. La vérité se révéla évidemment moins glorieuse. Il apparut que la famille, issue d'ancienne bourgeoisie languedocienne, reçut sa particule au XVIIe siècle grâce à un certain Jean-Jacques, capitaine d'infanterie, sans doute pour faits d'armes, et que tout ce petit monde s'épanouit non pas dans le village de Caunes dont ils étaient certainement originaires, mais dans celui de Ginestas, à une trentaine de minutes au sud-est… Enfin, tout ça avant qu'un drame familial expédie une partie du clan à quelques lieues de là, à Coursan, où se trouve le caveau de famille devant lequel mon père et ses deux frères, Louis et Paul, venaient se recueillir tous les ans après avoir dormi à l'auberge d'Alibert, à Caunes (le village). Drame qui demeura longtemps un tabou tant il avait jeté à la fois le doute et l'opprobre sur une branche de la famille, celle dont je descends comme le babouin descend de son baobab, dans lequel il juge préférable de se réfugier la nuit venue quand les prédateurs sont de sortie.

Je suis par nature opposé à l'idée de laver son linge sale en public pour l'étendre ensuite sur le fil à sécher de la sagacité populaire. Mais cette affaire bénéficie d'une large prescription, et s'avère suffisamment croquignolesque pour réjouir les plus curieux.

Mon arrière-grand-mère, Claire, avait la cuisse légère. Mon arrière-grand-père, Armand, le sang bouillant. Elle trompa son mari, il blessa son amant. Le fait divers défraya la chronique qui est, semble-t-il, faite pour ça. L'offensé était une personnalité locale candidate à la députation, l'offenseur officiait comme juge au tribunal civil de Béziers. Deux notables, donc, ce qui donna un peu de retentissement et de piquant à l'affaire. Le *drame* eut lieu le 28 novembre 1890, au domicile d'Armand et de Claire. Celle-ci, profitant de l'absence de son époux parti pour quelques jours, reçut au domicile conjugal son coquin, le juge biterrois Galibert, par ailleurs ami d'Armand (on n'est jamais trahi que par les siens).

Mais le rusé renard, qui flairait depuis longtemps anguille sous roche, n'avait pas quitté la ville ; pire, il était toujours présent dans la maison, tapi dans un placard telle une araignée – je sais, ça commence à faire beaucoup d'animaux dans la même phrase –, dans la porte duquel il avait pris soin de percer un trou pour pouvoir assister *de visu* aux ébats adultérins. À l'instant *suprême* comme on disait alors, il surgit de sa cachette l'arme au poing, la main froide comme celle d'un serpent (pour reprendre l'expression de Ponson du Terrail), avec la *furia* du cocu outragé. Un corps-à-corps musclé s'ensuivit, cette fois-ci entre celui du mari et celui de l'amant. Fatalement un coup partit, et une balle vint se loger dans la tête du juge – ce qui mit fin au pugilat, mais pas à la vie de la victime, qui s'effondra inconsciente.

Un procès retentissant s'ensuivit, au terme duquel le mari outragé fut acquitté et la frivole Claire répudiée, même si l'enquête prouva que ledit Armand avait lui-même donné quelques coups de canif – des relations coupables, donc – au contrat matrimonial. Elle prouva aussi que la liaison avec son amant durait depuis suffisamment de temps pour que la question de la paternité des deux petits derniers[1] méritât d'être posée. Elle le fut longtemps sans que jamais réponse satisfaisante ne pût être apportée. Le jugement établit que les trois aînés resteraient auprès de leur père, quand les deux cadets seraient élevés par la mère pécheresse, parmi lesquels le petit Gustave, mon grand-père paternel.

Sommes-nous des Caunes ? Sommes-nous des Galibert ? Le scandale de l'époque donna naissance à un tabou qui a pour seul mérite d'animer aujourd'hui les fins de dîners familiaux en fournissant, comme on l'imagine, matière à plaisanteries fines. Des photos récemment découvertes du couple Claire-Armand tendraient à nous conforter dans l'idée que notre nom de naissance serait bien le légitime, et que si l'on veut nous traiter de bâtards (cette famille n'est après tout pas plus irréprochable que les autres), ce n'est pas en s'appuyant sur l'argument biologique.

1. Il se trouve que Claire était la mère de cinq enfants (un Antoine s'était encore glissé dans l'histoire) dont les deux plus jeunes, Gustave et Paul, étaient jumeaux.

Nous n'en tirons du reste aucune gloire. On a depuis longtemps pu observer les ravages de la consanguinité pure, que ce soit au sein des familles royales, au fond des vallées savoyardes, ou dans les profondeurs des canyons des Appalaches où vivent les redoutables joueurs de banjo du film *Délivrance*. Il est clair que l'espèce a intérêt à se mélanger, et de ce point de vue-là le clan de Caunes a toujours su relever le gant. Les racines occitanes ont su se mêler habilement à des apports exogènes venant aussi bien d'Italie que de Lorraine, d'outre-mer, de Grèce, et même – preuve éclatante de notre ouverture d'esprit –, d'Angleterre : ce petit clan peut donc se targuer d'être devenu l'embryon d'un *melting pot*, au lieu de se confire dans un délétère brouet fin de race.

Toujours est-il que je m'endors donc souvent sous l'œil bienveillant d'un homme qui pourrait être mon père, peint par un homme qui pourrait être mon arrière-grand-père, sans que rien de tout cela ne soit avéré, et ce délicieux mystère continue à me réjouir et à arrondir les fins de mois (de moi ?) de mon psy.

Quoi qu'il en soit, l'occasion me fut donnée il y a peu de séjourner brièvement dans cette petite commune de l'Aude dont nous portons le nom.

La municipalité avait décidé de rendre hommage à mon père, l'enfant du pays (?), en rebaptisant la place de la Mairie du nom de mon géniteur.

Une grande partie de la famille s'y retrouva pour l'occasion, nous filmâmes même l'événement pour l'immortaliser, et on me suggéra de dire un petit mot devant la foule des habitants assemblés pour l'occasion.

Mon compliment prit la forme suivante :

« *Monsieur le maire, Caunards, Caunasses*... (le maire me souffla discrètement à l'oreille que ce n'était pas l'appellation usitée, je me corrigeai aussitôt)... *pardon, Cauniens, Cauniennes, et tous les autres aussi, c'est au nom de notre nombreuse famille, et du fond de ce cœur qui bat un peu plus vite aujourd'hui, que je vous dis : merci !*

C'est un grand honneur que nous fait la ville que de débaptiser la place de la Mairie pour qu'elle s'appelle désormais place Georges-de-Caunes. Un honneur paradoxal, si l'on songe que notre père – qui est aux cieux – était un homme qui ne tenait pas en place, justement, même s'il avait pour coutume de passer par la mairie, ne serait-ce que pour reconnaître tous ses enfants qui sont réunis ici.

Il était très attaché à la ville de Caunes où il retrouvait chaque année ses deux frères Paul et Louis, le temps de se recueillir sur le tombeau familial à Coursan, puis de vider quelques bouteilles de ce bon vin rugueux qui a tant fait pour la réputation de la région et la cirrhose de ses habitants.

Oui, il était très attaché à cette ville fondée, lui avait-on toujours raconté, par nos ancêtres, et dont il disait souvent, avec son sens inégalé de la formule, je le cite : "Heureusement que la famille de Caunes leur a apporté la civilisation, sinon ils seraient toujours en train de brouter avec leurs chèvres, ces cons-là."

Il avait eu vent du projet de la mairie et s'en réjouissait comme un enfant du pays, lui qui pourtant était imperméable à toute forme de vanité tant qu'on disait du bien de lui.

En son nom, en notre nom à tous, je vous dis donc merci, et je profite de l'occasion pour vous laisser une plaque à mon nom à laquelle, je suis sûr, vous trouverez le meilleur usage.

Vive la République, vive la France, vive Caunes ! »

J'aurais pu me faire caillasser, je fus au contraire accueilli par d'indulgents sourires, ce qui me conforta dans l'idée que nous avions bien retrouvé là le berceau d'une famille qui n'a jamais su résister à un bon mot ou, en tout cas, tenu comme tel.

Baisse de régime

Une des curiosités du métier de saltimbanque – à considérer que ce soit un métier plus qu'un état d'esprit –, c'est que, comme le résument si bien les Anglo-Saxons, le *show* doit continuer. Parfois jusqu'à l'absurde, comme l'orchestre du *Titanic* en tenue de gala jouant « Plus près de toi mon Dieu » sur le pont alors que, paradoxalement, le paquebot s'enfonçait dans les flots, direction les abysses.

Sans aller jusqu'à de telles extrémités, j'en ai depuis longtemps fait l'expérience. De l'incident le plus banal – une côte ou un pied cassés – jusqu'au plus tragique (départ sans espoir de retour de l'être aimé, ou plus simplement deuil), l'émission, le tournage, le spectacle *continuent*. Et tout le monde vous le dira : le temps de l'antenne, du plateau, de la prise, vous contraint à ce pas de côté grâce auquel vous voilà momentanément protégé par une bulle qui a les qualités conjuguées du savon et du champagne : elle nettoie du réel tout en faisant légèrement tourner la tête. L'illusoire protection dont vous bénéficiez à cet instant précis tient vos tracas ou vos malheurs à distance – ce qui bien sûr ne les empêche pas, sitôt le « Coupez » retenti ou les rideaux fermés, de revenir à la vitesse d'un cheval au galop (comme, paraît-il, la marée montante au Mont-Saint-Michel).

On ne fait là que s'inscrire dans l'ordre des choses : après tout, le monde lui-même ne s'arrête jamais de *tourner*, quels que soient les désastres qui l'accablent : on continue à surfer à Hawaï pendant qu'Hiroshima se fait rayer de la carte, et Marcel Carné tourne son sublime *Les Visiteurs du soir* pendant qu'on gaze à tout va à Auschwitz. Mais le cas du saltimbanque a ceci de particulier – disons par rapport à une profession plus classique – qu'il doit continuer à faire illusion, ce qui est, il est vrai, sa fonction première.

Voilà pour les accidents de la vie. Plus compliqué est le coup de blues prolongé, la déprime ou la dépression tout court, dont la lame de fond peut se manifester à vous indifféremment, que vous ayez le sentiment d'être *au creux de la vague* ou à son sommet.

Évidemment, on ne la voit pas venir, elle ne se manifeste pas avec de grands panneaux clignotants sur lesquels on pourrait lire : « Hey, c'est moi, j'arrive, ton bon gros bourdon qui va se coller à ton moral comme cette glu dont on se sert pour chasser des oiseaux, raffinement barbare s'il en est. Au moment où j'entre ici, tu peux abandonner tout espoir. » Non, c'est bien plus sournois et insidieux.

Ça commence par une grosse fatigue, une fatigue de fond qui vous empêche de sortir du pieu – ou alors, après de longs moments de résistance, en vous laissant couler du lit, comme on se débarrasse du trop-plein d'huile en ouvrant une boîte de sardines.

Se lever, pour quoi faire? On n'a plus d'appétit pour rien, et la perspective d'aller travailler – qui plus est, dans le cas du saltimbanque, en ayant à feindre l'engouement et la bonne humeur –, la *positive attitude*, apparaissent soudain comme une tâche prométhéenne.

Et pourtant on y va… en se traînant un boulet imaginaire, sachant que chaque journée sera plus pénible que celle de la veille, et malgré tout, par un sursaut de compassion, vous vous forcez à faire bonne figure auprès de tous ceux avec qui vous travaillez pour ne pas leur infliger le boulet de vos états d'âme.

Je suis passé par ces affres-là, et j'ai mis deux ans à dissiper les nuages noirs qui s'étaient installés au-dessus de ma tête en vol stationnaire.

Au gré d'un changement d'actionnaire rendu possible par la direction d'alors – comme c'est fréquemment le cas dans les redistributions à l'ère capitaliste –, *Le Grand Journal* venait d'être brutalement supprimé dans sa version signée par son producteur historique, Renaud Le Van Kim (tout comme l'intégralité de l'état-major d'alors, façon nettoyage des écuries d'Augias).

Le choc avait été rude. Nous étions début juillet et avions préparé une troisième saison où le *show* allait prendre l'avantage sur le *talk*, après avoir scrupuleusement respecté le cahier des charges mis en place, avec le succès que l'on sait, par mon prédécesseur Michel Denisot.

Cerné de toutes parts par la concurrence, *Le Grand Journal* perdait doucement de sa puissance (sans doute par ma faute, je n'étais pas parvenu à le revitaliser plus drastiquement – mais croyez-moi, c'était plus facile à dire qu'à faire, noyés que nous étions par le marketing et la pub), et le moment était venu pour lui de faire sa révolution culturelle. Après tout, l'émission fonctionnait sur la trame élaborée en 1986 par Alain de Greef avec *Nulle part ailleurs*, et il n'était question que de rééquilibrer les curseurs : moins de Claude Guéant ou de Nicolas Dupont-Aignan, plus de Stromae et de Benoît Poelvoorde.

Toute la ligne de production ayant été mise sur la touche pour des différends notables sur la méthode de gestion, c'est l'équipe au grand complet, rédaction comprise, qui se retrouva priée de changer de bac à sable et d'aller jouer ailleurs. L'annonce fut si soudaine et si inattendue – nous étions en train de plier les gaules pour des vacances bien méritées après dix mois de quotidienne – qu'elle nous plongea tous dans l'état de sidération du poisson qui passe directement du fond de l'eau au fond du bateau.

Pour filer la métaphore ichtyenne, je m'informai, auprès du capitaine, de la sauce à laquelle je devais m'attendre à être mangé (sashimi ou bouillabaisse), et l'on me rassura en me disant que je n'étais pas la cible du coup de balai mais un des dommages collatéraux, et que ma collaboration avec la chaîne continuerait *sous une autre forme* – à déterminer avec ma référente de toujours, Arielle Saracco, et Bertrand Delaire, le producteur artistique et historique de la chaîne, partenaire de jeu aussi bien de Doria Tillier que du *SAV* d'Omar et Fred, pour ne citer qu'eux. Je ne devais donc pas me mettre expressément en quête d'un nouveau job pour la fin du mois d'août, comme cela m'était arrivé mille fois au fil des ans[1].

Toujours est-il que j'accusai le contrecoup de la massue qui venait de nous tomber sur le coin de la tronche. Cependant le soleil grec, sous les rayons duquel je faisais le plein de vitamine D, atténuait un diffus

1. Par exemple au moment déjà évoqué de l'arrêt brutal de *Chorus*, trente-cinq ans plus tôt, arrêt qui avait eu le mérite de me faire découvrir la volatilité du métier qui était le mien. Ce qui, curieusement, contribuait à son charme et à son intensité, et dont je n'avais pas fini de découvrir les délices. Après tout, comme disait Woody Allen : « La vie n'imite pas l'art, elle imite la mauvaise télévision. »

sentiment d'anesthésie tout en préparant le terrain à d'éventuels et futurs mélanomes : ce ne fut qu'au retour des vacances que je compris qu'une période de deuil s'ouvrait sous mes pieds.

L'*autre forme*, telle que nous l'avions définie avec Arielle et Bertrand, avait pour titre *L'Émission d'Antoine* – ce qui, contrairement aux apparences, ne trahissait aucune dérive mégalomaniaque de ma part, mais simplement une absence de meilleure idée. Il s'agissait d'une émission hebdomadaire de soixante minutes, tournée en studio et pensée comme un laboratoire où, sous la houlette du vétéran que les années (et la survie à un débarquement) avaient fait de moi, nous pouvions tester quelques nouveaux talents au nombre desquels Fred Veisse, Marie Bonnisseau, Sarah Constantin, Tony la Thune, Alison Wheeler, Elodie Emery, sans compter Fred Testot et mon vieux Poulpe, échoué lui aussi sur la plage après que la marée du *Grand Journal* se fût retirée.

L'intérêt de l'émission tenait à la fraîcheur de ces talents et à la patte bricolo et volontaire de l'ensemble. On pouvait tout y essayer, en temps réel, sans véritable filet de sécurité mais sans le stress et le poids des directs de l'*access prime time*. L'absence d'enjeux majeurs autres que ceux d'évoquer des sujets plus ou moins futiles tout en nous amusant à le faire donna naissance à quelques moments de télévision intéressants. Mais le plus prodigieux dans l'histoire, c'est que, sans m'en rendre compte dans un premier temps, je m'enfonçais alors doucement mais sûrement dans la bonne petite dépression évoquée plus haut.

Tous les symptômes se conjuguèrent : perte d'appétit, de sommeil, de poids, d'intérêt pour toutes choses qui en temps normal m'enthousiasment, et refus d'obstacle au saut du lit qui se traduisait par une détermination farouche, elle, à y rester. Mon médecin – qui devait lui-même succomber à un cancer foudroyant, histoire de réchauffer l'ambiance – me diagnostiqua donc un état dépressif, et en plus des petites pilules qui remettent un peu de pastel dans les idées noires, m'encouragea à aller parler à quelqu'un, moi qui avais l'habitude de parler à tout le monde. Je suivis scrupuleusement les deux conseils, et en l'espace de quelques semaines, retrouvai un peu de cet entrain qui m'a toujours poussé à privilégier la voie ferroviaire pour mes déplacements.

Il n'empêche qu'il s'était écoulé quelques mois entre l'attaque du coup de grisou et le sentiment fragile d'y voir un peu plus clair, ou de distinguer la proverbiale *petite-lumière-au-bout-du-tunnel.* Durant cette période, j'avais perdu le goût à toutes choses, à commencer par celui de me retrouver sur un plateau, en public, à faire vivre autant que possible un esprit de bande, en ayant l'air joyeux et follement heureux d'être là.

Mais pour animer, il faut être animé soi-même. Dans les limites du raisonnable, bien entendu, une bonne humeur un peu forcée étant, légitimement et immédiatement, suspecte[1].

Il me fallut, pendant quelques semaines qui devinrent des mois, faire doublement semblant. Semblant d'être là, et semblant d'y trouver mon bonheur. On pourra bien me rétorquer que c'est infortunément un sort partagé par nombre de salariés en ce bas monde, la plupart d'entre eux ayant de surcroît, depuis le développement

1. Comme l'auront sans doute remarqué les amateurs de jeux télévisés ou d'émissions de variétés, qui donnent l'impression que l'enthousiasme de l'animateur est inversement proportionnel à la qualité de l'artiste présent sur le plateau, ou à l'intérêt de la situation, qu'il se trouve dans l'obligation de survendre.

du télétravail, droit à leur petite caméra personnelle, télévision ou pas.

Je profite d'ailleurs de cette occasion pour remercier tous ceux qui m'accompagnèrent dans cette nébuleuse période, soit en faisant semblant de ne rien voir, soit en supportant stoïquement cet inquiétant manque de présence. (Mais comment faire acte de présence, quand on est absent à soi-même ?)

Jamais je n'avais ressenti un tel sentiment d'imposture, qui à un moment ou à un autre finit par toucher la plupart d'entre nous. Je n'étais plus que l'ombre de moi-même, et cette ombre n'avait plus la moindre lumière pour la justifier.

Les pilules et les mots finirent par me sortir de la nasse, et l'humeur se décida à revenir peu à peu sur le plateau. Un livre, que je conseillerai à tous ceux qui pourraient traverser ce genre de marécage psychique, m'aida également à sortir la tête de l'eau : *Face aux ténèbres*, de William Styron, l'équivalent littéraire d'une descente spéléo dans les gouffres les plus profonds, avant d'amorcer un lent retour vers la lumière.

Sinon, pour le reste, le spectacle continue.

Le style avec un twist

Celui qui s'imagine avoir tout vu sur cette terre – visité les contrées les plus exotiques, les plus sauvages, les plus rétives à la civilisation et son goût névrotique pour l'ordre – et n'a jamais mis les pieds dans le bureau londonien de Paul Smith, à deux pas de Covent Garden et de la Royal Opera House, se fourre le doigt dans l'œil jusqu'à l'omoplate.

Quand on en pousse la porte, invité par l'occupant des lieux, un instinctif mouvement de recul s'empare du visiteur tant le désordre qui y règne est déstabilisant. La définition même du capharnaüm. Et puis le regard s'habitue comme celui du spéléologue découvrant une nouvelle caverne obscure, la raison retrouve son axe et se rassure en discernant, dans l'amoncellement hétéroclite d'objets – pas tous inanimés – qui s'y entassent, le fruit de l'aléatoire et d'un sens du classement indirectement hérité de Darwin.

On trouve de tout dans ce bric-à-brac. Des vélos, bien sûr, première passion de Sir Paul qui se rêvait cycliste professionnel jusqu'à ce qu'un accident de la circulation, à l'âge de dix-sept ans, mette fin à ses espoirs. Des maillots de cyclistes par centaines, expédiés des quatre coins du monde par des fans qui connaissent la passion intacte du maître. Mais surtout des objets de toute nature et de toute provenance, des plus bizarres aux plus usuels – dominos, cafetières, figurines, dessins, boules de neige, dentiers, gadgets, porte-clés, réveils, démonte-pneus, masques, vases, mécaniques ondulatoires, ressorts, *sex toys*, flacons, boules de cristal, automates, farces et attrapes, peluches, sculptures, armes à feu, vanity-cases, robots, fusées miniatures, boîtes d'allumettes, tickets de parking, bougies, boîtes de conserve, chapeaux, cannes, stéthoscopes, robinets, etc. –, dont l'énumération exhaustive remplirait un catalogue épais comme la Bible tout en mettant à l'épreuve la patience du lecteur.

C'est le trésor véritable de Paul, bien plus que sa spectaculaire réussite commerciale, depuis ses débuts dans les années 1970 où il vendait des tee-shirts *tie and dye*[1] à la sortie des concerts jusqu'à cette marque qui porte aujourd'hui son nom, universellement réputée dans le monde de la mode.

Même s'ils sont très éloignés l'un de l'autre en matière de style (Paul définit le sien comme la rencontre de Mr Bean et de Savile Row), j'ai toujours trouvé un cousinage évident entre Jean-Paul Gaultier et Paul Smith. Une fantaisie absolue, une liberté débordante, un art du mélange entre classique et moderne, et un humour absolument imperméable à cet esprit de sérieux qui règne souvent dans le monde narcissique jusqu'à la déraison de la mode. Évidemment, ce n'est pas un hasard si les deux entretiennent un rapport étroit avec

1. Ces atroces tee-shirts psychédéliques qu'on confectionnait à la maison en nouant le tissu avant de le plonger dans un bain de teinture. Dénoué, cela donnait à voir au choix un soleil d'une galaxie riche en psychotropes ou bien un motif évoquant par exemple un dégueuli d'après beuverie, comme ceux que populariserait un petit demi-siècle plus tard une marque espagnole bien connue, dont le nom évoque précisément une régurgitation.

l'univers du rock et de la pop. Paul avait son Bowie, Jean-Paul sa Madonna – deux artistes dont le travail résiste toujours aussi vaillamment aux coups de boutoir de l'érosion et aux effets de *mode*.

Les deux ont aussi en commun cette créativité permanente, cette énergie de pile radioactive façon bille de flipper en folie, qui laisse parfois l'entourage sur les rotules.

Paul raconte toujours avec émotion la première visite surprise de Bowie à la boutique de Covent Garden. Il travaillait à l'étage quand il entendit une rumeur venant de Floral Street. Jetant un œil par la fenêtre, il découvrit une foule agglutinée devant ses vitrines, qui bloquait complètement la rue. Ses chemises à motif remportaient déjà à l'époque un certain succès, mais pas au point de provoquer des émeutes urbaines. On l'informa que Bowie était dans les lieux et il descendit le saluer, ce qui fut le début d'une longue série de visites et de discussions passionnées entre ces deux experts qualifiés de la mode et de la musique (et inversement).

L'anecdote éclaire la personnalité véritable de Paul : ce n'est pas un styliste en vogue auprès de tous ceux pour qui la musique, anglaise en particulier, des soixante dernières années occupe une place déterminante. Non, c'est avant tout un *music lover* venu au design et à la mode, inspiré directement par un univers mental ouvert grâce à la musique. Si l'on ajoute à cela une excentricité typiquement britonne – à la croisée d'un Lewis Carroll et des Monty Python –, un goût marqué pour le non-sens et l'absurde, et l'enthousiasme intact d'un adolescent en pleine maturation, on obtient ce cocktail improbable d'un homme mûr, à la tête d'un petit empire, résolument indépendant et décidé à le rester, aussi sérieux et empressé à jeter sur le papier ses nouvelles idées qu'à plaisanter de tout et de rien au moindre prétexte.

Autant dire que – le petit empire en moins, malheureusement – je me sens quelques points d'accroche avec lui, et sans présomption, je crois qu'il prend autant de plaisir que moi quand nous nous laissons porter naturellement, devant un micro ou pas, à des divagations sans autre but que nous amuser à propos de tout et de n'importe quoi.

C'est par ailleurs un correspondant digne de confiance, qui m'a aidé plus d'une fois. Je courais depuis de longs mois après Jimmy Page, croisé une première fois quelques années plus tôt sur le plateau du *Grand Journal*, où nous lui avions réservé un accueil digne d'un empereur romain revenant d'une campagne victorieuse contre les Barbares – qui finiraient quand même par niquer Rome. Après tout c'était la première fois (il était temps) que je pouvais enfin poser des questions (et j'en avais quelques-unes) au trouble sorcier du Zeppelin, dont les accords foudroyants avaient fait trembler en 1969 les murs de la maison maternelle, provoquant les plaintes du voisinage et une visite de routine de la maréchaussée locale.

Je ne cacherai pas ici l'état de fébrilité dans lequel j'étais en rencontrant Jimmy Page. Les Beatles m'avaient fait l'oreille, les Stones appris le groove, Dylan avait contribué à perfectionner *fissa* ma maîtrise – toute relative – de la langue anglaise, et Page et sa bande m'avaient fourni un curseur pour mesurer la quantité de plomb dans l'électricité (une approche disons contemporaine de l'alchimie). Le Zep s'était naturellement ajouté aux occupants, déjà nombreux, de mon petit panthéon, et depuis lors j'y étais toujours revenu, à un moment ou à un autre, comme un accordeur de piano révise régulièrement la justesse d'un clavier soumis aux variations atmosphériques.

Autant dire que j'étais dans mes petits souliers en serrant la main du magicien. Un magicien souriant et débonnaire, aux cheveux blancs ramenés en catogan, et d'une élégance folle, tout de noir vêtu – sans doute par Paul Smith, mais j'avoue ne pas avoir immédiatement éprouvé le besoin de vérifier la marque au col de sa veste. Eussé-je rencontré Page quelques années plus tôt, par exemple à ce concert pour le quarantième anniversaire d'Atlantic Records à New York, en 1988 – sans John Bonham, disparu huit ans plus tôt, remplacé par son fils Jason –, que j'en serais sans doute resté sidéré, dans un premier temps, avant de saluer en gardant mon self-control comme s'il s'était agi d'un employé de la SNCF, bridé par cette posture que nous adoptions tous à l'époque de rester cool en toutes circonstances. (Alors qu'en réalité, ce que j'aurais voulu faire, si j'avais été présenté à Jimmy Page en 1988, au détour d'un couloir du Madison Square Garden, c'est un triple salto arrière accompagné de cris de macaque en rut pour manifester mon enthousiasme.)

Près de trente ans plus tard, c'est donc d'une main fébrile que je poussai la porte de sa loge, m'étant débarrassé avec les années de ce masque de fausse indifférence arboré en toutes circonstances. Je ne cachai pas mon bonheur de le rencontrer enfin, et de lui signifier l'importance qu'avait eue sa musique dans ma vie. Situation toujours embarrassante pour des artistes de ce calibre, contraints de pratiquer l'apnée sous ces avalanches de compliments, qu'il me retourna à ma grande surprise en me félicitant à son tour pour *Eurotrash* dont il avait été, à l'en croire, un des fidèles téléspectateurs – allant jusqu'à me demander des nouvelles de Pee Pee, de Poo Poo, et même d'Eddy Wally, le crooner des

Ehpad flamands, que j'imaginais aussitôt reprenant joyeusement « Communication Breakdown » et autres « Black Dog » en mettant à l'épreuve les tympans déjà délabrés de ses auditeurs.

Pour en revenir à Paul, qui comptait Jimmy parmi ses amis, je lui demandai, des années plus tard, d'intercéder en ma faveur pour convaincre Jimmy d'accepter une interview pour *Popopop*. Il faut en effet savoir que Mr Page entretient un rapport à la fois distant et élastique avec les médias. Il ne répond quasiment jamais aux diverses sollicitations, et ne se manifeste que lorsque l'envie l'en prend, restant la plupart du temps cloîtré dans son impressionnante demeure victorienne à Londres.

Paul ayant aimablement proposé de jouer les *go between*, Jimmy accepta sans tarder. L'idée de nous retrouver tous les trois dans son immense salle de séjour néo-médiévale, de découvrir l'univers familier et étrange de ZoSo en compagnie de mon fantasque camarade… voilà qui suffit à éclairer les quelques jours précédant l'entretien, quand un contretemps de dernière minute (je filmais pour *La Gaule d'Antoine* une rencontre de catch féminin à l'autre bout de la ville) m'obligea à laisser Paul poser seul les questions prévues, agrémentées de ses commentaires personnels et enflammés. Tâche dont il s'acquitta avec brio, rajoutant une corde à un arc tellement encombré qu'il finit par ressembler à une harpe.

Et je me pris à rêver alors d'un autre livre, d'entretiens cette fois-ci, construit à la façon d'un marabout : Paul interviewe Jimmy, qui interviewe à son tour Keith qui s'en va poser des questions à Macca, etc., dans un mélange de questions imposées et de libre jeu.

Affaire à suivre ?

Quand j'étais petit[1]

Quand j'étais petit, je n'étais pas grand.

Le problème, c'est que maintenant que je suis grand j'ai toujours l'impression d'être petit.

Bien sûr, on peut être petit et grand, comme Charlot et Napoléon, mais là ça veut dire qu'on est petit par la taille, mais grand par le génie.

Non, moi je n'ai pas de génie, hélas, et je suis plutôt grand par la taille.

Enfin, grand, disons que je ne suis pas petit…

En revanche, j'ai des lampes à huile.

Plein mon grenier.

Et souvent je monte en frotter une ou deux dans l'espoir qu'un génie va apparaître, juste histoire que je puisse dire que moi aussi, j'ai un génie.

Bien sûr, ce n'est pas la même chose d'avoir un génie et du génie, mais enfin, c'est mieux que pas de génie du tout. Enfin pour l'instant, il ne s'est rien passé, j'ai juste réussi à faire briller des vieilles lampes qui étaient toutes poussiéreuses, mais toujours pas de génie à l'horizon.

---

1. Texte écrit pour le podcast de France Inter *Une histoire et... Oli*, réalisé par Lola Costantini, et diffusé dans l'épisode du 18 juin 2019. (*Note de l'éditeur.*)

Quand on fait apparaître un génie, une fois qu'on est tombé sur la bonne lampe, il vous propose d'exaucer trois souhaits.

Attention : quand on est enrhumé et qu'on éternue, si quelqu'un vous dit : « À vos souhaits », ça ne veut pas dire que c'est un génie – sauf s'il sort d'une lampe à huile et qu'il a un turban sur la tête.

Donc, trois souhaits. Vous pouvez demander tout ce que vous voulez.

Par exemple de ne plus jamais avoir à manger de betterave, ou que les devoirs de l'école se fassent tout seuls, comme par enchantement, ou encore qu'on arrive à sauver la planète, y compris les betteraves, tant qu'il en est temps.

Moi, si jamais je devais tomber sur un génie, je lui demanderais son secret pour être à la fois tout petit (enfin suffisamment petit pour vivre dans une lampe à huile, sans huile dedans bien sûr, mais quand même) et très, très grand comme peut l'être un génie quand il sort de sa lampe.

Et donc, sans avoir de génie ou en être un moi-même, j'ai quand même l'impression d'être comme un grand à l'extérieur, mais petit comme un enfant à l'intérieur.

Par exemple, je me souviens de quand j'avais cinq ans. C'est comme si c'était hier.

Enfin, avant-hier.

J'avais peur des loups.

Il paraît que c'est normal d'avoir peur des loups quand on est petit.

Les loups qui se promènent dans les forêts la nuit, avec des yeux qui brillent, et qui braillent des « Ouhouh » qui font très peur aux brebis et aux moutons.

Les loups qui se transforment en garous les nuits de pleine lune et qui d'un seul coup se mettent à chanter des histoires de cathédrales qui font aussi peur aux parents, et leur font saigner les oreilles.

Et puis les loups qui s'habillent en grand-mères, pour mieux manger les petits chaperons rouges, et ça, il faut pas se le cacher, c'est ce qui m'a toujours fait le plus peur avec les loups.

D'ailleurs, quand on y pense, c'est quand même bizarre cette idée de s'habiller en grand-mère pour manger une petite fille, après qu'on a mangé la grand-mère en question pour lui piquer sa chemise de nuit et son bonnet.

D'abord parce qu'une fois qu'on a mangé une grand-mère, normalement on n'a plus faim, sauf si on est un très gros loup et que c'est une toute petite grand-mère.

Mais il y a peu de chance, vu que si le loup est déjà très gros, il a moins de raison d'avoir très faim.

Encore que…

Et puis la grand-mère, c'est étrange qu'elle se laisse avoir aussi facilement, même si c'est vrai qu'en tant que grand-mère, ça fait longtemps qu'elle n'a pas vu le loup.

Tiens, moi ma grand-mère par exemple, quand je lui demandais depuis quand elle n'avait pas vu le loup, elle me répondait toujours « Wouhouhouh », et je me souviens, ça m'étonnait, parce qu'on aurait dit un loup, et du coup je me demandais si ma grand-mère n'était pas elle-même un loup, enfin une louve déguisée en vieille dame, et donc moi, j'évitais de m'habiller en petite fille.

Au cas où.

J'avais peur des loups, de toutes les sortes de loups. Même les loups de mer, c'est pour dire – mais pas tellement les vrais loups de mer, qui sont des poissons dont raffolent tous les amateurs de poissons.

Non, ces loups-là ne font pas peur aux enfants... juste aux autres poissons qu'ils dévorent de bon appétit, que ce soit des sardines ou des calamars, mais en aucun cas des petits garçons, des petites filles ou des grand-mères, même déguisées en louves.

Car si on dit que l'homme est un loup pour l'homme, le loup, lui, n'est pas un loup pour le loup.

À une exception près.

Écoutez bien...

Il faut aussi savoir que le loup de mer a un autre nom selon la mer où on le pêche, et ce nom, c'est le bar.

Oui ! comme les bars où, vous allez rire, on croise ce qu'on appelle les vieux loups de mer.

Le vieux loup de mer non plus n'est pas dangereux pour les enfants : ce n'est pas un animal, mais un marin qui a bourlingué sur tous les océans, et qui a donc croisé plein de loups de mer, et en a probablement mangé quelques-uns.

Voilà pourquoi il peut arriver que le loup – mais seulement dans le cas du vieux loup de mer – soit un loup pour le loup.

Il faut noter qu'on dit toujours *vieux-loup-de-mer*.

Le jeune loup de mer, je n'en ai personnellement jamais entendu parler.

Il est vieux d'un seul coup, et c'est d'ailleurs pour ça qu'il raconte un peu toujours les mêmes histoires que les enfants adorent écouter en s'endormant, sans que le vieux-loup-de-mer en profite pour aussitôt les dévorer et se déguiser en grand-mère, ou en vieux loup de grand-mère.

Pourquoi je vous raconte tout ça, moi ?

Ah oui. Parce que j'ai beau avoir l'âge d'un loup de mer, j'ai toujours l'impression de ne pas comprendre pourquoi les grands sont si sérieux, avec cette impression de tout savoir, alors qu'au fond, ils ont beau faire les malins, ils font rien qu'à tout embrouiller, au lieu de raconter des histoires que tout le monde peut comprendre.

Et même qu'à force de jouer à faire peur aux enfants, avec des histoires de loups, c'est eux qui en sont devenus.

Des loups.

Et ça, vous le comprendrez quand vous serez grands.

Remerciements

À toutes celles et ceux à qui j'ai trop peu parlé, ou qui n'en peuvent plus de m'écouter. Et à tous ceux qui n'ont pas une mémoire aussi courte que moi, et qui m'ont permis de rafraîchir la mienne. Emma, Louis, Jules (mes Riri, Fifi et Loulou), Nina, Laurent de Caunes, Bruno Gaston, Agnès Léglise, Laurent Chalumeau (*usual suspects*). Sans oublier Blandine, Lison, Marie et Pierre. Et bien sûr Jeanne Evrard, qui décortique mieux les textes que moi les crevettes.

Table des matières

Imprimé en France par

MAURY IMPRIMEUR
à Malesherbes (Loiret)
en octobre 2022

POCKET - 92 avenue de France, 75013 PARIS

N° d'impression : 269318
S32800/01